JOSÉ SILVA

unter Mitarbeit von
Dr. Robert Stone

DIE SILVA MIND-CONTROL METHODE

FÜR FÜHRUNGSKRÄFTE

Verlag PETER ERD · München

THE SILVA MIND CONTROL METHOD FOR BUSINESS MANAGERS
by José Silva in association with Robert B. Stone, Ph. D.
Original English language edition published by
Prentice-Hall, Inc., Englewood Cliffs, New Jersey

Umschlaggestaltung: Barbara Klauer
Aus dem Amerikanischen übertragen und bearbeitet von
Dr. Volker H. M. Zotz

Printed in West-Germany
ISBN 3-8138-0061-X

Inhalt

Dieses Buch sei allen Lesern gewidmet,
die durch die beschriebenen Übungen
verborgene Fähigkeiten ihres Geistes erwecken.
Sie werden so dazu beitragen, unsere Erde besser,
glücklicher und friedlicher zu gestalten!

Über die Verfasser

José Silva hat während seiner Kindheit niemals eine Schule von innen gesehen. Dennoch ist er heute Präsident fünf bedeutender Unternehmen, darunter der von ihm gegründeten Silva Mind-Control International Incorporation.

Er entwickelte eine neue Wissenschaft zur Aktivierung des menschlichen Geistes, die unter der Bezeichnung *Psychorientology* bereits Eingang in amerikanischen Wörterbücher fand. Millionen Menschen aus fünfundfünfzig Ländern der Erde haben sich bereits einer Schulung in den praktischen Methoden dieser Wissenschaft unterzogen.

Schon im Alter von sechs Jahren mußte José Silva sich selbst und seine Familie wirtschaftlich unterhalten. Er schlug sich zunächst als Schuhputzer durch, dann warb er Abonnenten für Zeitungen. Schließlich organisierte er eine Gruppe Jugendlicher, die verschiedene Produkte an der Haustür verkaufte. Als die meisten Gleichaltrigen noch nicht einmal an den Eintritt ins Berufsleben dachten, hatte sich José Silva bereits auf den verschiedensten Gebieten bewährt. Um seine Familie zu ernähren »erfand« er unterschiedlichste Dienstleistungen. Unter anderem verkaufte er Küken und machte alte Geräte wieder flott.

Während des Zweiten Weltkrieges begann er sich für Psychologie zu interessieren. Er widmete sich der Erforschung geistiger Phänomene und setzte sich mit Hypnose, Parapsychologie und der Biofeedback-Methode auseinander. Auch auf dem Gebiet der Technik wurde er aktiv: Nachdem er sich aus eigener Kraft in dieses weite Feld eingearbeitet hatte, rief er einen Lehrgang für Elektrotechnik am Laredo Junior College ins Leben, der von Behördenseite als der beste seiner

Art in ganz Texas bezeichnet wurde. In den frühen Tagen des Fernsehens war José Silva maßgeblich an der Entwicklung moderner Antennen-Systeme beteiligt.

Gleichzeitig mit dem Aufbau seines Elektro-Unternehmens vertiefte José Silva seine Forschungen auf psychologischem Gebiet. Nachdem er zweiundzwanzig Jahre lang intensiv an einem geistigen Trainingsprogramm gearbeitet hatte, stellte er es 1966 erstmals der Öffentlichkeit vor. Seither hat die Silva-Methode einen unbeschreiblichen Siegeszug um die ganze Welt angetreten. Ganze Schulen und große Unternehmen wie auch einzelne Führungspersönlichkeiten aus Politik und Wirtschaft bedienen sich heute selbstverständlich der Entdeckungen José Silvas.

Er legte über seine Erkenntnisse zahlreiche Veröffentlichungen vor. Zudem ist José Silva Träger hoher Auszeichnungen: 1971 wurde er vom texanischen Gouverneur Preston Smith zum Ehrenbotschafter des Staates Texas ernannt. Seit 1980 ist er auch Ehrenbotschafter des Inselstaates Guam im pazifischen Ozean. Viele internationale Organisationen ernannten ihn zum Ehrenmitglied.

Dr. Robert B. Stone ist Autor und Mitautor von mehr als 65 Selbsthilfebüchern. Er lehrt an der Universität von Hawaii, veranstaltet Kurse über die optimale Nutzung der geistigen Kräfte und hält weltweit Seminare und Vorträge über die Prinzipien von Silva *Mind-Control*. Dr. Stone, der auch einer der Direktoren in der Wirtschaftsverwaltung von Hawaii ist, wurde außerdem durch das *Autogenic*-Programm bekannt. Es handelt sich dabei um eine Selbsthilfemethode, die ein müheloses Überwinden von Problemen und negativen Einstellungen, Figurproblemen, Lernschwierigkeiten, Partnerproblemen, Ängste, Streß, Nervosität, Migräne, Rauchen, Alkohol ermöglicht und die positive Haltungen, Gesundheit, Ausgeglichenheit und zufriedene Gelassenheit aufbauen hilft. Zu dieser Methode schrieb Dr. Stone gemeinsam mit Sidney Petrie das Buch *Autogenic*, das gleichfalls im Verlag Peter Erd erschienen ist.

Danksagung

Folgenden Persönlichkeiten möchte ich im Zusammenhang mit dem Entstehen dieses Buches meinen herzlichen Dank aussprechen: Dr. J. W. Hahn, Dr. N. E. West, Dord Fitz, Dr. Jeffrey Chang, Dr. Richard McKenzie, Harry F. McKnight, Dr. Frederick Bremner, Dr. George DeSau, Dr. Clancy D. McKenzie. Besonders erwähnt sei mein Mitarbeiter an diesem Buch Dr. Robert B. Stone, dessen Klugheit, Sachverständnis und große Menschlichkeit von unschätzbarem Wert waren. Allen genannten Freunden und Kollegen gebührt die Ehre, wesentliche Beiträge zur Entwicklung der Silva *Mind-Control* Methode geleistet zu haben!

José Silva

1. Kapitel

Die Probleme der Führungskraft und ihre Lösung durch Mind-Control

Eine Neue Dimension menschlichen Denkens ist entdeckt! In aller Welt bedienen sich ihrer bereits Persönlichkeiten in leitenden Positionen zur Steigerung wichtiger Fähigkeiten wie Gedächtniskraft, Entscheidungssicherheit, Wahrnehmungsvermögen und Einsicht.

Die Methode, sich diese Dimensionen nutzbar zu machen, wird als *Mind-Control* bezeichnet. *Mind* bedeutet Gemüt, Verstand, Denken, Wille und Absicht, umfaßt also die gesamte Vielfalt der geistigen Funktionen des Menschen. *Control* heißt Beherrschung, Kontrolle, Macht, auch im Sinne von Überwachen, Beaufsichtigen, Gezielt-Einsetzen. Die *Mind-Control*-Methode kann Ihnen also Macht über die Fähigkeiten des eigenen Geistes verleihen.

Praktisch wirkt sich dies in einer Steigerung Ihrer Intelligenz und Fertigkeiten aus. Sie erlangen ungeahnte Fähigkeiten schöpferischer Problemlösung: Als Führungskraft werden Sie die Arbeitsmoral in Ihrem Betrieb heben, die Absenzen vermindern, Beschwerden vermeiden, Produktionsengpässe oder Absatzschwierigkeiten verhindern. Die Methode eignet sich zur Anwendung in jeder Wirtschaftsbranche. Sie bewährt sich ebenso in allen anderen Bereichen des gesellschaftlichen, geschäftlichen und privaten Lebens, in denen es gilt, verantwortungsbewußt Entscheidungen von großer Tragweite zu treffen.

Einfach ausgedrückt bewirkt die Methode ein Harmonisieren der Arbeit Ihrer beiden Hirnhälften. Die rechte Hälfte des menschlichen Gehirns verfügt über besondere Möglichkeiten der Intuition, Schöpferkraft und Phantasie. Die linke Hirnhälfte dagegen steuert die logischen und intellektuellen Funktionen unseres geistigen Tuns. Die rechte Hälfte ist also mehr nach innen gerichtet, während die linke unsere Aktionen nach außen bestimmt.

Die bisherige Entwicklung der Menschheit und herrschende Erziehungssysteme haben zu einer einseitigen Ausbildung der linken Hirnhälfte geführt. Die intuitiven und kreativen Fähigkeiten der anderen Seite unseres Wesens blieben daher weitgehend unbeachtet. Doch auch sie können aktiviert werden! Der Schlüssel dazu ist ein entspannter Geisteszustand, der dem *Alpha-Rhythmus* der Hirntätigkeit entspricht. Wenn Sie sich in diesem Alpha-Rhythmus befinden, wird Ihre rechte Hirnhälfte besonders angeregt und mit den Funktionen der linken in Einklang gebracht.

Ein wesentlicher Aspekt bei diesem Vorgang ist die *Verinnerlichung*. Der moderne Mensch hat sich hauptsächlich nach außen orientiert, wodurch sein Wesen zum größten Teil von der Außenwelt beeinflußt und gelenkt wird. Weil die Kräfte der Außenwelt jedoch vielfach im Widerspruch zueinander stehen, wird er immer wieder von Angst, Enttäuschung und Unentschlossenheit eingeholt. Es treten Konflikte zwischen einzelnen, Familien, Gruppen und Staaten auf. Der Mensch sucht außerhalb seines Wesens nach Lösungen und richtet seine Wut dabei oft auf völlig Unschuldige. Die eigenen Quellen zur Bewältigung von Schwierigkeiten, die tief im Inneren verborgen sind, werden dabei zumeist nicht in Betracht gezogen.

Die in der Silva Mind-Control Methode geschulten Führungskräfte sind gleichermaßen nach außen *und* nach innen orientiert. Das Training hat sie *verinnerlicht*. Sie steuern und beherrschen ihr Inneres, ihre Gefühle und Haltungen durch eine bewußte Arbeit mit dem Alpha-Rhythmus, die in einen entspannten Geisteszustand versetzt.

Der richtige Umgang mit dem Alpha-Rhythmus erlaubt es jeder Führungskraft, je nach Situation in der geeignetsten Weise aktiv oder passiv zu sein. Sie wird erfolgreicher, indem sie Probleme vermeidet oder löst. Ihr Erfolg wirkt ansteckend auf die Mitarbeiter, und so steigt das gesamte Niveau des Betriebes. (An dieser Stelle ist eine Anmerkung notwendig: Es wird hier stets von *der Führungskraft* gesprochen, die dann als »sie« bezeichnet wird. Ausdrücklich möchte ich betonen, daß dies Männer wie Frauen einschließt! Für die Zukunft ist im Interesse unseres Planeten zu wünschen, daß sich Frauen und Männer gleichermaßen die anfallenden Führungsaufgaben teilen!)

Der *verinnerlichte* Mensch kann wirksamer als der nur nach außen gerichtete reagieren. Ihm sind innere Quellen zugänglich, von deren Nutzung der nur nach außen orientierte gänzlich abgeschnitten bleibt. Diese Quellen sind der Ursprung aller Kreativität und echten Problemlösung. Wenden wir uns zunächst einem Beispiel zu, dem Bericht von Frau Betty Taylor aus Austin (Texas), die über ihre Erfahrungen als Führungskraft mit Mind-Control erzählt.

Die programmierte Lösung

»Heute bin ich Teilhaberin mehrerer Wirtschaftsunternehmen in den Vereinigten Staaten und in Kanada. Doch bis hierher war es ein langer Weg. Mein außerordentlicher Erfolg setzte eigentlich erst damit richtig ein, daß ich mich als leitende Angestellte mit der Silva-Mind-Control-Methode trainierte.

Damals war ich in einem Industriebetrieb tätig, und meine Funktion bestand darin, andere zu beaufsichtigen. Eine Grundschwierigkeit jeder Führungskraft in allen Ebenen eines Betriebes ist das Verhältnis zu den Mitarbeitern, deren Vorgesetzter sie ist. Man hat es dabei mit den unterschiedlichsten Charakteren zu tun: Die anderen begegnen einem feindselig, gleichgültig oder gelangweilt. In den meisten Fällen sind Vorgesetzte nicht so gerne gesehen.

Jeden Tag konnte ich es erleben: Mindestens zwanzig Prozent meiner Mitarbeiter war der Ärger am Gesicht abzulesen, wenn ich zur Tür hereinkam. Doch Mind-Control lehrte mich, daß in meinem Inneren die geheimnisvolle Fähigkeit schlummert, wortlos einen positiven Kontakt zu den anderen aufzubauen. Durch ein Vorstellungsbild sollte ich den Bann der Ablehnung brechen!

Ich nahm einen tiefen Atemzug, um mir beim Ausatmen vorzustellen, daß ich von einer strahlenden Lichtaura umgeben war. Ich visualisierte, wie sich diese zwei bis drei Meter um mich herum ausbreitete. Dann sagte ich mir, daß jedermann, der in die Reichweite des Lichtes gerät, positiv zu einer Zusammenarbeit mit mir eingestellt sein wird. Es ist jedesmal gelungen!

Selbst wenn ich jemandem auf die weiteste Entfernung ansehen konnte, wie geladen er war und daß er keinerlei Interesse hatte, mich zu akzeptieren, wirkte diese kleine Übung. Auch wenn der andere sehr erregt war und die klare Absicht hatte, mich mit Worten scharf anzugreifen, beruhigte er sich, sobald er in meine Nähe kam. Ich konnte nun mit ihm reden und sachlich diskutieren. Er hatte auf das von mir geschaffene geistige Feld positiv reagiert und fühlte sich nach unserem Zusammentreffen sicher besser.

Wenn uns ein knapper Termin gesetzt war, stellte ich mir im Zustand des Alpha-Rhythmus innerlich vor: Mein ganzes Team arbeitet so harmonisch und gründlich, daß wir ihn einhalten können. Ich sah vor mir, wie wir unsere Leistungen verdoppeln und rechtzeitig fertig werden. Auch visualisierte ich, wie meine Vorgesetzten mich beglückwünschen und befördern. Es ist immer alles so eingetroffen.«

Dieser Bericht zeigt uns beispielhaft, wie ein Vorstellungsbild während des Alpha-Rhythmus den menschlichen Geist so gezielt ausrichtet, wie man einen Computer programmiert. Betty Taylor hat sich selbst dazu programmiert, Millionen Dollar zu verdienen. Auch während ich diese Zeilen schreibe, ist sie weiterhin auf diesem Weg.

Eine Lösung für jedes Problem

Jeder Wirtschaftszweig hat seine speziellen Schwierigkeiten. Jede einzelne Firma in diesem Zweig hat ihre besonderen Probleme. Und auch jeder Mitarbeiter in diesen Firmen kennt seine eigenen Schwierigkeiten.

Die Lösungsmöglichkeiten, die es für alle diese Probleme gibt, sind grundsätzlich zweierlei:

Da sind zunächst *rein äußerliche* Strategien der Bewältigung von Schwierigkeiten. Diese wollen wir in diesem Buch als *objektive Methoden* bezeichnen. Sie sind mit dem *Beta-Rhythmus* der Hirntätigkeit verbunden und dadurch gekennzeichnet, daß man durch Aktionen in der Außenwelt nach einer Lösung sucht.

Sodann gibt es *innere* Strategien zur Problembewältigung, die ich *subjektive Methoden* nenne. Hier wird mit dem *Alpha-Rhythmus* gearbeitet. Man sucht nach einer Lösung durch die Möglichkeiten des eigenen Geistes.

Weder sind die subjektiven Methoden den objektiven grundsätzlich überlegen, noch ist es umgekehrt. Das Wirken nach außen trägt ebenso wie das Wirken nach innen wesentlich zu einer effektiven Problemlösung bei. Nur wenn tatsächlich beide Aspekte beteiligt sind, kann man wahrhaft jede Schwierigkeit bewältigen.

Doch die subjektiven Methoden sind weitgehend in Vergessenheit geraten und liegen brach. Wesentliche Möglichkeiten der rechten Hirnhälfte bleiben dadurch unerschlossen. Darum ist Mind-Control notwendig: Wenn zu den äußeren Bemühungen noch die verborgenen Dimensionen des eigenen Geistes hinzukommen, können Sie Ihre Fähigkeiten zur Überwindung von Problemen und Ihre Führungsqualitäten mehr als verdoppeln.

Das, was ich Ihnen hierzu in meinem Buch vorstelle, ist nur der Anfang einer großen Entdeckungsreise. Sobald Sie einmal grundsätzlich verstanden haben, worum es geht, können Sie die hier dargelegten Techniken zu Ihrem eigenen Bedarf abwandeln, sie verändern und kombinieren. Sie können neue und Ihrem Leben angemessene Methoden des Visualisierens im Alpha-Rhythmus entwickeln.

Sobald die Dinge in Ihnen Wirkung entfaltet haben, sind Sie in der Lage, selbständig damit zu arbeiten. Sie könnten dann Ihr eigenes Buch darüber schreiben ...

Doch zunächst sollten Sie sich mit der grundlegenden, allgemeinen Methodik, wie sie in meinem Buch beschrieben wird, vertraut machen. Um dabei verständlich und planmäßig vorzugehen, müssen wir eine grundsätzliche Einteilung aller möglichen Probleme vornehmen.

In diesem ersten Kapitel wird es um Probleme mit Menschen gehen. Diese Probleme sollen nachfolgend in zwei Teilen betrachtet werden: alltägliche Schwierigkeiten mit Menschen einerseits, herausragende und besondere Probleme andererseits.

Lösungen bei alltäglichen Schwierigkeiten mit Menschen

Was routinemäßig auftretende Probleme mit Menschen betrifft, können Sie Mind-Control dazu verwenden, sich heute für künftige Situationen vorzubereiten: Sie programmieren sich für die Bewältigung von Schwierigkeiten in der Zukunft. Die Methode dafür werde ich Ihnen zunächst ausführlich beschreiben und sie am Ende noch einmal knapp zusammenfassen.

Bitte beachten Sie dabei folgendes: In den Übungsanweisungen werden Sie die Begriffe *»passiv werden«* und *»programmieren«* finden. Wie man *passiv wird* (das heißt in den Alpha-Rhythmus kommt) und sich danach *programmiert* wird in allen Einzelheiten in späteren Kapiteln behandelt. Es soll zunächst darum gehen, daß Sie den wesentlichen Ablauf des Vorgangs und die damit verbundenen Möglichkeiten kennenlernen. Erst wenn Sie erfahren haben, *wozu* und *warum* Sie etwas tun sollen, kann die Frage nach dem genauen *Wie* sinnvoll gestellt und beantwortet werden.

Um sich für das Lösen zukünftiger Schwierigkeiten zu programmieren, wird man im Bett unmittelbar vor dem Einschlafen passiv. Sie programmieren sich nun zunächst dazu, in der Nacht automatisch zu dem Zeitpunkt aufzuwachen, der für das Programmieren der Lösung eines Routineproblems mit Menschen am günstigsten ist.

Wenn Sie dann während der Nacht aufwachen, werden Sie wieder passiv. Sie vergegenwärtigen sich, daß die entsprechenden Probleme von Zeit zu Zeit entstehen und man zu ihrer Lösung einen angebrachten Bewußtseinszustand einnehmen muß. Einige Probleme erfordern eine stärkere Aktivität der linken Hirnhälfte, andere machen eine erhöhte Tätigkeit der rechten notwendig. (Über die Funktionen der beiden Hirnhälften soll in diesem Buch noch ausführlicher gesprochen werden.) Nun programmieren Sie sich dazu, durch das bloße Aneinanderlegen der Fingerspitzen von Daumen, Zeigefinger und Mittelfinger einer Hand den jeweils angebrachten Bewußtseinszustand zu verwirklichen. Im Geiste sagen Sie sich:

»Immer wenn mir in Zukunft eine Schwierigkeit dieser Art begegnet, muß ich lediglich die drei Fingerspitzen einer Hand aneinanderlegen. Indem ich das tue, erschließe ich mir die unbegrenzten Möglichkeiten meines Inneren. Ich werde dann besonders empfindsam für Eingebungen aus den Tiefen meines Geistes, die ich sogleich für eine Problemlösung anwenden kann.« Dann fallen Sie aus dem passiven Zustand wieder in einen erholsamen Schlaf.

Wenn dann später das entsprechende Problem tatsächlich aktuell wird, legen Sie zwanglos die drei Fingerspitzen aneinander. Dadurch treten Sie in einen der jeweiligen Situation angemessenen Bewußtseinszustand ein, der sie befähigt eine positive Entscheidung zum Nutzen aller Beteiligten zu fällen. Es wird nach einiger Übung immer gelingen!

Übungsanweisung: Alltägliche Probleme mit Menschen lösen

1. *Werden Sie vor dem Einschlafen am Abend passiv, indem Sie »zählen« (wie es später erklärt wird).*
2. *Programmieren Sie, daß Sie automatisch genau zu der Zeit aufwachen, die sich am günstigsten für ein Programmieren von Lösungen alltäglicher Schwierigkeiten erweist.*
3. *Schlafen Sie dann in diesem passiven Zustand ein.*
4. *Sobald Sie in der Nacht erwachen, werden Sie wieder passiv.*
5. *Bringen Sie die drei Fingerspitzen einer Hand zusammen.*
6. *Sagen Sie sich im Geiste sinngemäß: »Immer wenn mir in Zukunft eine Schwierigkeit dieser Art begegnet, muß ich nur die drei Fingerspitzen einer Hand zusammenbringen. Indem ich das tue, erschließen sich mir unbegrenzte Quellen im Inneren. Ich werde dann besonders empfänglich für Inspirationen aus den Tiefen meines Bewußtseins, die mir sofort zur Lösung meiner Probleme dienen können. Es wird sicher gelingen!«*
7. *Schlafen Sie in diesem passiven Zustand wieder ein.*
8. *Wenn dann ein Problem der entsprechenden Art auftritt, legen Sie die drei Fingerspitzen aneinander.*

Wenn Sie es erst beherrschen, durch die in folgenden Kapiteln gelehrten Techniken den passiven Zustand zu verwirklichen und sich so der Möglichkeiten des Alpha-Rhythmus zu bedienen, können Sie durch diese einfache Methode stets und verläßlich in den einer Situation genau angemessenen Bewußtseinszustand gelangen.

Herausragende Schwierigkeiten bewältigen

Um ein besonderes, nichtalltägliches Problem zu lösen, das über die gewöhnlichen Konflikte mit Menschen hinausgeht, verfährt man zunächst so, wie zuvor angegeben: Man programmiert sich zum Aufwachen im geeigneten Augenblick. Kommt es dazu, legt man die drei Fingerspitzen zusammen und sagt sich im passiven Zustand, daß man im Ernstfall empfänglich sein wird für die Inspirationen aus den Tiefen des eigenen Geistes. Zusätzlich zu dieser abendlichen oder nächtlichen Übung soll jedoch auch am Tag dem besonderen Problem einige Minuten gewidmet werden:

Ziehen Sie sich hierzu ungestört in einen Privatraum oder Ihr Büro zurück. Setzen oder legen Sie sich entspannt hin, und dann werden Sie passiv. (Sie bedienen sich dazu des später ausführlich erklärten *»3 bis 1, 10 bis 1 Zählens«*.) Sobald der passive Zustand erreicht ist, analysieren Sie im Geiste das Problem. Fragen Sie sich: Worum geht es? Wer ist beteiligt? Versuchen Sie, die Schlüsselfigur oder die beteiligten Personen nacheinander im Inneren vor sich zu sehen. Dann diskutieren Sie in Ihrer Vorstellung das Problem mit den Beteiligten. Entwickeln Sie ein Empfinden für den anderen Standpunkt, und tragen Sie im Geiste Ihren eigenen vor. Dann sagen Sie sich, daß die ganze Angelegenheit eine für alle Beteiligten positive Lösung finden wird, wenn Sie mit dem Zusammenlegen der drei Fingerspitzen in den angemessenen Bewußtseinszustand eintreten.

Kommt es dann zu einer Begegnung mit den betreffenden Personen oder zu einer in dieser Sache wichtigen Entscheidungssituation, legen Sie die Finger aneinander, und werden Sie empfänglich für die vorprogrammierten Lösungen.

Eine wesentliche Rolle spielt bei der gerade beschriebenen Methode ein Vorgang, den ich als *subjektive Kommunikation* bezeichne. Indem

Sie sich die an Ihrem Problem gleichfalls beteiligten Personen bildhaft vorstellen, wird eine Verbindung von Unterbewußtsein zu Unterbewußtsein hergestellt. So, wie in der *objektiven Kommunikation* ein Gespräch in der Außenwelt stattfindet, kommt es auch in der *subjektiven* Kommunikation zu einem echten Kontakt. Dieser kommt durch noch weitgehend unerforschte Fähigkeiten unseres Geistes zustande. Einzelheiten über die Prinzipien subjektiver Kommunikation werden in diesem Buch noch behandelt. Hier zunächst nur soviel: Indem man einen unterbewußten Kontakt herstellt, der vom ehrlichen Wunsch nach einer für beide Seiten annehmbaren Lösung begleitet ist, wird eine grundsätzlich positive Ausgangssituation geschaffen. Kommt es dann zur tatsächlichen Begegnung mit der anderen Konfliktpartei, bringt Sie der Erinnerungsimpuls der drei aneinandergelegten Finger in eine Haltung tiefen, positiven Einvernehmens.

Ein tiefer Atemzug

Wenn Sie mit einem unvorhergesehenen Problem konfrontiert werden, bei dem Sie nicht passiv werden können, um eine Lösung vorzuprogrammieren, können Sie es mit einer anderen Methode versuchen:

Sagen Sie sich dann in Ihrem Inneren, daß ein tiefer und bewußter Atemzug die problemlösenden Quellen Ihres Geistes zum Sprudeln bringen wird. Atmen Sie nun tief ein, halten Sie die Luft eine kurze Weile, um dann ganz langsam und ruhig auszuatmen. Führen Sie dabei die drei Finger zusammen, und seien Sie sich dessen bewußt, daß dies ein Signal an Ihr Unterbewußtsein ist, alle positiven Fähigkeiten für eine anstehende Begegnung bereitzustellen: Sie werden klare Entscheidungen treffen, überzeugend argumentieren und im rechten Moment das Richtige sagen.

Übungsanweisung: Besondere Probleme mit Menschen lösen

1. *Werden Sie vor dem Einschlafen durch das »3 bis 1, 10 bis 1 Zählen« passiv.*
2. *Programmieren Sie, daß Sie automatisch genau zu der Zeit aufwachen, die sich am günstigsten für ein Vorprogrammieren der Lösung Ihrer besonderen Schwierigkeit erweist.*
3. *Schlafen Sie dann in diesem passiven Zustand ein.*
4. *Sobald Sie in der Nacht erwachen, gehen Sie wieder in den Passiv-Zustand.*
5. *Bringen Sie die Fingerspitzen einer Hand zusammen.*
6. *Sagen Sie sich im Geiste sinngemäß: »Wenn dieses Problem, vor dem ich nun stehe, akut wird, werde ich meine drei Fingerspitzen aneinanderlegen. Dies wird das Signal für mein Unterbewußtsein sein. Ich werde aus meinem Inneren genau die Inspirationen empfangen, die ich zu einer positiven Lösung brauche.« Nehmen Sie sich auch vor, gleich am nächsten Tag zu einem geeigneten Moment passiv zu werden, um durch subjektive Kommunikation eine günstige Ausgangslage zur Bewältigung der Schwierigkeiten herzustellen.*
7. *Schlafen Sie in diesem passiven Zustand wieder ein.*
8. *Wenn Sie am nächsten Tag die Gelegenheit haben oder die Zeit Ihnen günstig erscheint, ziehen Sie sich alleine und ungestört in Ihr Büro oder einen Privatraum zurück. Werden Sie passiv, um das anstehende Problem zu analysieren. Sehen Sie die beteiligten Personen dabei bildhaft vor sich, und diskutieren Sie mit ihnen im Geiste alles Wesentliche. Wenn Sie sich einige Minuten so mit dieser Angelegenheit beschäftigt haben, kehren Sie wieder in Ihren gewöhnlichen, aktiven Bewußtseinszustand zurück.*
9. *Kommt es dann zu einer für Ihr Problem wichtigen Begegnung oder Entscheidungssituation, legen Sie die drei Finger aneinander, und werden Sie empfänglich für die vorprogrammierten Lösungen. Haben Sie Vertrauen zu den schöpferischen Fähigkeiten Ihres Geistes, fruchtbare und für alle Beteiligten positive Ergebnisse anzusteuern!*
10. *Alternative Möglichkeit, wenn es keine Zeit der Vorbereitung gibt: Atmen Sie tief ein, halten Sie die Luft für eine kleine Weile an, dann*

atmen Sie langsam und ruhig aus. Legen Sie währenddessen die drei Finger aneinander. Fühlen Sie die Gewißheit, wie durch dieses Signal Ihr Unterbewußtsein dazu angeregt wird, Sie mit allen notwendigen Fähigkeiten zu versehen.

Sind die geistigen Prozesse, die den Erfolg dieser Methoden ermöglichen, erst einmal geweckt und in Gang gebracht, werden sich Ihre Fähigkeiten dafür mit jedem Üben oder Anwenden steigern. Sie werden dann sehen, wie das Bewältigen von Schwierigkeiten von einer lästigen Pflicht plötzlich zur erregenden Reise persönlichen Wachstums wird.

Die wichtigste Sache der Welt: Probleme lösen!

Ein wesentlicher Aspekt im Sinn unseres Daseins scheint mir im Lösen von Problemen zu liegen. Ich möchte es den Philosophen überlassen, darüber nachzudenken, ob es dabei um ein Reifen der Menschheit zu Höherem geht oder nur um ein Verbessern der Lebensumstände auf unserem Planeten. Eines jedoch steht fest: Wenn wir erfolgreich darin werden, unsere Schwierigkeiten zu bewältigen, können wir beides bewerkstelligen.

Viele Führungskräfte sind sich bewußt, daß sie ständig an einer Erweiterung ihres Wissens und ihrer Fähigkeiten arbeiten müssen. Andere dagegen, und es tut weh, dies immer wieder zu sehen, verhalten sich so, als wäre das menschliche Dasein eine einzige Kaffeepause.

Wir brauchen Wissen und Information, um erfolgreich Probleme zu lösen! Je mehr wir kennen und können, um so besser werden wir in der Bewältigung von Schwierigkeiten. Die wichtigste Fähigkeit, die wir erwerben können, ist die, Wissen und Informationen aus unserem Inneren immer dann abzurufen, wenn es die aktuelle Situation erfordert.

Die Silva Mind-Control Methode ermöglicht es uns, die jeweils notwendigen Informationen aus unserem Inneren beliebig abzurufen und anzuwenden. Sie aktiviert beide Hälften unseres Gehirns, damit wir sowohl erlernte Informationen als auch solche, die von Natur aus in unserem Unterbewußten schlummern, zugänglich finden.

Nun darf aber die Tatsache, daß sich durch geistige Trainingsmethoden Informationen aus dem Unbewußten leicht abrufen lassen, nicht zu einem gefährlichen Fehlschluß verleiten: Wer glaubt, harte Arbeit an der steten Erweiterung des eigenen Wissens und Könnens würde dadurch überflüssig, beraubt sich selbst seiner Führungsqualitäten.

Mind-Control macht fachliche Fortbildung und Schulung keinesfalls unnötig. Das Gegenteil ist der Fall: Nur wer ständig an einer Vertiefung der Kenntnisse und Fähigkeiten seines Fachgebietes arbeitet, wird ein geistiges Training wahrhaft erfolgreich anwenden können. Wer jedoch mit einer »Kaffeepausen-Mentalität« an die ihm gestellten Aufgaben herangeht, kann auch durch Mind-Control wenig gewinnen. Trägheit und Schlaffheit sind die Folgen einer solchen Grundhaltung. Die wunderbaren Fähigkeiten unseres Gehirns verkümmern.

Mind-Control kann jedem helfen, der sich um eine positive Einstellung bemühen möchte: Es geht dabei um den Wunsch, voranzukommen, um eine positive Erwartungshaltung und den Glauben an die Möglichkeit des Guten. Wer diese Eigenschaften besitzt oder in sich wecken will, hat begriffen, daß die Bedeutung des Menschseins nicht in einem Leben fauler Selbstzufriedenheit besteht. Das Dasein auf unserem Planeten bringt eben eine Vielzahl von Problemen mit sich. Sie beginnen im kleinen am Arbeitsplatz und in der Familie, und sie finden sich in veränderter Form in den großen Dimensionen der Politik und Wirtschaft.

Wir haben diese Probleme zu lösen. Dabei müssen wir dort beginnen, wo wir selbst beruflich und privat stehen. Es hat wenig Sinn, nur auf die Regierung, die Gesetze oder die allgemeine Wirtschaftslage zu schimpfen. Genau dort, wo wir uns befinden, müssen wir beginnen, konkret anstehende Probleme zu lösen. Dies ist die notwendige Grundhaltung einer fähigen Führungskraft. Wer von anderen, seien es Vorgesetzte oder Untergebene, Einstellungen verlangt, die er selbst nicht hat, erweist sich damit als nicht reif, eine leitende Position zu bekleiden.

Lernen und Problemlösung

In meinem ganzen Leben bin ich niemals faul gewesen. Ich genieße es, mit meiner Familie zusammenzusein; ich genieße gesellschaftliche Aktivitäten; und selbstverständlich genieße ich meine Arbeit. Was ich jedoch niemals genießen könnte, wäre es, wenn ich meine Zeit vergeudete.

Um 5 Uhr am Morgen stehe ich auf, um meine Arbeiten zu beginnen. Wohin ich auch gehe, immer habe ich ein Buch bei mir. Ist es ein Roman? Ich muß zugeben, daß ich während meines ganzen Lebens niemals einen Roman gelesen habe. Nehmen Sie sich kein Beispiel an mir! Lesen Sie Romane, wenn Sie etwas davon haben. Doch lesen Sie auch, um zu lernen!

Übungsanweisung: Stets wiederkehrende Probleme mit Menschen lösen

1. *Werden Sie vor dem Einschlafen passiv.*
2. *Programmieren Sie, daß Sie genau zu der Zeit aufwachen, die für eine subjektive Kommunikation über das betreffende Problem am günstigsten ist.*
3. *Wenn Sie während der Nacht automatisch aufwachen, werden Sie erneut passiv. Visualisieren Sie nun, wie der Mensch, mit dem Sie das Problem haben, vor Ihnen steht. Legen Sie ihm Ihren Standpunkt verständnisvoll, aber doch überzeugend und bestimmt dar. Machen Sie ihm klar, was die beste Lösung für alle Beteiligten wäre.*
4. *Sehen Sie nun eine typische Szene vor sich, in der sich das entsprechende Problem beispielhaft abspielt. Nun geben Sie dem Betreffenden einen für ihn typischen oder alltäglichen Vorgang als Signal vor, sein Problemverhalten zu korrigieren und sich hierzu der positiven Kräfte seines Unterbewußtseins zu bedienen.*
5. *Sehen Sie zuletzt den Betroffenen in einer Situation vor sich, die deutlich erkennbar macht, daß das Problem gelöst wurde. Empfinden Sie das gute Gefühl, daß alles in Ordnung ist! Spüren Sie die Gewißheit, wie alles so*

kommen wird! Schlafen Sie dann schließlich in Ihrem passiven Zustand wieder ein.

6. *Wiederholen Sie diese Übung in ein paar aufeinanderfolgenden Nächten, um den positiven Prozeß zu verstärken.*

Das Programmieren mit offenen Augen

Wenn Sie es schaffen, in der Nacht immer wieder mit guten Erfolgen Programmierungen vorzunehmen, können Sie einen Schritt weitergehen: Sie bereiten dann das Programmieren in der Nacht vor, um es bei Tag je nach Bedarf auszuführen.

Ein Beispiel: Nehmen wir an, einer Ihrer Arbeiter steckt in einer Krise. Er kommt nicht zu Ergebnissen, von denen Sie wie er genau wissen, daß er sie erreichen könnte. Trotz intensiven Beobachtens läßt sich kein Grund dafür herausfinden.

Gehen Sie nun folgendermaßen vor: Programmieren Sie Ihr Unterbewußtsein vor dem Einschlafen, Sie zur günstigsten Zeit aufwachen zu lassen. Werden Sie dann passiv, sobald Sie aufwachen, und sagen Sie sich, daß Sie bei Ihrer nächsten Konfrontation mit dem Problem die drei Fingerspitzen aneinanderlegen und sich trotz geöffneter Augen im Geiste drei Bilder vorstellen. Im ersten Bild sehen Sie, wie Ihr Arbeiter lustlos seiner Tätigkeit nachgeht. Im zweiten Bild nimmt er ein Erfrischungsgetränk zu sich und wird gleichzeitig daran erinnert, daß sich seine Arbeitsmoral heben muß. Im dritten Bild visualisieren Sie das Problem als gelöst: Der Arbeiter zeigt sich Ihnen in bester Form. Er leistet mehr, als Sie oder er selbst es jemals zu hoffen wagten.

Wurde nach dieser Methode während der Nacht die Problemlösung erst vorprogrammiert, ist es nicht mehr notwendig, am Tage passiv zu werden. Es genügt dann das Zusammenlegen der drei Fingerspitzen und ein bewußtes Tagträumen der drei genannten Bilder, um die rechte Hirnhälfte zu aktivieren und die unterbewußten Prozesse in Gang zu setzen. Die Schwierigkeiten lösen sich sicher auf!

Fred S., der Leiter eines Warenhauses, erprobte diese Methode im Falle eines Verwaltungsangestellten, der nicht nur sein Arbeitstempo erheblich verlangsamt hatte, sondern sich auch mehr und mehr in wichtigen Punkten verrechnete. Es half nichts, ihn für einige Tage ins Lager zu versetzen. Die Mind-Control-Methode half: Arbeitstempo und Gründlichkeit nahmen zu. Mittlerweile ist jener Angestellte Freds rechte Hand und Stellvertreter.

Übungsanweisung für das Programmieren mit offenen Augen

1. *Werden Sie vor dem Einschlafen passiv.*
2. *Programmieren Sie, daß Sie genau zu der Zeit erwachen, die am geeignetsten ist, die Lösung des entsprechenden Problems vorzuprogrammieren.*
3. *Wenn Sie während der Nacht aufwachen, werden Sie wieder passiv. Sagen Sie sich nun, daß es bei einem erneuten Auftreten des Problems genügt, die drei Fingerspitzen aneinanderzulegen und sich mit offenen Augen, unbemerkt von anderen, drei Bilder vorzustellen: I. eine Szene, die typisch für das Problem ist; II. einen typischen oder alltäglichen Vorgang als Signal für das Unterbewußtsein des anderen; III. eine Szene, aus der deutlich wird, daß das Problem überwunden wurde.*
4. *Schlafen Sie dann in Ihrem passiven Zustand wieder ein.*
5. *Legen Sie, wenn die entsprechende Schwierigkeit akut wird, die drei Fingerspitzen aneinander, und lassen Sie unbemerkt von anderen die drei Bilder in ihrem Geiste vorüberziehen.*
6. *Sie werden es erleben: Das letzte der drei Bilder wird zur Wirklichkeit!*

Strategien der Problemlösung im Überblick

A. Vorprogrammieren der »Drei-Finger-Technik« und deren Anwendung, sobald das Problem auftritt. (Geeignet für alltägliche Schwierigkeiten!)

B. Die »Drei-Finger-Technik« und subjektive Kommunikation als Vorbereitung zur Problembewältigung. (Besonders geeignet für ungewöhnliche Schwierigkeiten mit einem Menschen, mit dem uns eine Begegnung bevorsteht!)

C. Vorprogrammieren der »Drei-Finger-Technik« und ein tiefer Atemzug. (Geeignet für plötzlich auftretende Probleme, wenn keine Zeit zu umfassender Vorbereitung zur Verfügung steht!)
D. Dem anderen Beteiligten in der subjektiven Kommunikation ein bestimmtes Signal zum Aktivieren seiner unterbewußten Fähigkeiten der Problemlösung vermitteln. (Besonders geeignet für hartnäckige Schwierigkeiten mit einer bestimmten Person!)

Dieses Kapitel wird nun mit drei Fallstudien abgeschlossen. Es handelt sich dabei um Schwierigkeiten, die entweder mit Strategie A, B, C oder D bewältigt werden können. Überlegen Sie nach dem Lesen jedes der drei Fälle, nach welcher der genannten Methoden sie zunächst vorgehen würden. Sehen Sie sich anschließend meine Vorschläge an. Sollten die von Ihnen gewählten Strategien von meinen Vorschlägen abweichen, bedeutet das *nicht,* daß Ihnen Fehler unterlaufen sind. Es gibt bei der Anwendung geistiger Gesetze keine absolut richtigen oder falschen Lösungen. Jeder Mensch ist anders und muß daher auch seinen besonderen Erfordernissen entsprechend vorgehen.

Wichtig ist lediglich, daß Sie, nachdem Sie sich entschieden haben, auch meine Weise des Herangehens zur Kenntnis nehmen und erwägen. Erweist sich ein Weg nicht als zielführend, muß ein anderer erprobt werden. Sobald Sie einige Zeit mit den geistigen Gesetzen und Methoden vertraut sind, werden Sie mit großer Entscheidungssicherheit stets die angemessene Technik zur Anwendung bringen.

Bei der Auswahl der rechten Methode kann man nur einen einzigen Fehler begehen: dann, wenn man sich ausschließlich auf die »bewährten alten« objektiven Methoden verläßt und die subjektiven ausschließt. Auch die subjektiven Techniken der Problemlösung sind alt und bewährt, selbst wenn man sich ihrer viel zu selten bedient. Durchbrechen Sie die Macht der Gewohnheit und die Neigung zum Herkömmlichen! Erwägen und erproben Sie Problemlösungen durch subjektive Methoden!

Fallstudie 1: Überstunden vermindern

Sie sind Produktionsleiter eines großen Druckereiunternehmens. Die Geschäftsführung hat Sie angewiesen, Überstunden nur wenn unbedingt notwendig zuzulassen. Nur dann, wenn eine Auslieferung am nächsten Tag die Anwesenheit von Mitarbeitern über die üblichen Dienstzeiten hinaus dringend erforderlich macht, sollen Sie eine Ausnahme in diesem Punkt machen.

Arthur S., Ihnen verantwortlich, ein Abteilungsleiter, macht täglich ein bis zwei Überstunden. Er ist schon lange in der Firma tätig und hat viele Jahre unter Bedingungen gearbeitet, bei den allgemeine Überstunden an der Tagesordnung waren. Nun geht er von dieser Gewohnheit nicht mehr ab.

Oft schon haben Sie Arthur S. auf seine Überstunden angesprochen. Jedesmal antwortete er ganz unbefangen: »Ich mußte noch einige Dinge in Ordnung bringen und Vorbereitungen für den nächsten Tag treffen. Es ist alles in Ordnung.«

Für Sie jedoch kann die Sache nicht in Ordnung sein: Sie haben Ihre Anweisungen von der Geschäftsleitung und werden sicher erheblichen Ärger bekommen, wenn die Überstunden von Arthur S. nicht aufhören.. Ihren Vorgesetzten wird die gegenwärtige Praxis kaum verborgen bleiben, denn jedes Kommen und Gehen wird durch die Stechuhr genau dokumentiert.

Sie können Arthur S. nicht mit harten Konsequenzen drohen. Er ist eine Stütze Ihres Produktionsbereiches. Sein Wissen und Können, seine Erfahrung und Verläßlichkeit sind von unschätzbarem Wert für Sie. Was werden Sie tun, wenn alle objektiven Mittel versagten?

Fallstudie 2: Sexuelle Belästigungen am Arbeitsplatz

Sie sind für das Personal einer großen Handelsagentur verantwortlich. Frank G. ist einer der beliebtesten Mitarbeiter der Firma. Er, 40 Jahre alt, führt offenbar ein glückliches Privatleben. Drei reizende Kinder hat er, und jeder ist überzeugt davon, daß seine Ehe harmonisch ist.

Seine beruflichen Fähigkeiten sind unbestritten: Viele Kunden verhandeln am liebsten mit ihm, obwohl er niemals die Interessen Ihrer Firma aus dem Auge verliert.

Nun erhielten Sie zwei Beschwerden über Frank G. Beide kamen von Frauen, die unabhängig voneinander berichteten, er habe sie plötzlich in unsittlicher Weise berührt. Eine seiner Kolleginnen berichtete: »Ich wollte ihn zuerst auslachen. Doch als er beharrlich blieb, mußte ich grob werden.« Eine Schreibkraft sagte: »Er stand hinter mir, um einen Vertragsentwurf zu diktieren. Da spürte ich plötzlich seine Hände.«

Als Sie Frank G. gegenüber den ersten Vorfall erwähnten, war er in lautes Gelächter ausgebrochen. Das hat Sie verunsichert, ob an dieser Sache tatsächlich alles stimmt, und Sie haben es auf sich beruhen lassen. Doch nun, nach der zweiten Beschwerde, ist der Fall klar. Sie müssen etwas unternehmen! Was aber werden Sie tun?

Fallstudie 3: Vom Umgang mit der Öffentlichkeit

Ihr Unternehmen besitzt einige Kiesgruben. Die schweren Lastwagen, die den Kies von dort auf das Betriebsgelände fahren, kommen auf ihrem Weg unvermeidlich auch durch ein Wohngebiet. Nachdem einige Beschwerden der Bewohner wegen zu schnellen Fahrens bei Ihnen eingegangen sind, haben Sie Ihren Leuten klare Anweisungen erteilt. Doch die Beschwerden halten an.

Nun erfahren Sie von einem Betriebsangehörigen, daß die Eltern der Umgebung eine Versammlung abgehalten hätten, auf der es sehr aggressive Töne gegen Ihre Firma gab. Man bezeichnete Ihr Unternehmen als eine Gefahr für die Kinder und die öffentliche Sicherheit und beriet darüber, wie man gegen Sie vorgehen könnte.

Nachdem Sie diese Information erhalten haben, kommt ein Anruf vom Vertreter der betroffenen Eltern. Sie wollen eine Abordnung zu Ihnen schicken. Sie stimmen zu, und der Termin wird für morgen festgesetzt. Was werden Sie tun?

Mind-Control in Fall 1

Vorschlag: Es sei angeregt, in einem solchen Fall *Strategie D* anzuwenden. Nehmen wir an, Arthur S. wäre ein Kaffeetrinker. Sie können das Programmieren nun dahingehend ausrichten, daß er mit jeder Tasse Kaffee, die er trinkt, das Problem mit den Überstunden immer klarer erkennt. Täglich wird er mit seinen Vorbereitungen für den kommenden Morgen etwas früher beginnen, bis er es schließlich schafft, sich den allgemeinen Dienstzeiten anzupassen.

Begleitende Maßnahmen: Sie können zum Gelingen dieses Versuches erheblich beitragen, wenn Sie während Ihres nächtlichen Vorprogrammierens ein bestimmtes Wort oder eine Redewendung als Signal für das Unterbewußtsein von Arthur S. auswählen. Immer dann, wenn Sie in der objektiven Kommunikation mit ihm dieses Wort oder diesen Ausdruck einfließen lassen, wird sein Unterbewußtsein angeregt, in positiver Weise zum Lösen der Überstundenfrage beizutragen. Auch andere Techniken, die in diesem Buch beschrieben werden, können als begleitende Maßnahmen gewählt werden. Doch man mache es sich nicht zu einfach! Nur wenn mit verschiedenen Methoden experimentiert wird, um schließlich das jeweils Beste zu erkennen, werden die geistigen Prozesse, auf denen Mind-Control beruht, auch tatsächlich anlaufen.

Mind-Control in Fall 2

Vorschlag: In einem derartigen Fall kann *Strategie B* erfolgreich zur Anwendung gebracht werden. Vereinbaren Sie zwei oder drei Tage im voraus einen Termin mit Frank G. Programmieren Sie sich inzwischen mit der »Drei-Finger-Technik« vor, und treten Sie in subjektive Kommunikation mit Frank G. über den Anlaß der Schwierigkeiten. Erklären Sie ihm, welche Probleme sein Verhalten in der Firma auslösen kann. Erinnern Sie daran, welche rechtlichen Konsequenzen aus seinem Tun entstehen können, und schließlich auch an den Kummer, den er seiner Familie zufügt. Raten Sie ihm, nach anderen Ventilen für sein inneres Ungestüm zu suchen oder sich vielleicht einer Beratung zu unterziehen. Bevor es zur Aussprache mit Frank G. kommt, können Sie in Ihrem Büro die subjektive Kommunikation mit ihm wiederholen, indem Sie während einiger ungestörter Minuten passiv werden.

Begleitende Maßnahmen: Sie können der subjektiven Kommunikation mehr Wirkung verleihen, indem Sie in Ihrer Vorstellung eine weitere Persönlichkeit mit Frank G. reden lassen. Hierzu eignet sich ein Mensch, der von ihm respektiert wird und Sachverstand auf dem Problemgebiet besitzt. In unserem Falle könnte ein Psychologe oder ein Geistlicher visualisiert werden. Es soll später auf derartige Techniken noch näher eingegangen werden.

Mind-Control in Fall 3

Vorschlag: Hier können Sie *Strategie B* ergänzt von *Strategie C* anwenden. Das Vorprogrammieren der »Drei-Finger-Technik« und subjektive Kommunikation mit der erwarteten Abordnung, in der Sie Ihre Standpunkte und wirtschaftlichen Notwendigkeiten darlegen, wirken in positiver Weise auf die Begegnung hin.

Doch sollten Sie sich bei derartigen Konflikten mit der öffentlichen Meinung während der subjektiven Kommunikation nicht darauf beschränken, der anderen Seite Ihre Auffassung mitzuteilen. Versuchen Sie auch, selbst für die Anliegen der anderen Betroffenen empfänglich zu werden. Fragen Sie nach deren Bedürfnissen und Befürchtungen. Hat sich Ihr Unterbewußtsein mit diesen Methoden erst vertraut gemacht, werden Sie nun im passiven Zustand Intuitionen empfangen, die wesentlich zur Lösung des Problems beitragen. Vielleicht fallen Ihnen Punkte ein, in denen Sie den Anwohnern entgegenkommen oder einen Gefallen erweisen können.

Die subjektive Kommunikation ist keine einseitige Angelegenheit. Sie gelangen durch diese Übung in tatsächlichen Kontakt mit dem Unterbewußten der anderen Betroffenen. So ist es möglich, sich auch auf deren Wünsche und Vorstellungen einzustellen. Eine harmonische

Lösung bahnt sich im unterbewußten Kontakt leichter an als in einem Streitgespräch, bei dem beide Seiten das Gesicht wahren wollen. Scheuen Sie sich nicht, auf die Vorschläge Ihrer Intuition einzugehen, nachdem Sie sie samt ihren Konsequenzen erwogen haben.

Kommt es dann zu der Begegnung mit der Abordnung der Eltern, können Sie das Verwirklichen der vorprogrammierten Lösung durch die Methode des tiefen Atemzuges (Strategie C) unterstützen.

Begleitende Maßnahme: Sehen Sie im Geiste zunächst das Problem in aller Klarheit vor sich. Dann stellen Sie sich die Begegnung mit den Elternvertretern vor. Schließlich visualisieren Sie, daß eine für alle Seiten annehmbare Losung gefunden wurde. Empfinden Sie, wie jedermann über die Einigung befriedigt ist. Sehen Sie, wie Ihre Lastwagen behutsam durch die Wohngegenden fahren und niemanden belästigen. Ihr positiver Glaube an die Möglichkeit einer Lösung ist fast die wichtigste Voraussetzung für deren Verwirklichung!

Die Reichweite subjektiver Kommunikation

Wenn Sie tatsächlich passiv werden und sich in subjektiver Kommunikation üben, akzeptieren Sie damit den Umstand, daß ein Kontakt von Unterbewußtsein zu Unterbewußtsein hergestellt werden kann. Vielleicht erscheint Ihnen das unwahrscheinlich, und Sie sind sehr skeptisch über all das, was ich in diesem ersten Kapitel berichtet habe. Doch wenn Sie auch nur den Schimmer einer Ahnung oder Hoffnung besitzen, es könnte etwas daran sein, dann versuchen Sie es!

Auch wenn anfängliche Skepsis Ihr Üben begleitet, ist schon die Tatsache, daß Sie es probieren wollen, ein Ausdruck Ihrer positiven Erwartung. Diese positive Erwartung aber bringt die unterbewußten Prozesse in Gang! Wer nicht glaubt, daß er laufen kann, wird sich kaum zu einer Wanderung aufraffen. Das gleiche gilt hier: Wenn Sie davon ausgehen, daß die geistigen Methoden wirken, gelangen die entsprechenden Prozesse in Ihnen zum Durchbruch. Sie werden staunen, welche Möglichkeiten sich dann für Sie ergeben!

Ungezählte Geschichten wie folgende könnte ich Ihnen erzählen:

Betty Taylor, die Sie am Beginn dieses Kapitels kennenlernten, gründete 1982 gemeinsam mit Dr. J. W. Hahn eine Handelsagentur. Dr. Hahn ist einer meiner wissenschaftlichen Berater und außerdem ein Lehrer der Silva-Mind-Control-Methode. Das erste Problem der neuen Agentur Taylor & Hahn war die Suche nach Herstellern bestimmter seltener Produkte. Betty Taylor und Dr. Hahn wagten dabei ein Experiment: Sie wollten nicht durch teure Zeitungsanzeigen oder den Dienst bezahlter Vermittler die gesuchten Kontakte herbeiführen. Statt dessen bedienten sie sich der Methoden subjektiver Kommunikation, indem sie in passivem Zustand visualisierten, Verhandlungen mit entsprechenden Herstellern zu führen. Innerhalb weniger Monate konnten sie auf diesem Wege die gewünschten Verbindungen auf internationaler Ebene herstellen!

Wenn ich Ihnen die subjektive Kommunikation anpreise, heißt das nicht, daß ich Ihnen rate, in Zukunft auf äußere Mittel zu verzichten. Sie werden sicher nicht weit kommen, wenn Sie nur auf Ihrem Bett liegen und sich vorstellen, wie schön und erfolgreich das Leben doch verlaufen könnte. Der Einsatz geistiger Methoden und aktives Wirken in der Welt müssen Hand in Hand gehen. Nur wenn Sie die rechte Ausgewogenheit herstellen, werden Ihre Visionen zur Wirklichkeit.

Ist das nicht unmoralisch?

Die Frage, ob es überhaupt erlaubt sein darf, sich der Methoden subjektiver Kommunikation zu bedienen, darf mit gutem Recht gestellt werden. Beeinflußt man damit nicht andere Menschen gegen ihren Willen? Und wäre ein solches Vorhaben und Vorgehen nicht im höchsten Sinne unmoralisch?

Einen anderen gegen seinen Willen zu beeinflussen, wäre in der Tat höchst unmoralisch! Doch darum geht es bei der Mind-Control-Methode überhaupt nicht.

Die subjektive Kommunikation soll zunächst Ihr eigenes Unterbewußtsein anregen, auf *die beste Lösung für alle Beteiligten* hinzusteuern. Hierzu müssen Sie als verantwortungsbewußte Führungskraft eingesehen haben, daß Sie selbst immer nur einen Teil der Wahrheit sehen und deswegen nicht grundsätzlich recht haben oder gar unfehlbar sind. Auch wenn Sie in Ihrer Position weiter blicken müssen als andere, gibt es vieles, was Sie wiederum von ihnen lernen können. Dazu müssen Sie bereit sein! Mind-Control bedeutet nicht, anderen Ihren Willen zu diktieren. Mind-Control sucht vielmehr die beste Lösung für alle!

Wenn Sie mit dieser Haltung den unterbewußten Kontakt mit dem anderen aufnehmen, zwingen Sie ihm dadurch nichts auf. Sie machen lediglich das Problem bewußt, das zwischen Ihnen steht, und bahnen eine Harmonisierung an. Man kann das Unterbewußte eines anderen gar nicht dahingehend beeinflussen, etwas gegen die eigenen Interessen zu tun. Und wer es versuchen wollte, würde nur sich selbst schaden. Mind-Control ist die Methode des besten Ergebnisses für *jeden!*

2. Kapitel

Wie man schöpferische Ideen hervorbringt

Es ist unbestreitbar: Der menschliche Geist ist schöpferisch! Und was hat der Mensch nicht alles geschaffen! Wolkenkratzer ragen in den Himmel; immer bessere Transportmittel tragen uns und unsere Lasten sogar schon zu Zielen außerhalb der Erde; Computer und moderne Informationssysteme stellen uns vor großartige Möglichkeiten. Doch in allen Errungenschaften des Menschen schlummern auch erhebliche Gefahren: Jede Erfindung und Entdeckung kann zum Segen oder zum Schaden unseres Planeten und seiner Bewohner verwendet werden. Der heutige Mensch hat die Wahl: Er kann mit seinen immensen Fähigkeiten und seinem Wissen zur Zerstörung der Natur beitragen. Er kann seine Kenntnisse aber auch einsetzen, um den Lebensraum zu erhalten und die Erde zu einem Ort zu machen, auf dem alle Menschen in Würde wohnen können.

Der richtige und positive Einsatz unserer modernen Errungenschaften ist heute das wichtigste Gebot! Die einmal eingeleitete Entwicklung kann nicht mehr rückgängig gemacht werden, als hätte sie nie stattgefunden. Die der Natur einmal abgerungenen Erfindungen und Entdeckungen lassen sich nicht einfach ignorieren. Man löst die Probleme der Erde sicher nicht dadurch, daß man die wissenschaftliche und technische Forschung einstellt, um dann so zu tun, als hätte es diese niemals gegeben. Vielmehr müssen wir lernen, das einmal Erreichte wahrhaft zum Nutzen aller am Dasein auf unserer Erde Beteiligten anzuwenden.

Der gleiche menschliche Geist, der Weltraumstationen und Computer entstehen ließ, besitzt auch die Fähigkeit, Schwierigkeiten und Fehlentwicklungen, die sich aus seinen Schöpfungen ergeben, zu vermeiden oder zu korrigieren. Das heißt nun keineswegs, daß alles sich automatisch zum Besten wendet. Auch soll damit nicht gesagt werden, daß die Menschheit in allem so weitermachen kann wie bisher. Im Gegenteil! Die heutige Zeit erfordert ein Umdenken auf vielen Gebieten. Und es sind die Führungskräfte aller Bereiche, die dabei vorangehen müssen!

In der bisherigen Entwicklung der Menschheit wurde die Tätigkeit der *linken Hirnhälfte* überbetont: Die logischen und intellektuellen Funktionen des Geistes gewannen dadurch eine Vorrangstellung. Selbstverständlich sind logisches Denken und Verstandesarbeit keine negativen Dinge. Doch wenn sie einseitig ausgeprägt werden, sieht man leicht vor lauter Bäumen den Wald nicht mehr. Es wird dann eine Sache für sich alleine zur Perfektion gebracht, ohne darauf zu achten, wie sie mit dem größeren Umfeld unseres Lebens zusammenhängt. Das Resultat: kurzfristiger Nutzen, doch langfristiger Schaden! Dies ist typisch dafür, daß die Beteiligten vollkommen auf die Außenwelt orientiert sind und nur objektive Mittel anwenden.

Die *rechte Hirnhälfte* steht sehr stark in Beziehung mit den unterbewußten Prozessen unseres Geistes. Was das beschränkte Alltagsbewußtsein häufig verloren hat, nämlich den Kontakt zur größeren lebendigen Einheit und Ganzheit des Daseins, ist für das Unterbewußtsein selbstverständlich! Daher konnten wir im letzten Kapitel guten Gewissens sagen, daß das Unterbewußtsein immer den besten Weg für alle anstrebt. Es denkt über die Beschränkungen des Egoismus mit seinen kurzfristigen Freuden hinaus und weist damit stets auf das, was (auch für uns selbst) langfristig das Günstigste ist!

Gerade in unserer Zeit schwerwiegender Weltprobleme gilt es daher, das Potential *beider* Hirnhälften auszuschöpfen, unseren bewußten Verstand *und* das Unterbewußtsein für uns arbeiten zu lassen. Es stehen der Menschheit auf diese Weise nicht nur weitere große Entdeckungen bevor, sondern es wird ihr zudem mit Sicherheit gelingen, alle vermeidbaren negativen Folgen auszuschließen.

Wichtig ist hierzu jedoch die Einsicht, daß die Schöpferkraft unseres Geistes keine geheimnisvolle Gnade ist, die man entweder hat oder nicht. Die schöpferischen Kräfte des Unterbewußtseins stehen vielmehr jedem zur Verfügung, der sie durch das rechte Anwenden geistiger Trainingsmethoden wecken will. Mind-Control ist hier ein sicherer Weg zum Ziel!

Wie man zum Erfinder wird

Einer der ersten, die sich Mind-Control zum Aktivieren ihrer schöpferischen Kräfte bedienten, war mein Bruder Juan Silva. Im Jahre 1958 arbeitete er an der Entwicklung eines Münzautomaten für den Verkauf von Waren mit unterschiedlichen Preisen. Der Automat sollte in Serienproduktion gehen und überall in Mexiko aufgestellt werden.

Nachfolgend lasse ich meinen Bruder Juan erzählen, wie er, bereits acht Jahre bevor wir unsere dann ausgereifte Methode der Öffentlichkeit bekanntmachten, noch im Stadium des Experimentierens mit Mind-Control zu einem seiner wichtigsten Patente kam:

»Ich stand vor dem Problem, einen Mechanismus zu erfinden, der die Eingabe jeder beliebigen Kombination mexikanischer Münzen für den Verkauf zuließ. Um mein Unterbewußtsein anzuregen, ging ich jede Nacht vor dem Einschlafen in den Passiv-Zustand und programmierte mein Inneres: Ich sagte mir, wie wichtig dieser Mechanismus wäre und welche großartigen Erfolge sich damit erzielen ließen. Immer wieder stellte ich mir vor, das Ziel wäre erreicht: ein Automat, der sich für unterschiedliche Produkte auf verschiedenste Verkaufspreise einstellen läßt und zudem in der Lage ist, jede eingeworfene Münzkombination zu erkennen.

Für eine Zeit, in der solche Probleme nicht auf elektronischem Wege gelöst werden konnten und ich auf eine mechanische Einrichtung angewiesen war, hatte ich mir da keine leichte Aufgabe gestellt! Doch das allnächtliche Programmieren meines Unterbewußtseins verstärkte die Vision meines Zieles. Der Wunsch, es zu erreichen, wurde mit jedem Tag stärker.

Daß zudem in meinem Unterbewußtsein bestimmte Prozesse in Gang gekommen waren, die den bewußten Wunsch intensivierten, erkannte ich an Veränderungen in meinen Träumen: Jede Nacht träumte ich von Schrauben, Muttern und mechanischen Teilen. Doch es schien kein erkennbarer Sinn in diesen nächtlichen Visionen zu stekken. Aber auch am Tag gab es Veränderungen: Länger als sonst saß ich am Zeichenbrett, um meine Konstruktionen zu entwerfen. Auch wenn ich immer wieder mal ein kleines Stückchen vorankam, der große Durchbruch blieb aus.

Mein Stiefvater, der meine Enttäuschung sah, meinte eines Tages, ich solle vom Zeichenbrett weg und an die Werkbank gehen. Er sagte zu mir: ›Deine Hände werden wissen, was zu tun ist.‹ Damals wußte ich noch nicht, was ich inzwischen hunderte Male erfahren habe: Das menschliche Unterbewußte kann in direkten Kontakt mit anderen treten. Aus diesem Grunde kommen die Resultate unseres nächtlichen Programmierens oft auch in Gestalt anderer Menschen zu uns.

Obwohl ich nicht klar sah, wie hier bereits Mind-Control wirkte, nahm ich den Rat meines Stiefvaters an. Eher als sonst tauschte ich das Zeichenbrett gegen die Werkbank. Ich experimentierte mit meinen bereits sicheren Erkenntnissen über den künftigen Automaten. Dann fügte ich spontan etwas hinzu. Aus dieser ersten Hinzufügung ergab sich eine zweite, daraus eine dritte, schließlich eine nächste ... Probleme, die sich theoretisch auf dem Papier nicht lösen ließen, verschwanden beim praktischen Versuch.

Dieser Durchbruch wurde mir zu einer wichtigen Lehre: Weil wir als Menschen Geist *und* Körper sind, müssen wir neben unserem Denken auch den Körper in den schöpferischen Prozeß miteinbeziehen. Parallel zum Nachdenken ist es notwendig, zu handeln, sich in Bewegung zu setzen, etwas zu unternehmen, Versuche durchzuführen. Erst als ich auch meinem Körper Aufgaben übertrug, konnte das Unterbewußtsein meine Hände führen.

Das Ergebnis meiner Arbeit konnte sich schließlich sehen lassen. Der von mir entwickelte Automat wies völlig unerwartet Eigenschaften auf, die ich nie zu erhoffen gewagt hätte. Er eignete sich zum Verkauf der unterschiedlichsten Waren. Jeder auszugebende Artikel konnte einen anderen Preis haben. Zur Eingabe des Kaufpreises war es möglich, vier verschiedene Münzen in jeder beliebigen Stückzahl,

Kombination oder Reihenfolge einzuwerfen. Es hätten damals für Mexiko drei Münzen völlig genügt. Doch dann kam die Überraschung: Als sechs Monate nach Aufstellung der ersten Automaten das mexikanische Münzsystem überraschend umgestellt und erweitert wurde, war mein Produkt absolut auf dem neuesten Stand!

Wäre mir all dies auch ohne Mind-Control gelungen? Vielleicht. Auch ohne die Mind-Control-Methode hätte ich mich sicher in der einen oder anderen Weise geistiger Techniken bedient, um mein Unterbewußtsein zu einem Unterstützen des Projektes anzuregen. Aber einer Sache bin ich mir sicher: Mind-Control versetzte mich in die Lage, mein Ziel schneller, besser und billiger zu erreichen.«

Mein Bruder Juan verwendete Mind-Control in der Folge nun auch, um zur Verbreitung des von ihm entwickelten Automaten beizutragen. Als er in Serienproduktion ging, übernahm Juan die Leitung der Herstellungsfirma. Innerhalb weniger Monate gelang es ihm dabei, die Produktion von monatlich 23 Automaten auf 150 zu steigern. Er programmierte sein Unterbewußtsein inzwischen auf eine andere Weise...

Die Kreativität der Gruppe steigern!

»Weiterhin programmierte ich mein Inneres vor dem Einschlafen. Die anfänglichen Veränderungen schlugen sich nun überall durch: Meine Träume ergaben immer mehr Sinn. Ich konnte aus ihnen hilfreiche Botschaften empfangen. Manches Problem, über das man am Tage gegrübelt hatte, löste sich jetzt auf diesem Wege über Nacht. Jeden Morgen nach dem Erwachen fühlte ich mich besser: Ich war lebhafter, fühlte mich aber zugleich ausgeglichener, und meine Vorstellungskraft aktivierte sich in niemals gekannter Weise. Wenn ich programmierte, daß ich bestimmte Ziele anstrebte, dann spürte ich danach stets eine tiefe Sicherheit, sie zu erreichen.

Nun begann ich, auch andere Menschen in meine Übungen einzubeziehen. Wenn ich eine Problemlösung programmierte, visualisierte ich außer dem Problem, um das es ging, auch alle beteiligten Personen. Dann stellte ich mir vor, das Problem wäre gelöst. Ich konnte zwar nicht die gesuchte Lösung an sich vor Augen sehen, doch war es möglich, mir ein Bild vorzustellen, das alle Beteiligten zufrieden und glücklich zeigte. Auch sah ich vor meinem inneren Auge besonders jene Menschen, von denen ich mir Unterstützung bei der Überwindung der Schwierigkeiten erwartete.

Unter anderem löste ich damit folgendes Problem: Anfänglich mußten wir die meisten Bestandteile unseres Automaten aus dem Ausland importieren. Durch umständliche und kostspielige Transporte, schwankende Wechselkurse und Zölle ging dabei viel Geld verloren. Nachdem ich entsprechende Lösungen visualisiert und programmiert hatte, wurden uns auf einmal unentdeckte inländische Märkte zugänglich. In der allernächsten Umgebung taten sich wichtige Quellen auf.

Schließlich bezog ich die gesamte Belegschaft in mein Visualisieren ein. Ich sagte mir, daß wir alle in einem Boot saßen, die 478 Arbeiter und die Führungskräfte. Gab es ein besonderes Problem, dann waren *alle* betroffen. Es ging nicht nur um mich alleine als Betriebsleiter. Im Positiven wie im Negativen hingen wir voneinander ab.

Wenn ich nun in der Nacht passiv wurde, visualisierte ich, wie die gesamte Betriebsgemeinschaft in Harmonie an der Verwirklichung der gemeinsamen Ziele arbeitete. Ich sagte mir dabei, daß es für die Firma sinnlos ist, wenn sich die Firmenleitung und die Belegschaft als Gegner betrachten. Gemeinsam wirkt man, um gemeinsam Gewinne zu machen. Ich sagte mir auch, daß es dabei nicht so sehr um meinen persönlichen Reichtum ginge, sondern vielmehr um den Wohlstand aller.«

Was mein Bruder Juan hier sagt, mag manchem Geschäftsmann wohl zu idealistisch klingen. Aber man kann ebensogut behaupten, daß es eine sehr egoistische Aussage ist. Denn eines steht für jeden, der sich mit geistigen Methoden ernsthaft beschäftigt, unverrückbar fest: *Anderen helfen und sich selbst helfen, geht Hand in Hand. Indem man im*

Interesse möglichst vieler wirkt, dient man seinen eigenen Interessen am meisten.

Wenn ein Betriebsleiter wünscht, daß es seinen Arbeitern und Angestellten gutgeht, dann schließt dies automatisch ein, daß es auch gut um seine Firma stehen muß. Doch indem er seine Gedanken nicht nur auf seinen eigenen Wohlstand konzentriert, sondern alle Betroffenen in seine Wünsche einschließt, aktiviert er auch deren unterbewußte Prozesse. Mein Bruder Juan durfte die Ergebnisse seines Programmierens ernten: Die Belegschaft setzte sich für das gemeinsame Ziel ein. Sie engagierte sich, es kam aus ihren Reihen so mancher Verbesserungsvorschlag, und in der Folge steigerte sich der Umsatz erheblich.

Wer mit Mind-Control effektiv arbeiten möchte, darf sich nicht daran stören, daß durch das umfassende Programmieren zuweilen auch andere als Entdecker der jeweiligen Problemlösung auftreten. Wer nur selbst glänzen möchte, wer nur auf Lob für die eigene Person bedacht ist, kann die Silva-Methode noch nicht in letzter Konsequenz anwenden. Folgende Einsicht ist notwendig: Wenn das ganze funktioniert, wenn es allen gutgeht, dann geht es auch mir gut.

Der schöpferische Prozeß

Vielleicht stellt Sie dieses Buch zum ersten Mal vor die Möglichkeit, Ihr Unterbewußtsein zu aktivieren und damit Fähigkeiten zur Problemlösung zu wecken. Doch wenn Sie wachen Auges durch die Welt gehen, werden Sie überall Hinweise auf diese neue Dimension menschlichen Erlebens sehen. Auch die Wissenschaft entdeckt zunehmend diese Zusammenhänge.

Roger Sperry, der 1981 den Nobelpreis bekam, hat bahnbrechende Forschungsarbeit über die Funktionen unserer beiden Hirnhälften geleistet. In überzeugender Weise hat er die negativen Konsequenzen der Tatsache aufgezeigt, daß unsere gesamte Ausbildung einseitig auf einem Aktivieren der linken Hirnhälfte aufgebaut ist.

Michael Burnson beschäftigte sich in der amerikanischen Wirtschaftszeitschrift Management Digest (April 1982) mit Möglichkeiten, die Potentiale der rechten Hirnhälfte anzuregen. Einer seiner Vorschläge ist dabei, sich des bildhaften Denkens zu bedienen: Anstatt das anstehende Problem nur in Worten zu erörtern, kann ein zusätzliches Diagramm, eine Zeichnung oder Skizze wesentlich zur Klärung beitragen. Das bildhafte Denken funktioniert mehr im Zusammenhang mit der rechten Hälfte unseres Gehirns, während das begriffliche Denken mit der linken eng zusammenwirkt.

Zunehmend wird akzeptiert, daß das Lösen eines schwerwiegenden Problems in spielerischer Weise geschehen kann. So war es bisher: Die Führungskräfte saßen beisammen. Niemand sollte den Raum verlassen, bevor die Schwierigkeit nicht beseitigt war. Gezwungen blieb man so beieinander. Die Mahlzeiten wurden während der endlosen Sitzung eingenommen. Die Spannung stieg ins Unerträgliche, und der Streß ließ der Kreativität keine Chance. Nach acht oder zehn Stunden endete die Sitzung oft als Fehlschlag. So könnte es sein: Alle Beteiligten entspannen sich für einige Minuten und werden passiv. Sie imaginieren eine vollkommene Lösung. Die Folge: plötzliche Geistesblitze, kreative Gedanken und Eingebungen. Und dabei gibt es keinen Streß, keinen Druck und keinen Zwang.

Michael Burnson zählt einige Mittel auf, die die intuitiven Fähigkeiten fördern können: tiefe Muskelentspannung, bewußtes Tagträumen, Entspannung bei beruhigender Musik. Alle diese Methoden sind gut. Doch wir sollten genau verstehen, was wir tun, wenn wir uns entspannen: unser Gehirn arbeitet dann im Alpha-Rhythmus. Indem wir damit umzugehen lernen, werden Kreativität und Intuition machbar. Wir sind nicht mehr der Zufälligkeit von Geistesblitzen und Eingebungen ausgeliefert, sondern wir können diese durch bewußten Umgang mit dem Unterbewußten tatsächlich wachrufen.

Frank Feather und Gayle Hudgens, die sich über die Möglichkeit der Nutzung unserer gesamten Gehirnkapazität Gedanken machten, unterteilten den schöpferischen Prozeß dabei in fünf Stufen:

1. *Vorbereitung:* Die linke Hirnhälfte nimmt ein Problem auf und beginnt, logisch und begrifflich Ordnung und Lösung zu finden.

2. *Verbildlichung:* Die rechte Hirnhälfte visualisiert sowohl das Problem als auch die angestrebte Beseitigung.
3. *Reifen:* Das Unterbewußtsein ruft in der Unermeßlichkeit seiner tiefen Schichten die Elemente einer Lösung ab und kombiniert diese.
4. *Eingebung:* Hier kommt es zur plötzlichen Idee. Man sagt sich: »Ich hab's!« Das Unterbewußtsein entließ die fertige Idee in die bewußten Schichten unseres Geistes.
5. *Abwägen:* Die kritischen Funktionen der linken Hirnhälfte scheiden unwesentliche Ideen aus und testen die Eingebungen bezüglich ihrer Brauchbarkeit in der Praxis.

In diesen fünf Stufen können wir die grundsätzliche Beschreibung des schöpferischen Prozesses sehen. Was mich persönlich daran besonders interessierte, war die Frage, wie man diesen Prozeß unter Kontrolle bekommen kann: Wie läßt sich Kreativität auf Wunsch oder bei Notwendigkeit erzeugen?

Ich möchte nun im folgenden das zweite Kapitel dieser Frage widmen. *In Ihnen steckt ein wunderbarer Automatismus zur schöpferischen Problemlösung.* Sie sollen nun erfahren, wie Sie ihn in Gang bringen. Es wird dies unter zwei Aspekten betrachtet: 1. Wie gelangen Sie an die Spitze? 2. Wie bleiben Sie in Führung?

Wie man an die Spitze kommt

Nehmen wir an, Sie sind in der Geschäftsleitung eines Unternehmens, das nicht zu den führenden in seiner Branche gehört. Was fehlt, sind einige zündende Ideen zur Verbesserung der Stellung im Wettbewerb. Sie haben sich nun vorgenommen, Ihr Unternehmen an die Spitze des Marktes zu bringen. Dazu werden Sie Mind-Control folgendermaßen anwenden:

Werden Sie am Abend vor dem Einschlafen passiv, und sagen Sie sich innerlich: »Ich werde heute nacht genau zu der Zeit aufwachen, die sich am besten zum Programmieren schöpferischer Ideen eignet. Es geht mir darum, unsere Stellung im Wettbewerb zu verbessern und die Firma nach oben zu führen.« Gehen Sie in Ihren Gedanken etwas näher auf die speziellen Schwierigkeiten Ihres Unternehmens ein. Schließlich schlafen Sie im passiven Zustand ein.

Wenn Sie nun während der Nacht erwachen, werden Sie erneut passiv. Stellen Sie sich nun vor dem inneren Auge bildhaft eine Persönlichkeit vor, die in Ihrer Branche oder auf dem Gebiet, auf dem die Probleme auftreten, Hervorragendes und Vorbildliches geleistet hat. Es spielt dabei keine Rolle, ob Sie die gewählte Person auch tatsächlich im Leben kennen. Wichtig ist nur, daß es jemand ist, den Sie bezüglich Ihrer Schwierigkeiten als Experten und Autorität achten können.

Besprechen Sie nun mit Ihrem Experten, was ansteht. Sagen Sie ihm, welche Probleme Sie sehen, welche Ideen Sie schon hatten und mit welchen Gedanken Sie bereits spielten. Erzählen Sie ihm von den Rätseln, vor denen Sie stehen. Und nun fragen Sie Ihren Experten um Rat. Geben Sie ihm eine Chance zu antworten, indem Sie selbst so passiv werden, wie es nur möglich ist. Grübeln Sie nicht länger über die anstehenden Fragen nach. Lassen Sie den Experten sprechen. Ob er Ihnen in Ihrer Vorstellung antwortet oder nicht, ist dabei nicht so wichtig. Die Eingebungen können auch später kommen. Lassen Sie das Bild in Ihrem Inneren wieder abklingen. Dann fragen Sie sich selbst erneut: »Was muß ich tun, um unsere Stellung im Wettbewerb zu verbessern?« *Der Experte in Ihnen* wird die Antwort finden!

Wenn mehrere Lösungsvorschläge auftauchen, die einander widersprechen oder nicht gleichzeitig zu verwirklichen sind, läßt sich nach der gleichen, gerade beschriebenen Methode ein Gespräch mit dem Experten führen. Tragen Sie ihm die verschiedenen Möglichkeiten vor. Geben Sie Ihren eigenen Gedanken und Visionen darüber Ausdruck. Dann fragen Sie nach dem Vorschlag, der bevorzugt werden sollte. Verhalten Sie sich dann wieder vollkommen passiv, um offen zu sein für die Anregungen des Experten in Ihrem Unterbewußtsein.

Wenn Sie merken, daß Ihnen diese Methode helfen kann, machen Sie sie zu einer regelmäßigen Übung. Programmieren Sie sich nach der angegebenen Technik alle paar Tage vor dem Einschlafen wieder einmal für ein Gespräch mit Ihrem Experten. Verstärken Sie den positiven Prozeß durch Wiederholung! Sehen Sie vergangene Erfolge, die

Sie mit Hilfe dieser Methode hatten, im Geiste bildhaft vor sich! Danken Sie der Methode und dem Experten innerlich dafür! Positives Denken gerade über die geistigen Techniken selbst verstärkt deren Wirkung.

Wie bei allem wird es bei Beginn mal Erfolge und mal Mißerfolge beim Praktizieren der Methode geben. Vermeiden Sie es, über die Ursachen von Mißerfolgen nachzugrübeln! Vermeiden Sie vor allem, über die Methode selbst negativ zu denken! Wie für alles im Leben gilt insbesondere auch hier: Klagen Sie nicht über Fehlschläge! Sehen Sie vielmehr, was Ihnen schon gelang, und setzen Sie genau dort ein! Der Erfolg kann dann auf die Dauer nicht ausbleiben.

Wie man oben bleibt

Auch wenn Sie es geschafft haben und an der Spitze stehen, brauchen Sie laufend kreative Ideen, um die einmal gewonnene Position auszubauen und zu halten. Dabei kann Ihnen gleichfalls die eben geschilderte Übung helfen, allerdings mit einer kleinen Variante. Weil Sie selbst nun führend auf Ihrem Gebiet sind, wird es vielleicht schwierig sein, einen einzigen Experten zu finden, der Ihnen in allen Punkten raten kann. Daher wählen Sie sich für Ihre Übung mehrere Berater zum Visualisieren.

Nehmen wir an, in Ihrer Branche gibt es außer Ihrer eigenen Firma noch drei andere ausgezeichnete Unternehmen. Sie müssen nun wissen, wer die leitenden Persönlichkeiten der anderen Unternehmen in dem Arbeitsbereich sind, der Ihrem eigenen entspricht. Wie heißen die drei Verantwortlichen, und wie sehen sie aus?

Wenn Sie mit diesen Informationen ausgestattet sind, können Sie mit der Übung beginnen. Werden Sie am Abend vor dem Einschlafen passiv, und nehmen Sie sich vor, zur günstigsten Zeit für die Übung zu erwachen. Schlafen Sie im passiven Zustand ein.

Wenn Sie während der Nacht aufwachen, werden Sie zunächst wieder passiv. Stellen Sie sich nun Ihre drei Experten bildhaft vor. Wählen Sie jetzt einen ersten davon zur Befragung aus. Erzählen Sie ihm zuerst von Ihren Problemen und der Notwendigkeit, neue schöpferische Ideen zu finden. Sagen Sie ihm, vor welchen Schwierigkeiten und Rätseln Sie stehen, und fragen Sie ihn nach seiner Meinung. Dann geben Sie ihm die Gelegenheit zur Antwort. Denken Sie nicht länger über die Angelegenheiten nach; grübeln Sie nicht! Werden Sie innerlich offen und still! Eine Antwort wird kommen. Entweder teilt Ihnen Ihr Experte in der Imagination etwas mit, oder die erbetene Antwort wird Ihnen später als spontaner Einfall bewußt. Wenden Sie sich während des Übens in gleicher Weise auch dem zweiten und dritten Experten zu.

Wahrscheinlich werden Sie auf diesem Wege mehrere verschiedene Anregungen empfangen, die sich sogar widersprechen können. Es ist nun an Ihnen, den Schatz der kreativen Ideen auszuschöpfen, zu bewerten und auf die Gegebenheiten Ihres Unternehmens anzuwenden. Ihre Experten können Ihnen nur Tips geben: Entscheiden und handeln müssen Sie als Führungskraft selbst!

Nach der imaginierten Befragung sollten Sie sich bei Ihren Experten für deren Bemühungen bedanken. Dann schlafen Sie im passiven Zustand wieder ein.

Übungsanweisung: Das kreative Denken anregen

1. *Werden Sie vor dem Einschlafen passiv.*
2. *Programmieren Sie, daß Sie zur günstigsten Zeit für die Übung automatisch aufwachen werden.*
3. *Werden Sie nach dem Erwachen erneut passiv.*

UM NACH OBEN ZU KOMMEN:

4. *Visualisieren Sie eine Persönlichkeit, die in der Branche Hervorragendes leistete. Fragen Sie diese um Rat.*

UM OBEN ZU BLEIBEN:

4. *Visualisieren Sie mehrere leitende Persönlichkeiten aus anderen führenden Unternehmen der Branche.*

5. *Werden Sie nun vollkommen passiv, offen und still. Denken Sie eine Weile nicht über Ihr Problem nach. Der Experte soll die Möglichkeit haben, aus dem Unterbewußtsein zu Ihnen zu sprechen.*
6. *Wählen Sie aus den empfangenen Anregungen die für Sie brauchbaren aus, oder finden Sie die Lösung durch eine Kombination der verschiedenen Antworten.*
7. *Danken Sie für die erhaltene Beratung, und schlafen Sie im passiven Zustand wieder ein.*

Wie man den schöpferischen Prozeß intensiviert

Wenn Sie nach einer nächtlichen Visualisationsübung am Morgen erwachen, dann schreiben Sie *alle* Einfälle und Anregungen nieder, die auftauchten. Beschränken Sie sich dabei nicht auf die Gedanken, die Sie als brauchbar empfunden haben! Die jetzt nicht weiter beachteten Ideen könnten in den kommenden Tagen oder Wochen noch Bedeutung erlangen!

Gleichgültig wie ungewöhnlich Ihnen eine Idee auch vorkommen mag, akzeptieren Sie sie als berechtigten schöpferischen Gedanken. Wenn Sie deswegen über sich selbst oder über den von Ihnen in der Visualisation geschaffenen Experten lachen, stoppen Sie den Fluß kreativer Ideen.

Urteilen Sie nichts voreilig ab! Blockieren Sie Ihr schöpferisches Denken nicht sogleich mit Bewertungen wie »albern« oder »sinnlos«. Die eifersüchtige Logik der linken Hirnhälfte möchte damit nur die schöpferischen Bilder der rechten unterdrücken. Oftmals kommen uns die Intuitionen, die aus unserem Unterbewußtsein aufsteigen, tatsächlich recht naiv vor. Doch wenden Sie sich deshalb nicht voreilig von ihnen ab! Gerade das, was uns simpel erscheint, kann bei genauem Prüfen das wirksamste Mittel sein.

Erzählen Sie niemandem davon, wie Sie auf Ihre kreativen Einfälle kommen! Es hätte wenig Sinn, wenn Sie Ihren Kollegen, die nicht selbst mit geistigen Trainingsmethoden arbeiten, von den unterbewußten Prozessen berichteten, deren Sie sich zur Problemlösung bedienen. Man würde Sie wohl kaum verstehen. Vielleicht hielte mancher dann selbst Ihre besten Ideen für fragwürdig.

Tragen Sie also Ihre Ideen vor, doch nicht die Methode, durch welche sie zu Ihnen kamen. *(Gespräche darüber sollten Sie nur mit Menschen führen, die gleiche oder ähnliche Wege gehen, oder mit solchen, die Sie für offen genug halten, derartige Anregungen zum eigenen Gebrauch aufzunehmen!)*

Wenn Sie anderen die Ideen mitteilen, die Sie durch Mind-Control gewannen, empfiehlt sich, dies durch begleitendes Programmieren zu unterstützen.

1. Programmieren Sie zunächst durch subjektive Kommunikation im passiven Zustand, daß man Ihre Idee verstehen und positiv aufnehmen wird.
2. Ist die von Ihnen eingebrachte Idee einmal allgemein akzeptiert, programmieren Sie den Erfolg: *Stellen Sie sich bildhaft vor, wie sich Ihre Erwartungen ausnahmslos erfüllen.*

Das Programmieren und Visualisieren darf dabei keine einmalige Angelegenheit bleiben. Unzählbare millionenschwere Ideen warten im Unterbewußtsein darauf, zu Tage gefördert zu werden. Fragen Sie immer wieder Ihre Experten! Imaginieren Sie immer wieder Ihre Ziele! Auf die Wiederholung kommt es an. Sie selbst werden es merken, wenn der kreative Prozeß erst einmal in Gang gekommen ist.

Schöpferische Träume

Mein Bruder Juan erzählte vorhin, wie Mind-Control seine Träume aktivierte und zur schöpferischen Problemlösung beitrug. Träume sind eine wesentliche Quelle kreativen Denkens. Schon immer dienten sie der Menschheit dazu, wertvolle Informationen aus der Schatzkammer des Unterbewußtseins zu empfangen.

Der russische Naturwissenschaftler Dimitri Mendelev hatte 1869 erfolglos versucht, die chemischen Elemente nach ihrem Atomgewicht logisch zu ordnen. Eines Nachts erschien ihm die Tabelle mit dem Periodensystem der Elemente im Traum. Gleich nach dem Erwachen am Morgen schrieb er sie aus dem Gedächtnis nieder. Kleinere Korrekturen waren notwendig, doch die Sache stimmte!

Elias Howe arbeitete an der Erfindung einer Steppstich-Nähmaschine. Doch er stand vor scheinbar unüberwindlichen Schwierigkeiten mit der Nadel. Eines Nachts träumte er, er würde im Urwald von Eingeborenen mit Speeren angegriffen. In der Spitze jedes Speeres befand sich ein Loch. Im Aufwachen dämmerte es Elias Howe, daß dies die Lösung seines Problems sein könnte. Er verlegte das Loch seiner Nadel nahe zur Spitze; und es funktionierte. Heraus kam die Singer-Nähmaschine.

Auch Niels Bohr empfing seine Atom-Theorie im Traum. Viele Wissenschaftler berichteten, welche Bedeutung der Traum in wesentlichen Momenten ihres Suchens und Forschens besaß.

Selbstverständlich können auch Sie sich diese großartigen Möglichkeiten des Traumes zunutze machen! Die Übungen der Mind-Control-Methode sind ein wichtiger Schritt in diese Richtung.

Der Traum ist ebenso wie unser Visualisieren eine Form *bildhaften Denkens*. Doch weist er gegenüber dem Visualisieren zwei große Unterschiede auf, die uns für unser Streben nach Kreativität vorteilhaft *und* nachteilig zugleich erscheinen können.

Zunächst der Vorteil: Der Traum kennt in der Regel keine Zensur durch die verstandesmäßigen Kräfte unserer linken Hirnhälfte. Alle Kombinationen sind erlaubt, auch wenn sie absurd erscheinen. Der Schöpferkraft sind keinerlei Vernunftgrenzen gesetzt. Zusammenhänge, die im täglichen Leben niemals vorkommen, können im Traum ohne weiteres hergestellt werden. Dies ist der erste große Unterschied zur bewußten Imagination, bei der wir immer nur von Bekanntem ausgehen können, was das Hervorbringen vollkommen neuer Kombinationen natürlich einschränkt.

Und nun der Nachteil: Im Gegensatz zur bewußten Imagination können wir uns Thema und Zielrichtung unserer Träume nicht aussuchen. In der Regel unterliegt es nicht unserer Willensentscheidung, was wir träumen. Die nächtlichen Bilder kommen ungerufen zu uns.

Deshalb können wir die wunderbaren Möglichkeiten des Traumes zur schöpferischen Kombination nicht nach Belieben abrufen und zur Lösung unserer Probleme einsetzen.

Doch ist dieser Nachteil bei genauerer Betrachtung nur ein scheinbarer. Unsere Träume beschäftigen sich immer auch mit den Schwierigkeiten, die uns beruflich und privat zu schaffen machen, nur ist die Bildsprache, mit der die Lösungen an uns herantreten, eine verschlüsselte. Wir müßten sie deuten! Oft ist eine Deutung schon deshalb unmöglich, weil man sich an seine Träume nicht mehr erinnert.

Das Bewußtmachen der Träume

Es gilt also zunächst, sich seiner Träume überhaupt bewußt zu werden, wenn man aus dieser nie versiegenden Quelle kreativer Ideen schöpfen möchte.

Grundsätzlich ist dazu folgendes festzuhalten: *Jeder Mensch träumt in bestimmten Phasen seines Schlafs!* Auch wenn man fest davon überzeugt ist, keine Träume zu haben, läßt sich wissenschaftlich nachweisen, daß man dennoch träumt. Es mangelt lediglich am Erinnerungsvermögen an die nächtlichen Bilder. Dieses läßt sich jedoch trainieren.

Zunächst ist wichtig, in sich den klaren Wunsch zu wecken, sich künftig an seine Träume zu erinnern. Man kann auch auf die bereits beschriebene Weise vor dem Einschlafen passiv werden und programmieren, daß man künftig den Inhalt seiner Träume nicht mehr vergessen will.

Jeder, der sich auf diese Weise im Geiste mit seinen Träumen zu beschäftigen beginnt, wird merken: Die Erinnerung an das Geträumte setzt auf einmal ein. Es ist gerade so, als hätte unser Traumleben nur darauf gewartet, daß wir uns ihm zuwenden, um sich endlich zu offenbaren. Versuchen Sie es: Stellen Sie die Frage nach Ihren Träumen, und die Träume werden klarer und lebhafter in Ihrem Bewußtsein bleiben!

Ist eine Erinnerung an die nächtlichen Träume vorhanden oder geweckt worden, kann man diese durch schriftliches Festhalten der Trauminhalte noch steigern. Legen Sie neben Ihrem Bett Schreibzeug bereit, um gleich nach dem Aufwachen während der Nacht oder am Morgen Ihre Träume zu notieren. Je mehr Sie von Ihren Trauminhalten unmittelbar nach dem Wachwerden niederschreiben, um so größer wird Ihre Erinnerung daran auch noch später sein. Versäumen Sie es dagegen, den Traum gleich zu notieren, ist die Gefahr groß, daß er der Vergessenheit anheimfällt.

Durch die Frage nach dem Traum und die Beschäftigung mit ihm werden Sie immer mehr über Ihr Traumleben wissen. Durch das bewußte Visualisieren und Programmieren im Alpha-Rhythmus wird sich dieses Traumleben aber auch verändern: Es wird Ihnen weniger verschlüsselt erscheinen. Überall erkennen Sie plötzlich Hinweise für die Lösung Ihrer Probleme. Wenn Sie sich im bewußten Denken in Bildern üben, schult das auch die Fähigkeit unbewußten bildlichen Denkens. Sie lernen tatsächlich automatisch eine neue Sprache!

Als mein geistiges Trainingsprogramm noch im Entwicklungsstadium war, fehlten mir eines Tages die Geldmittel zum Abschließen wichtiger Experimente. Vor dem Einschlafen programmierte ich nun, daß ich in der Nacht einen Traum haben sollte, der dieses finanzielle Problem löst. In jener Nacht träumte ich von einer fünfstelligen Zahl. Sofort nach dem Aufwachen schrieb ich sie nieder. Im Laufe des folgenden Tages sah ich ein mexikanisches Lotterielos mit eben dieser Nummer. Ich kaufte es und gewann genau den benötigten Betrag!

Was geschieht im Falle solcher Träume! Wie ist ein solcher Klarblick möglich? Glücklicherweise müssen wir diese Frage nicht erschöpfend beantworten, um uns dieser wunderbaren Möglichkeiten zu bedienen. Wichtig ist, daß diese Methoden funktionieren! Erst in zweiter Linie brauchen wir sie zu erklären. Es ist wie mit den einfachsten körperlichen Vorgängen: Wir können selbstverständlich laufen und bedienen uns fraglos unserer Beine, um nach Belieben von einem Ort zum anderen zu gelangen. Doch wer kennt schon alle die chemischen und physiologischen Prozesse, die dabei in der Beinmuskulatur ablaufen?

Die Wurzeln des Schöpfertums

Um die Frage nach dem Ursprung derartiger Traumvisionen oder anderer wunderbarer Möglichkeiten unseres Geistes zu erklären, müssen wir etwas von der *Einheit* unseres Universums verstanden haben.

Wenn wir unsere beiden Hirnhälften miteinander in Einklang bringen, verwirklichen wir damit zunächst eine *Ganzheit* unserer Persönlichkeit. Waren vorher nur einzelne Teile unseres Wesens isoliert voneinander in Aktion, jetzt schöpfen wir aus der Gesamtheit unseres Menschseins. Haben wir aufgehört, nur Teile unserer Persönlichkeit wahrzunehmen, steht uns auch der Blick auf die größere Ganzheit des Universums offen.

Die tiefsten Schichten unseres Unterbewußtseins sind in dauerndem Kontakt mit der Ganzheit des Universums. Doch durch die Selbstbeschränkung auf unwesentliche Teile unserer Persönlichkeit können wir aus dieser universellen Fülle nicht schöpfen. Werden wir uns des Kontaktes aber bewußt und öffnen uns für das Ganze, dann erschließen sich uns deren unermeßliche Quellen.

Noch verharren wir in der Illusion unseres Isoliertseins. Wir glauben, wir seien vom Ganzen getrennt, und halten uns für einsame Kämpfer, die, lediglich auf objektive Methoden angewiesen, selbst alle Probleme lösen müssen. Doch wir sind nicht alleine! Alle Schätze und Ideen des Universums stehen zu unserer Verfügung! Und wir brauchen dazu nicht rastlos in der äußeren Welt zu suchen, die Fülle ist in uns!

Wie tatsächlich alles im Universum unmittelbar zusammenhängt, wird in letzter Zeit zunehmend auch von der Physik entdeckt. Jahrhundertelang hat man alles getrennt voneinander betrachtet: voneinander abgesonderte Milchstraßen, einzelne Sonnensysteme, einzelne Planeten, einzelne Organismen und einzelne Objekte. Doch heute sehen die Physiker hinter den Kulissen scheinbar getrennter Objekte: Sie erkennen eine Welt der Energie, des universellen Zusammenhanges und des steten und allumfassenden Austausches und Wechsels.

Fritjof Capra, Physiker und Autor des berühmten Buches *Das Tao der Physik,* stellt fest: »Die grundlegende Einheit des Universums ist nicht nur die zentrale Eigenschaft mystischer Erfahrung, sie ist auch eine der wichtigsten Enthüllungen der modernen Physik.«

Indem die moderne Physik enthüllte, daß wir nicht so abgesondert vom Ganzen sind, wie wir glauben, hat sie auch die Wurzeln des Schöpfertums enthüllt. Die schöpferischen Intuitionen und Visionen entspringen der »grundlegenden Einheit des Universums«. Was Mystiker früherer Zeiten ahnten, findet heute Bestätigung von wissenschaftlicher Seite: Alles Sein bildet eine Ganzheit. Unser Weg zur Erfahrung dieser Ganzheit führt über unser Inneres.

Ich selbst nenne dieses *erweiterte Unterbewußtsein,* das uns in Kontakt mit allem Seienden bringt, die *Höhere Intelligenz.* Denken Sie daran, wenn ich dieses Wort gebrauche, daß ich damit nicht von einer geheimnisvollen Macht außerhalb unserer selbst spreche. Die Höhere Intelligenz ist in uns. Der Schlüssel zu ihr ist, die Arbeit unserer beiden Hirnhälften im Alpha-Rhythmus zu harmonisieren. So erschließen wir uns ungeahnte Quellen der Kreativität.

Wer ist der innere Experte?

Welche Konsequenzen hat das auf unsere Übungen des Imaginierens? Was geschieht, wenn wir uns zum Beispiel für das Lösen einer aktuellen Schwierigkeit in unserem Inneren einen Experten vorstellen?

Zapfen wir sein Gehirn an? Stehlen wir seine Geheimnisse? Sind unsere Methoden am Ende vielleicht unmoralisch, wenn sie uns unerlaubt in die Privatsphäre eines anderen eindringen lassen?

Wenn wir verstehen wollen, was hier wirklich geschieht, müssen wir zunächst die Idee der universellen Ganzheit begreifen. Das heißt jedoch nicht, sie nur vom Verstand her akzeptieren, wir müssen die Idee der universellen Ganzheit *auch gefühlsmäßig* erfassen. Dies ist für einen Europäer des modernen technischen Zeitalters nicht einfach. Und es ist noch schwerer für eine Führungskraft, die gewohnt ist, auf dem Boden dessen zu stehen, was allgemein als Realität gilt. Doch wir müssen tiefer schauen, wenn wir über die Beschränkungen der heutigen Zeit hinauswachsen wollen.

Hugh Shearman schrieb: »Es kann angenommen werden, daß es in der Natur ein universelles Denken und ein den Anstoß gebendes Herz gibt, die jeden Organismus und jedes Wesen mit einer Schablone instinktmäßiger Reaktion ausstatten, von der es unbewußt abhängt. In unserem menschlichen Zustand, der oft als Entfremdung von der Natur, als Ausgestoßensein aus dem Garten Eden angesehen worden ist, werden Verstand und Herz bewußt als gesonderte individuelle Besitztümer angenommen. Dieser Zustand, tief in den Dualismus von Subjekt und Objekt verwickelt zu sein, dieser Zustand des bewußt geteilten Ichs ist das, was zu Tragödien führt.

Alle großen Religionen vermitteln uns die Vorstellung von einer Wiederentdeckung unseres vereinigten Zustandes, in dem alle Konflikte überwunden sind, in dem wir wieder *ganz* sind, in dem wir ›wie die Kinder‹ werden können. Im wörtlichen Sinne bedeutet ja ›Religion‹ ›Wieder-verbindung‹. Sie ist eine Wiederherstellung unserer Verwurzelung in der Realität. Einer Verwurzelung, die wir verloren, als wir uns von den instinktiven ganzheitlichen Reaktionen der freien Natur abwandten und Menschen wurden.

Im Menschen individualisiert sich der Geist. Wir beziehen ihn auf uns, ja identifizieren den Geist mit unserem individuellen Organismus samt Erinnerungen, Abwehrreaktionen und allem, was uns von anderen Organismen trennt und unterscheidet. Das ist nicht mehr jener universelle Geist, der ›Gedanke Gottes‹, den manche Naturtheologen oder Naturmystiker in der Natur zu finden behaupten. Er ist ›dein‹ Verstand oder ›mein‹ Verstand geworden. *Aber wenn der abgesonderte Verstand den Wetteifer der Absonderung – der so viel des menschlichen Lebens ausmacht – in allen Nuancen erlebt hat, kann er seine Einheit mit dem universellen Denken wiederentdecken. Man kann das so beschreiben: Es ist, als ob der universelle Verstand den individuellen wiederentdeckt und ihn wieder zu sich nimmt*« (Mystical Quest for Reality).

Auf einer solchen Ebene des Erlebens kann nicht mehr davon die Rede sein, daß ein Unterbewußtsein ein anderes anzapft oder gar ausbeutet. Es sind viel tiefere Schichten als jene unseres organischen Menschseins, mit denen wir da in Kontakt sind. Die Imagination des Experten dient uns dazu, gezielt über die Beschränkungen unserer bewußten Persönlichkeit hinauszugelangen. Nun schöpfen wir aus dem Urgrund des Seins.

Wahrscheinlich klingen derartige Aussagen für manchen realistischen Geschäftsmann zu theoretisch, zu kompliziert und zu mystisch. Aber es geht in unserem Zusammenhang gar nicht um religiöse Dogmen; man muß kein religiöser Mensch sein, um mit Mind-Control zu beginnen. Glauben Sie auch das, was hier gesagt wird, nicht bedingungslos, so als würde davon aller Erfolg abhängen. Bei Mind-Control sollen Sie nicht *glauben,* Sie sollen *erfahren!*

Experimentieren Sie also mit den Methoden dieses Buches! Wagen Sie den Versuch! Sie können dabei nichts verlieren, aber viel gewinnen. Wenn die Anwendung der Methoden ihre ersten Früchte zeigt, werden Sie verstehen, welche Macht unserem Unterbewußtsein innewohnt und was es mit der Einheit des Universums wahrhaft auf sich hat. Wer es unvoreingenommen versucht, der kann erfahren, was er zuvor nicht oder nur schwer glauben wollte.

Die große Ost-West-Begegnung

Es scheint, als wären die beiden großen Kulturkreise unserer Erde in der Entfaltung der Kapazitäten ihres Gehirns unterschiedliche Wege gegangen. Der Westen, repräsentiert durch Europa und Amerika, setzte ganz auf die linke Hirnhälfte: Man erforschte und beherrschte die äußere Welt, entwickelte eine hochqualifizierte Wissenschaft und Technik, brachte es zur wahren Meisterschaft in den objektiven Methoden.

Der Osten, die Länder Asiens, ging seit Jahrtausenden einen anderen Weg, der zur Meisterschaft in den subjektiven Methoden führte: Man erforschte und beherrschte die innere Welt des menschlichen Geistes und des Unterbewußtseins. Yoga, Zen oder Meditation sind uns hier ein Begriff. Die Mystiker und Weisen des Ostens loteten die Möglichkeiten der rechten Hirnhälfte bis in die tiefsten Gründe aus.

Doch beide Wege erweisen sich heute als einseitig, um mit den Herausforderungen der modernen Welt fertig zu werden. Dauerndes und konsequentes Anwenden objektiver Methoden erweist sich als ein Irrweg, der zur Zerstörung unserer Umwelt, zum Sterben der Wälder und schließlich zur Vernichtung des ganzen Planeten führen kann. Noch erweist sich das ausschließliche Praktizieren subjektiver Methoden alleine als tauglich, den Hunger in der Welt zu beseitigen oder eine ausreichende und würdige Versorgung aller Menschen mit Gütern verschiedenster Art zu ermöglichen.

Innenschau und Technik, Meditation und Wissenschaft, Ost und West müssen zueinanderfinden, wenn wir die großen Probleme unserer Erde überwinden wollen. Durch echte Ganzheitlichkeit, die aus beidem das Beste nimmt und alle Einseitigkeiten vermeidet, wird ein Mensch mit neuen Fähigkeiten entstehen: Durch Innenschau und Erforschung seines Geistes wird er zunehmend sinnvoller die objektiven Mittel anwenden können. Die Führungskraft der Zukunft wird in der Wissenschaft vom Unterbewußtsein und auf dem Gebiet der Meditation ebenso zu Hause sein wie in Fragen der Wirtschaft oder Technik. Tatsächlich leben wir in einer Wendezeit, die uns auf allen Gebieten zu einer ganzheitlichen Sicht führt.

James A. Long schrieb in der amerikanischen Zeitschrift Sunrise: »Man braucht nur an der Oberfläche des heutigen Lebens zu schaben, um zu erkennen, daß eigentlich die meisten Menschen nicht nur den Wunsch nach konstruktiver Arbeit zum Wohl anderer haben, sondern auch ein wachsendes Bewußtsein dessen, daß die Bürde des Fortschritts auf den Schultern jedes einzelnen von uns ruht.

Durch diese erweiterte Perspektive können wir die Entfaltung völlig neuer Werte erkennen, die jedoch noch von widerstreitenden Elementen zurückgehalten werden. Im Zeitalter des Weltraumbewußtseins hat die Menschheit die Möglichkeit, sich auf eine höhere Ebene des Wachstums und der Erfahrung emporzuheben, wenn sie den universellen kosmischen Impuls dieses Bewußtseins nicht ignoriert.

Es gibt nichts Endgültiges; keine Grenzen für das Wachstum des menschlichen Bewußtseins; keine Einengung für die geistigen Energien, die zum Menschen fließen können; keine Hindernisse für Austausch oder Zirkulation zwischen dem kleinsten atomaren Teilchen unseres Universums und dem entferntesten Gestirn. Lassen Sie uns daher mit Weisheit und Mut an die große Aufgabe unserer Zeit herangehen.«

Werden Sie in Ihrem Betrieb, in Ihrer Position und in Ihrer Privatsphäre zu einem der ersten Vertreter dieses neuen Bewußtseins. Wir Führungskräfte haben voranzugehen, jeder von seinem gegenwärtigen Platz aus. Wenn wir im kleinsten beginnen, die anfallenden Schwierigkeiten auf diese neue Weise zu lösen, tragen wir damit erheblich zum Bewältigen der großen Probleme unserer Erde bei: Wir aktivieren einen Teil des unermeßlichen geistigen Potentials, das die Entwicklung der Menschheit zum Positiven lenken kann.

Denken Sie daran: Millionen schöpferischer Ideen warten darauf, von Ihnen gewonnen zu werden! Warten Sie nicht!

3. Kapitel

Begeisterung statt Streßsymptome

Die Führungskraft neuen Stils bedient sich der subjektiven Dimension zur Lösung objektiver Probleme. Unter der *subjektiven Dimension* verstehe ich eine geistige Dimension, in welcher der Geist durch schöpferisches Visualisieren und Imagination wirkt.

Erst seit kurzer Zeit schenkt man in Europa und Amerika der subjektiven Dimension jene Beachtung, die sie verdient. Noch bis zur letzten Generation war die subjektive Dimension noch völlig von der objektiven verdeckt. Die materielle Wirklichkeit galt als das einzig tatsächlich Existierende. Was man nicht sehen konnte, wollte man auch nicht wahrhaben.

Heute wissen wir es besser. Die Biofeedback-Methode konnte den wissenschaftlichen Beweis erbringen: Materielle Veränderungen durch geistiges Wirken sind inzwischen meßbar geworden! Wir kennen nun den schöpferischen Aspekt der subjektiven Dimension.

Wie eine Führungskraft über die Möglichkeiten der subjektiven Dimension verfügen kann, zeigt Ihnen dieses Buch: Das Üben des Passiv-Werdens, Visualisierens und Imaginierens sind notwendige Voraussetzungen dafür. Nur durch Lesen oder bloßes Wissen um diese Zusammenhänge kommen Sie keinen Schritt weiter.

Und denken Sie daran: Es geht in der Praxis nicht darum, die objektiven Methoden der Problemlösung und das aktive Handeln in der Welt durch passive Zustände der Innenschau vollends zu ersetzen. Wir fügen unseren bewährten objektiven Methoden durch Mind-Control noch ein wirksames Mittel hinzu!

Eine Führungskraft, die sich jedoch nur auf die objektiven Mittel verläßt, bedient sich damit lediglich der Hälfte ihrer Gehirnkapazität.

Es ist so, als würde man nur mit einer Hand arbeiten, weil man die andere freiwillig hinter dem Rücken hält. Wirken jedoch die beiden Hirnhälften wie zwei Hände zusammen, dann läßt sich jede Tätigkeit schneller, besser und effektiver ausführen.

Doch ebenso, wie die menschlichen Hände für jede qualifizierte Arbeit Ausbildung und fortwährendes Training benötigen, muß auch das sinnvolle Zusammenwirken unserer beiden Hirnhälften geschult und geübt werden.

Methoden subjektiver Arbeit

Nachfolgend sollen alle in diesem Buch bereits beschriebenen oder noch zu beschreibenden Übungen zum Umgang mit der subjektiven Dimension aufgelistet werden. Diese Liste zeigt Ihnen die Vielfalt der Möglichkeiten und den methodischen Weg, der vor ihnen liegt:

1. Sie werden in der Nacht nach dem Erwachen passiv, um sich als derjenige zu visualisieren, der Sie gerne wären.
2. Sie werden in der Nacht nach dem Erwachen passiv, um Ihr Unterbewußtsein bewußt mit positiven Gedanken zu nähren.
3. Sie arbeiten mit geistigen Bildern, um Ihre Gedächtniskraft zu steigern.
4. Sie programmieren sich für die »Drei-Finger-Technik« und benutzen diese, um der jeweiligen Situation angemessen zu handeln.
5. Sie gebrauchen ein Tonband oder eine Kassette, um sich im passiven Zustand positiv zu programmieren.
6. Sie benutzen die Methode des *»3 bis 1, 10 bis 1 Zählens«*, um passiv zu werden. Sie programmieren sich dann darauf, in der Nacht für ein weiteres Üben zum günstigsten Zeitpunkt aufzuwachen. Sogleich nach dem Erwachen werden Sie erneut durch die Methode des »3 bis 1, 10 bis 1 Zählens« passiv. Nun können Sie im passiven Zustand entweder mit Ihrem inneren Experten arbeiten oder sich nach dem beschriebenen System drei Bilder vorstellen: I. eine Szene, die für das aktuelle Problem typisch ist; II. ein pro-

blemlösendes Signal für das Unterbewußtsein; III. eine Szene, aus der deutlich wird, daß die Schwierigkeit überwunden wurde.

7. Sie programmieren künftige Erfolge und Triumphe, indem Sie möglichst deutlich die Erfolge und Triumphe der Vergangenheit vor sich sehen und innerlich die Gewißheit nähren, daß solche Erfolge auch weiterhin möglich sind.
8. Sie bedienen sich der subjektiven Kommunikation, um besondere oder immer wiederkehrende Probleme mit einzelnen Menschen oder Gruppen zu beseitigen.
9. Sie bedienen sich der subjektiven Kommunikation in bezug auf andere, programmieren aber zugleich ein bestimmtes Wort oder eine Redewendung als auslösendes Element auf der objektiven Ebene.
10. Sie werden passiv und visualisieren einen oder mehrere Experten, um die beste Möglichkeit unter verschiedenen vorgeschlagenen herauszufinden.
11. Sie bedienen sich eines Tonbandes oder einer Tonkassette, um ein klar bestimmtes Ziel zu erreichen, etwa ›Andere für seine Ziele zu gewinnen‹.*
12. Sie üben nach der Methode zur raschen Streßbefreiung.
13. Sie programmieren nachts während des passiven Zustandes, eine bestimmte anstehende Aufgabe zur Zufriedenheit aller Beteiligten zu meistern. Je schwieriger diese Aufgabe ist, um so mehr empfiehlt sich ein Wiederholen dieses Programmierens mit der »Drei-Finger-Technik« auch in den Folgenächten.
14. Sie visualisieren unter Zuhilfenahme eines Kalenders: Imaginieren Sie dabei das Erreichen bestimmter Ziele zu festgelegten Daten. Das Symbolbild jedes zukünftigen Zieles wird dabei vor dem inneren Auge von *rechts nach links* bewegt, bevor es verschwindet.
15. Darüber hinaus ist jede Kombination der hier aufgelisteten Übungen möglich.

---

* Diese und ähnliche Kassetten, um bestimmte Ziele zu erreichen (etwa »Finanzielle Sicherheit«, »Streß und Nervosität überwinden« oder »Frei von Schlafstörungen« und viele mehr), sind ebenfalls im Verlag PETER ERD erschienen

In den folgenden Kapiteln werden die angesprochenen Methoden und ihre Variationen noch ausführlich erläutert. Wir werden mit einfachen Techniken beginnen, um den Alpha-Rhythmus zu verwirklichen und in ihm zu imaginieren. Die positiven Resultate, die Sie daraus gewinnen, werden Sie automatisch motivieren, auch die folgenden Methoden anzuwenden, um in beruflicher wie in privater Hinsicht eine immer bessere Führungskraft zu werden.

Das Beste für jeden!

Die subjektive Dimension ist etwas durch und durch Schöpferisches. Sie wirkt allen zerstörerischen Absichten vollkommen entgegen. Führungskräfte können sich ihrer nur zum positiven Lösen von Problemen bedienen. Das positive Lösen eines Problems führt aber immer zum besten Abschluß für alle Beteiligten.

Niemals können subjektive Methoden dazu verwendet werden, um sich auf Kosten anderer ungerechtfertigt zu bereichern. Es ist dies keine Regel, die wir für den Gebrauch der Silva-Methode aufgestellt haben, sondern ein unumstößliches Naturgesetz.

In der objektiven Dimension unseres Daseins sind wir gewohnt, daß die Menschen sich auf Kosten und zum Schaden anderer bereichern möchten. Täglich erleben wir dies in allen Lebensbereichen. Wir sehen, daß die Mittel der materiellen Welt schöpferisch *oder* zerstörerisch eingesetzt werden können. Da wir uns selbst in der objektiven Welt nicht nur der konstruktiven, sondern oft auch der negativen Mittel bedienten, nehmen wir an, daß es auch in der subjektiven Dimension diesen Gegensatz gibt. Aber das Gegenteil ist der Fall! In der objektiven Dimension regiert die Dualität: Positiv und Negativ, Gut und Böse, Aufbau und Zerstörung. Die subjektive Dimension aber ist die ursprüngliche. Hier gibt es nur Positives, Gutes, Aufbauendes.

Während man in der objektiven und materiellen Welt nur selten an das Wohl unseres ganzen Planeten denkt, steht es in der subjektiven Dimension stets im Mittelpunkt. Objektiv nimmt man es immer wieder in Kauf, daß aus kurzfristigem Nutzen langfristiger Schaden entsteht. Die subjektiven Methoden führen dagegen immer zum Weiterdenken. Das Wohl des Unternehmens, der Belegschaft, der Mitarbeiter, der Familie, der Nachbarn, des Landes und des ganzen Planeten wird ebenso erstrebt wie das eigene Glück.

In der Silva-Mind-Control-Methode nennen wir den Vorgang des positiven Ausrichtens unseres Unterbewußtseins auf das Bewältigen einer Schwierigkeit hin »Programmieren«. Langfristig hat dieses Programmieren immer das Beste für alle Beteiligten zum Ziel. Dies *muß* so sein, wenn es funktionieren soll!

Tote Punkte überwinden

Auch wenn unsere Arbeit mit subjektiven Methoden sich weit über unser eigenes Leben hinaus positiv und segensreich auswirkt, erfahren wir sie doch auch am eigenen Leibe immer wieder als hilfreich. Sie können damit zunächst Ihre Spannkraft vermehren, Ihre innere Haltung stärken und Ihre Gesundheit verbessern. Vielleicht wäre das genau der Punkt, an dem Sie beginnen sollten?

Fast jede Führungskraft kennt gewisse Beschwerden, die durch den Druck der auf ihr lastenden Verantwortung entstehen können. Oft werden sie als notwendige Begleiterscheinungen der beruflichen Beanspruchung hingenommen. Man denkt nicht darüber nach, erwähnt sie nicht einmal seinem Hausarzt gegenüber.

Da sind zum Beispiel diese schlechten Gefühle am Morgen: Vielleicht fühlt man sich wie gelähmt. Vielleicht ist da ein unangenehmer Geschmack im Mund. Vielleicht hat man einfach keine Lust, mit jemandem zu reden. In allen solchen Erscheinungen äußert sich der berüchtigte *tote Punkt am Morgen*.

Shirley L. kannte ihn nur zu gut: Die Geschäftsleiterin eines großen Hauses für Damenmoden fühlte sich jeden Morgen so gerädert, als hätte sie die Nacht in einer Folterkammer verbracht. Um damit fertig zu werden, trank sie eine Tasse Kaffee nach der anderen. Das half ihr zwar zu etwas mehr Wachheit, doch wurde sie dadurch so nervös, daß sie den ganzen Tag nur gereizt zu ihren Mitarbeitern war.

Auch James S. kannte diese toten Punkte am Morgen: Er brauchte stets ein bis zwei Stunden, um wirklich wach zu werden, bevor er beginnen konnte, die Korrespondenz seines Druckereibetriebes zu erledigen.

Nachfolgend möchte ich beschreiben, wie beide durch Mind-Control den toten Punkten am Morgen für immer ein Ende bereiteten. Wenn Sie mit ähnlichen Schwierigkeiten zu kämpfen haben, können Sie es genauso machen!

Der erste Schritt besteht darin, überhaupt zu registrieren, daß man sich am Morgen in einem solchen Zustand befindet. Erst das, wovon man wirklich feststellt, daß es da ist, kann man überwinden! Man kann sich nun vornehmen, daß man es sich einfach nicht mehr gefallen lassen möchte, sich durch einen solchen Zustand den Start in den Tag zu verderben. Man muß es wirklich nicht mehr wollen!

Der zweite Schritt besteht darin, eine bestimmte Haltung für den Morgen vorzuprogrammieren.

Im dritten Schritt geht es darum, die vorprogrammierte Haltung tatsächlich auch einzunehmen.

Der erste Schritt ist die notwendige Voraussetzung, der dritte die sichere Wirkung. Es muß hier also darum gehen, den wichtigen zweiten Schritt, das Vorprogrammieren, genauer zu erläutern.

Das Vorprogrammieren künftiger Haltungen

In der Mind-Control-Methode bringen einfache Maßnahmen beachtliche Wirkungen hervor. Doch damit diese Maßnahmen wahrhaft ihr Ziel erreichen, müssen Sie zunächst im passiven Zustand programmieren, daß es auch eintreffen wird. Genau darum geht es, wenn ich vom »Vorprogrammieren« spreche.

Nachdem sie ihr Unterbewußtsein auf das Erreichen des Ziels vorprogrammiert hatten, taten Shirley L. und James S. allmorgendlich folgendes: Sie legten auf die bekannte Weise ihre drei Fingerspitzen aneinander, lächelten und tippten sich in der Gegend ihrer Thymusdrüse (das ist die innere Brustdrüse) etwa eine Minute lang leicht gegen die Brust.

Wenn Sie selbst morgen früh das gleiche tun, können Sie dadurch möglicherweise bis zu einem gewissen Grad eine Kräftigung und innere Begeisterung erfahren, auch wenn Sie keine diesbezügliche Wirkung vorprogrammiert haben. Es handelt sich dabei um einen direkten körperlichen Vorgang von Ursache und Wirkung, welcher der objektiven Ebene angehört: Das leichte Antippen der Thymusdrüse führt automatisch zu einer gewissen körperlichen Aktivierung. Doch bei Shirley L. und James S. kommt die innere Begeisterung nicht »möglicherweise« und die körperliche Aktivierung tritt nicht nur zu einem »gewissen« Grad ein. Die Begeisterung ist vollkommen und die Aktivität total!

Hätten Sie sich nur durch die »Drei-Finger Technik« dafür vorbereitet, an diesem Morgen besser mit dem gewohnten toten Punkt umzugehen, wäre die Wirkung Ihres Tippens gegen die Brust dadurch sicher erhöht worden. Doch die besten Ergebnisse erlangen Sie durch folgendes Vorgehen:

Programmieren Sie vor, daß Sie durch ein leichtes Lächeln, das Zusammenlegen der drei Fingerspitzen und das gleichzeitige Antippen des Brustbeines in der Gegend der Thymusdrüse Ihre Stimmung, Kraft und Leistungsfähigkeit in höchste Form bringen.

Vorprogrammieren heißt zur günstigsten Zeit in der Nacht passiv werden, um sich innerlich zu sagen oder vorzustellen, daß die bestimmten Handlungen genau die erwünschten Wirkungen haben.

Immer dann, wenn Sie für die Zukunft das Eintreffen von bestimmten Wirkungen wünschen, können Sie sich entsprechend vorprogrammieren: Wenn ich dies und jenes *tue,* werde ich automatisch diese und jene Haltung einnehmen, um so in der notwendigen Weise zu reden und zu handeln. In unserem gegenwärtigen Falle ist das, was Sie *tun,* ein bewußtes Lächeln, das Zusammenlegen der drei Fingerspitzen und ein Anregen der Thymusdrüse.

Hier noch einige Anmerkungen zu dieser Drüse: Sie befindet sich in der Gegend der oberen Brustplatte. Wenn Sie mit den Fingern leicht gegen die Brustplatte tippen, kommt es zu einer Vibration, die zum Aktivieren der Thymusdrüse führt.

Lange Zeit war die Funktion der Thymusdrüse kaum bekannt. Heute weiß man, daß sie für andere Drüsen, Organe und Körperfunktionen eine regulierende und steuernde Aufgabe hat. Offenbar führt das Stimulieren der Thymusdrüse deshalb zu einer Normalisierung und Aktivierung verschiedener Körperfunktionen und damit zu einem Zuwachs an Energie.

Das Vorprogrammieren morgendlicher Spannkraft

Wenn Sie also schon am Morgen Begeisterung anstelle von Streßsymptomen empfinden wollen, gehen Sie dabei folgendermaßen vor:

1. *Werden Sie vor dem Einschlafen passiv.*
2. *Programmieren Sie, daß Sie automatisch genau zu der Zeit aufwachen, die am günstigsten für ein Vorprogrammieren morgendlicher Spannkraft ist.*
3. *Schlafen Sie dann in diesem passiven Zustand ein.*
4. *Sobald Sie in der Nacht erwachen, werden Sie wieder passiv.*
5. *Nun sprechen Sie innerlich zu sich etwa die folgenden Worte: »Wenn ich mich künftig am Morgen abgespannt, niedergeschlagen, entmutigt oder lustlos fühle, brauche ich nur bewußt zu lächeln, meine drei ersten Finger einer Hand aneinanderzulegen und für etwa eine Minute leicht in Höhe der Thymusdrüse gegen das Brustbein zu tippen. Unverzüglich werde ich mit Begeisterung, Tatkraft und Energie erfüllt. So kann ich schon am Morgen jeder Herausforderung angemessen begegnen.«*
6. *Schlafen Sie dann im passiven Zustand wieder ein.*

Am nächsten Morgen können Sie sodann gleich die vorprogrammierte Selbsthilfemaßnahme anwenden: Nehmen Sie sich im Schlafzimmer, im Bad oder vielleicht auch im Büro eine Minute Zeit. Lächeln Sie bewußt, legen Sie die drei Fingerspitzen aneinander, und tippen Sie in der Gegend der Thymusdrüse gegen die Brust. Die toten Punkte am Morgen werden durch diese kleine Übung für immer der Vergangenheit angehören! Nach und nach laden sich ihre inneren Batterien immer mehr auf! Einige Wochen später werden Sie sich bei regelmäßiger Anwendung kaum noch wiedererkennen: Voller Elan und Unternehmungsgeist begrüßen Sie jeden neuen Tag und kosten jede seiner Stunden voll aus.

Ihre innere Haltung ist ansteckend!

Wie Sie gesehen haben, bedienen wir uns mit dieser Methode einer Kombination subjektiver und objektiver Strategien: Das Vorprogrammieren und der klare Auftrag an unser Unterbewußtsein ist eine eindeutig geistige, das heißt subjektive Selbsthilfemaßnahme. Das Pochen gegen die Brust und das bewußte Lächeln, das unserer Niedergeschlagenheit als gewollter Widerspruch entgegengesetzt wird, sind materielle oder körperliche, also objektive Vorgänge.

In der Mind-Control Methode bemühen wir uns stets auch um ein vorteilhaftes Einsetzen unserer körperlichen Möglichkeiten. Doch weil der Geist über die Materie herrscht, machen nur subjektive Begleitmaßnahmen den Einsatz körperlicher Mittel optimal erfolgreich.

Alles, was unser Körper tut, wird zunächst von geistigen Impulsen vorbereitet. Was wir körperlich ausdrücken, gründet stets auf geistigen Haltungen und seelischen Zuständen. Unser Gang, unsere Gesichtszüge, unsere Gesten, all dies hängt davon ab, ob wir gereizt oder ausgeglichen, wütend oder glücklich sind.

Bereits durch diese äußeren körperlichen Ausdrucksformen unserer inneren Verfassung wirkt unsere geistige Haltung ansteckend: Es ist ein großer Unterschied, ob Sie einem anderen mit Sorgenfalten, gesenktem Kopf und traurigem Blick entgegentreten oder ob Sie statt dessen fröhlich lächelnd mit beschwingtem Schritt auf ihn zukommen. Seine Reaktionen auf Ihre Worte werden in jedem Fall ganz verschieden sein, auch wenn Sie ihm inhaltlich genau das gleiche sagten. Bewußt oder unbewußt erfaßt der andere durch Ihre körperliche Erscheinung auch Ihre innere Haltung.

Doch wie neuere wissenschaftliche Forschungen einwandfrei beweisen, ist Ihre geistige Verfassung weit über diesen körperlichen Aspekt hinaus von Einfluß auf andere Lebewesen. Obwohl die diesbezüglichen Untersuchungen noch am Anfang stehen, belegen sie doch deutlich, daß die bewußten und unterbewußten Schichten des menschlichen Geistes über bislang verborgene Dimensionen verfügen, durch die geheimnisvolle Verbindungen zum anderen hergestellt werden.

Die Reichweite des eigenen Geistes

Die amerikanische wissenschaftliche Zeitschrift Science Digest berichtete im Mai 1982 von einem interessanten Experiment: Sogenannte Geistheiler kümmerten sich überwacht von Forschern um eine Gruppe verletzter Tiere, denen Sie in voller Konzentration und mit Wünschen der Heilung die Hände auflegten. Gleichzeitig beobachteten die Forscher eine zweite Gruppe von Tieren mit den gleichen Verletzungen, die allerdings keinen Kontakt mit den Geistheilern hatte. Das Ergebnis: Die Verletzungen der durch geistige Methoden betreuten Tiere heilten schneller! Als es die *skeptischen* Wissenschaftler daraufhin mit der Methode des Handauflegens versuchten, war der Effekt für die armen Tiere gerade der gegenteilige!

Auch unsere Silva-Mind-Control-Organisation (mit Sitz in Laredo, Texas) hat viele derartige Forschungsprojekte unterstützt oder war daran beteiligt: die Möglichkeit geistiger Beeinflussung von Menschen, Tieren und Pflanzen wurden getestet und unwiderruflich erwiesen. Die Grenze der Reichweite des menschlichen Geistes wurde noch nicht entdeckt, doch eines ist sicher: Er kann andere Lebewesen beeinflussen und also auch die Umstände mitgestalten.

Ein interessantes Forschungsprojekt wurde von Dr. Elmer Green, einem Biopsychologen der Menninger-Stiftung, und Dr. C. Norman Shealy, der als Neurologe Präsident der American Holistic Medical Association war und derzeit ein bedeutendes Rehabilitationszentrum in Wisconsin leitet, durchgeführt. Es ging dabei darum, die Fähigkeiten der bekannten Geistheilerin Olga Worrell zu testen, wenn sie auf die Entfernung Einfluß auf den menschlichen Körper nehmen sollte.

Zwölf Patienten von Dr. Shealy, die an chronischen Schmerzen litten, wurden nacheinander an verschiedene medizinische Meßgeräte angeschlossen. Mehr als zwanzig Meter entfernt saß Olga Worrell. Sie hatte die Aufgabe sich jeweils auf den Patienten zu konzentrieren, dessen Werte gerade gemessen wurden. Nicht der Patient, nur die Forscher wußten, wann genau die Konzentration Frau Worrells einsetzte. Viermal gab es absolut keinen Zweifel: Innerhalb von Sekunden zeigten die Meßgeräte die Auswirkungen des geistigen Einflusses an! Die

Hirnströme, Temperatur, elektrische Spannung der Haut, Atem- und Herzrhythmus veränderten sich. Obwohl dieses Experiment nur den Einfluß des Geistes auf einen fremden Körper untersuchen sollte und kein Heilversuch war, fühlten sich zwei Patienten nachhaltig von ihren Schmerzen befreit.

Eines der seltsamsten Patente, das jemals in den Vereinigten Staaten angemeldet wurde, ist ein Gerät zum Messen unbekannter Strahlen, die von Gegenständen aller Art ausgehen sollen (US-Patent Office 1949, No. 2, 482, 773). Der Erfinder ist auch als Radio-Pionier bekannt, Thomas Galen Hieronymus aus Kansas City. Seine Grundidee dabei war, daß alle Dinge bestimmte Wellen abstrahlen, aus denen man nutzbare Energie gewinnen könnte.

Weil er sich diese Wellen ähnlich vorstellte wie die sichtbaren Lichtstrahlen, baute er in sein Gerät unter anderem auch ein Prisma ein, das zum Konzentrieren der unbekannten Energie beitragen sollte.

Der Naturwissenschaftler John Campbell nahm sich vor, den eigenartigen Apparat auf seine Brauchbarkeit zu testen: In einem völlig abgedunkelten Gewächshaus säte er Pflanzensamen aus. Dann schloß er ein an sonnenbeschienenen Platten befestigtes Kabel an das seltsame Gerät an und leitete einen Draht aus dem Apparat heraus ins Gewächshaus. Dort wurden dann einige Pflanzensamen mit der fraglichen Energie versorgt, andere nicht. Würden die Samen im dunklen Gewächshaus, die man so behandelte, auch ohne Sonnenlicht keimen, wachsen und grün werden? Sie wurden es. Die nicht mit der Energie versorgten Samen schafften es dagegen nicht.

Nachdem John Campbell seine diesbezüglichen Versuche veröffentlicht hatte, widersprach ihm Arthur M. Young, der Präsident der *Foundation for the Study of Consciousness* (»Stiftung für Bewußtseinsforschung«), in sensationeller Weise: Man braucht keinen derartigen Apparat, um solche Phänomene hervorzubringen. Der menschliche Geist genügt! Es war die positive Erwartung des Forschergeistes, der die Pflanzen im dunklen Gewächshaus zum Keimen, Wachsen und Grünen brachte.

Campbell wollte es daraufhin wissen: Wieder stellte er im Dunkeln Töpfe mit Samen bereit. Doch diesmal benutzte er keine Geräte. Er zeichnete sich lediglich auf einem Papier genau auf, welche Samen er mit der unbekannten Energie versorgen wollte. Wieder traf das gleiche ein!

Immer beeinflussen Sie andere!

Diese Experimente beweisen es: Sie selbst hängen unmittelbar mit anderen zusammen! Wenn Sie niedergeschlagen sind, stecken Sie Ihre Mitarbeiter damit an, auch wenn Sie sich alleine in Ihr Büro zurückgezogen haben. Die Energie Ihres Bewußtseins, wie immer wir diese auch nennen wollen, durchdringt Wände und überwindet große Entfernungen.

Wenn Sie voller Begeisterung und Tatkraft sind, dann stecken Sie Ihre Mitarbeiter damit an. Es geht ihnen besser, wenn Sie in der Nähe sind, wenn man Sie sehen und hören kann. Doch auch dann, wenn Sie sich in Ihr Büro zurückziehen, wird Ihr geistiger Einfluß spürbar sein. Sie geben eine positive Richtung an und sind damit im weitesten Sinne des Wortes eine *Führungskraft*.

Angesichts dieser großen positiven Einflußmöglichkeiten ist es doppelt wichtig, daß Sie es lernen, Ihre eigene Haltung durch Programmieren im Alpha-Rhythmus zu verbessern. Sie steigern Ihre Kraft und Gesundheit nicht nur sich selbst zuliebe, sondern *jeder,* der mit Ihnen Umgang hat, wird davon profitieren.

Je mehr andere Ihre Stellung respektieren und je besser Ihre Verständigung mit ihnen ist, um so mehr kann Ihr positiver Einfluß auf sie wirken. In kritischen Augenblicken ist es häufig die Beherztheit und unerschütterliche Haltung eines einzigen unter vielen, die allen anderen Durchhaltevermögen und Mut spenden kann. Denken Sie daran: Ebenso wichtig wie das, was Sie in Notsituationen objektiv sagen, ist die innere Haltung, das Bewußtsein, das Sie dabei haben. Große Einflüsse gehen davon aus! Mind-Control schenkt Ihrem Bewußtsein jene Harmonie, die es zu einem Kraftzentrum für Ihre ganze Umgebung macht.

Schluß mit den Kopfschmerzen!

Eines der lästigsten Streßsymptome, das Ihr Bewußtsein außer Kontrolle bringt und Sie nicht zum Ausschöpfen der wunderbaren Möglichkeiten Ihres Geistes kommen läßt, sind Kopfschmerzen. Ich bringe dieses Leiden hier als Beispiel, doch können Sie nachfolgende *Übungsanweisung* gleichfalls auf alle anderen Streßsymptome übertragen:

1. *Schließen Sie Ihre Augen. Drehen Sie sie leicht nach oben. Zählen Sie rückwärts von 5 nach 1 (die ausführlichen Anweisungen hierfür folgen ab dem 5. Kapitel).*
2. *Bleiben Sie mit geschlossenen Augen für etwa drei bis fünf Minuten im Alpha-Rhythmus.*
3. *Denken Sie während dieser Zeit über das nach, was Ihren gegenwärtigen Streß verursacht. Analysieren Sie die Vorhaben, an denen Sie gerade arbeiten. Fragen Sie sich, was Sie momentan wünschen, brauchen oder befürchten. Machen Sie Inventur in Ihrem Inneren!*
4. *Auch dann, wenn Sie sich nach drei oder fünf Minuten noch nicht vollständig gut fühlen, zählen Sie von 1 bis 5, um wieder in den gewöhnlichen Bewußtseinszustand zu gelangen. Doch sagen Sie sich zuvor, daß Sie mit dem Erreichen der Zahl 5 in eine körperlich und geistig überaus angenehme Verfassung gelangen.*

Die Minuten, die Sie so im Alpha-Rhythmus zubringen, sind keinesfalls Zeitverschwendung! Es können dies die wertvollsten Minuten des Tages sein!

Wenn Sie erst einige Übung besitzen, können Sie auch mit offenen Augen den Alpha-Rhythmus herstellen. Er wird dann ausgelöst, wenn Sie Ihren Blick nicht mehr auf etwas bestimmtes fixieren und die Augen leicht nach oben wenden. Es ist dies ein Zustand des Tagträumens. Leider wird der Tagtraum in unserer Gesellschaft häufig als vergeudete Zeit des Müßigganges abgelehnt. Doch das Gegenteil ist der Fall: Tagträumen ist eine der schöpferischsten Möglichkeiten, unsere Zeit zu verbringen.

Der Alpha-Ryhthmus führt uns automatisch von der Ursache unserer Kopfschmerzen weg, denn diese hängen mit dem Beta-System der

Hirntätigkeit zusammen. Doch warum sollte uns dieser entspannte Zustand nicht zu mehr verhelfen als nur zum Abstellen der unangenehmen Kopfschmerzen? Ich schlage daher vor, daß sich Ihr Geist während dieser Zeit mit Ihren gegenwärtigen Arbeiten, Aufgaben und Problemen beschäftigt. Lassen Sie sie ganz natürlich wie einen Tagtraum ablaufen.

»Das funktioniert nicht«, sagte Thomas B. zu einem unserer Mind-Control Lehrer.

Der Lehrer fragte nach: »Was genau haben Sie getan?«

»Ich habe mich bequem zur Entspannung hingesetzt. Dann schloß ich die Augen, drehte sie leicht nach oben und zählte von 5 nach 1. Dann stellte ich mir das Problem vor, in das ich gerade verwickelt war. Nach etwa drei bis fünf Minuten zählte ich wieder von 5 bis 1 mit der Absicht, mich danach wieder vollkommen wohl zu fühlen. Doch ich habe mich ebenso schlecht gefühlt wie zuvor. Meine Kopfschmerzen waren keine Spur besser.«

Der Mind-Control Lehrer fragte nach dem genauen Problem.

»Es geht um unseren Computer-Fachmann. Unsere Firma will zur Zeit Geld sparen. Deshalb stellt sie nur Anfänger ein. Mein neuer Mann am Computer ist zwar willig, doch er schafft sein Pensum nicht. Nun müßte ich es als Abteilungsleiter ausgleichen, doch dazu fehlt mir absolut die Zeit.«

Die Antwort an Thomas B.: »Wenn Sie das nächste Mal üben, dann denken Sie nicht nur *an* Ihr Problem. Lassen Sie Ihren Tagtraum weitere Dimensionen annehmen: Sehen Sie auch Lösungsmöglichkeiten, die sich Ihnen bieten. Stellen Sie sich nicht nur vor, was schlecht ist, sehen Sie auch, wie es sein sollte. Denken Sie an vergangene Schwierigkeiten, die Sie gemeistert haben, und an anderes, was Ihnen Mut schenken kann. Niemals steht ein Problem nur für sich allein. Stets ist es in einem größeren Umfeld eingebettet, aus dem heraus viele Wege zur Lösung führen.«

Nach diesem Hinweis zog Thomas B. die Konsequenzen. Er verkrampfte sich nicht mehr nur auf seine Probleme, sondern sah diese nun während des Übens im Raum ihrer größeren Zusammenhänge. Auf diese Weise konnte er seine Kopfschmerzen besiegen.

Sobald wir im Alpha-Rhythmus beginnen, uns Sorgen zu machen, verlassen wir ihn auch schon und treten in den Beta-Rhythmus ein. Um im Alpha-Rhythmus zu bleiben, müssen unsere Gedanken weit, friedvoll und sorgenfrei sein.

Das Einschlafen

Der passive Zustand des Alpha-Rhythmus bringt uns unzählbare Vorteile. Wer gezielt damit umzugehen weiß, wird darin eine Quelle der Kraft, Problemlösung, Ideen und inneren Freiheit finden. Tote Punkte verschwinden, Kopfschmerzen hören auf, Streßsymptome vergehen... Die Liste ist endlos! Alle nur vorstellbaren negativen Haltungen und Geistesverfassungen können durch den passiven Zustand des Alpha-Rhythmus in ihr positives Gegenteil verwandelt werden.

Millionen Menschen leiden an Schlafstörungen. Sie liegen nachts wach und grübeln darüber nach, wie sie einen guten Schlaf finden könnten. Dabei befinden sie sich im Beta-Rhythmus. Zum Einschlafen muß man aber im Alpha-Rhythmus sein.

Unvorstellbare Geldsummen werden jedes Jahr für Schlafmittel verschiedenster Art ausgegeben. Eine Studie der Klinik für Schlafstörungen an der Stanford Universität zeigte kürzlich auf, daß Schlaflosigkeit in vielen Fällen durch Medikamente sogar noch verschlimmert wurde. Wenn man Patienten langsam ihre gewohnten Arzneimittel entzog, schliefen durchschnittlich zwanzig Prozent erheblich besser, und bei vielen verschwanden die Störungen ganz.

Oft ist es sicher besser, manchmal für einige Zeit wach zu liegen, als sich voreilig eine Hilfe von Medikamenten zu versprechen. Schlafmittel sind Drogen, die zur Abhängigkeit führen! Die subjektiven Methoden der Mind-Control erweisen sich hier als ein viel besserer Weg, der zudem nur positive Nebenwirkungen kennt.

Der Alpha-Rhythmus ist ein passiver Wachzustand auf dem halben Wege zum Schlaf. Die Hirntätigkeit im Tiefschlaf wird mit *Delta* bezeichnet. Um vom wachen Beta-Zustand nach Delta zu kommen, müssen wir auf jeden Fall den Alpha-Rhythmus durchlaufen. Wenn

Sie einmal gelernt haben, den Alpha-Rhythmus nach Belieben zu verwirklichen, warum wollen Sie ihn dann nicht auch dazu verwenden, um wunschgemäß gut einzuschlafen?

Übungsanweisung: Für sicheres Einschlafen

1. *Wenn Sie einschlafen möchten, schließen Sie Ihre Augen und drehen Sie diese leicht nach oben.*
2. *Zählen Sie rückwärts von 5 nach 1 (diese Methode wird noch genau erklärt).*
3. *Stellen Sie sich Schafe oder Ziegen vor, die über einen Zaun springen.*
4. *Zählen Sie die Schafe oder Ziegen dabei rückwärts, indem Sie bei hundert beginnen.*

Es ist sehr unwahrscheinlich, daß Sie bis 50 kommen, und fast ausgeschlossen, daß Sie 1 erreichen. Es ist äußerst *langweilig,* Schafe und Ziegen über einen Zaun springen zu sehen. Im Anschluß an Kapitel fünf werden Sie eine ähnlich *langweilige* Methode des Zählens von 100 nach 1 kennenlernen. Doch diese Langeweile ist nützlich! Sie kann einen wertvollen Entspannungsprozeß einleiten und danach gesunden und tiefen Schlaf schenken.

Sie können die Wirkung dieses Vorganges durch Vorprogrammieren noch steigern. Das Prinzip des Vorprogrammierens wurde in diesem Buch bereits beschrieben: Programmieren Sie Ihr Unterbewußtsein darauf, daß Sie in einen erholsamen, tiefen Schlaf fallen, sobald Sie beobachten, wie vor Ihrem inneren Auge die Tiere über den Zaun springen. Sagen Sie sich beim Programmieren: »Jedes Tier bringt mich beim Zählen dem gesunden Schlaf näher.« Und genauso wird es sein!

Eine Führungskraft braucht ihren Schlaf. Eine in subjektiven Methoden geschulte Führungskraft wird diesen Schlaf durch Mind-Control sicher finden.

Der Geist kann alles, wenn ...

Der menschliche Geist vermag absolut alles! Doch für die meisten von uns tut er es nicht. Warum dies? Der Grund ist einfach: Wir glauben nicht daran, daß er es kann.

Wenn Sie erst verstanden haben, was Ihr Geist alles bewerkstelligen könnte, werden Sie auf allen Ebenen Ihres Tuns plötzlich mehr schaffen! Alle Ihre positiven Wünsche und Erwartungen sind dann wie Befehle für die unterbewußten Schichten Ihres Geistes. Sie laden damit die Batterien des Geistes auf und streben sicher in die gewünschte Richtung.

Um zu lernen, was der Geist alles schafft, fangen Sie am günstigsten bei ganz alltäglichen Schwierigkeiten an: Besiegen Sie die toten Punkte am Morgen, die lästigen Kopfschmerzen, unnötige Schlafstörungen. Sie werden sehen, daß es funktioniert. Und diese Erfahrung schenkt Ihnen Gewißheit und Kraft. Sie wissen dann, was die Energie Ihres Geistes alles leisten kann. Sie glauben daran.

Dieser Glaube wird die unterbewußten Prozesse voll aktivieren. Sie können dann vom Lösen alltäglicher Schwierigkeiten zum Meistern der ganz großen Probleme und Herausforderungen Ihres Lebens alles ihm übergeben. Sie werden sich zu dem Menschen machen, der Sie immer sein wollten. Und Sie werden das besitzen, was Sie immer haben wollten. Doch denken Sie daran: Dieser Glaube muß entwickelt werden! Fangen Sie mit den hier beschriebenen kleinen Schritten an. Es hat wenig Sinn, gleich das Größte in Angriff zu nehmen. Sobald Sie gesehen haben, daß es im kleinen funktioniert, wird dieser Glaube zur Gewißheit: Der Geist kann alles!

Mind-Control ist ein universelles Werkzeug

Der Mensch kann mit seinen Händen vieles machen, wenn er für jede Aufgabe die rechten Werkzeuge hat. Ebenso kann der Geist mit den geeigneten Werkzeugen viel leisten. Es gibt aber einen wesentlichen Unterschied: Mit einem Schraubenzieher können Sie keinen

Nagel in die Wand hauen und mit einem Hammer keine Schraube drehen. Mit dem geistigen Werkzeug der Mind-Control jedoch können Sie im Alpha-Rhythmus jedes innere Problem beseitigen: Imaginieren, Visualisieren und die »Drei-Finger-Technik« sind universell anwendbar. Sie verwandeln damit:

→ Langeweile in Begeisterung
→ Orientierungslosigkeit in Zielstrebigkeit
→ Streßsymptome in Wohlbefinden
→ Niederlagen in Siege
→ Trägheit in Spannkraft und Vitalität.

Mind-Control ist dafür *immer* anwendbar: zu jeder Tageszeit, morgens und nachts. Hier diese drei Möglichkeiten:

1. *Wenn ein Problem auftritt, werden Sie, falls es die Umstände erlauben, auf der Stelle passiv. Sagen Sie sich, was los ist (beispielsweise »Ich bin gelangweilt und lustlos bei der augenblicklichen Arbeit«). Nun sagen Sie sich, welche Änderung Sie wünschen (»Ich will mit Begeisterung und Motivation bei der Sache sein!«). Programmieren Sie die positive Änderung (»Ich zähle nun bis 5 und öffne meine Augen. Es wird dann keine Spur von Langeweile mehr geben! Ich werde mit natürlicher Begeisterung bei meiner Arbeit und mir ihrer Wichtigkeit voll bewußt sein«). Öffnen Sie dann die Augen, und sagen Sie sich nochmals innerlich voller Bestimmtheit, daß der tote Punkt überwunden ist.*
2. *Werden Sie am Morgen gleich nach dem Aufwachen passiv. Visualisieren Sie sich bei der Arbeit. Sehen Sie sich dabei genau so, wie Sie sein und handeln möchten.*
3. *Werden Sie vor dem Einschlafen passiv. Programmieren Sie, daß Sie zu genau der Zeit erwachen, die für das Vorprogrammieren der Lösung eines Problemes oder einer zukünftigen erwünschten Gegebenheit am geeignetsten ist. Schlafen Sie dann in diesem passiven Zustand ein. Sobald Sie in der Nacht erwachen, werden Sie erneut passiv. Programmieren Sie nun durch die verschiedenen angegebenen Methoden (Imagination, inneres Feststellen, »Drei-Finger-Technik« etc.) die Lösung des Problemes oder das Eintreffen der gewünschten Umstände. Schlafen Sie dann im passiven Zustand wieder ein.*

Wenn Sie das grundsätzlich gelernt haben, wird es nicht schwer sein, Mind-Control im Alltag je nach Bedarf einzusetzen. Die Methode und ihre verschiedenen Spielarten werden zu einem selbstverständlichen Bestandteil des täglichen Lebens. Beachten Sie, wie einfach diese Übungen sind! Und bedenken Sie, daß Millionen Menschen sie nutzbringend anwenden. Sollte sich der Versuch nicht auch für Sie lohnen?

Geistige Reife

Mein wissenschaftlicher Mitarbeiter Dr. George T. DeSau führte kürzlich mit einer Gruppe einen Persönlichkeitstest durch: *Vor* und *nach* einem Mind-Control-Trainingsprogramm, das von Eileen Buehler, einer ausgebildeten Mind-Control-Lehrerin geleitet wurde, testete er nach wissenschaftlichen Kriterien die Teilnehmer. Es handelte sich um 25 leitende Angestellte einer großen Firma in New Jersey. Die Untersuchung ließ keinen Zweifel: Bei allen Teilnehmern war ein Ansteigen ihrer Fähigkeiten und der geistigen Reife zu verzeichnen. Insbesondere die *Ausgeglichenheit* und *Entscheidungssicherheit* nahmen zu.

Ausgeglichenheit und Entscheidungssicherheit sind die beiden wesentlichen Kennzeichen für die geistige Reife einer Führungskraft. Für jemanden, der anderen Wege aufzeigen soll, ist es tragisch, wenn er mit sich selbst uneins keine Entscheidungen treffen kann. Er wird leicht zum Opfer von Überredungskünsten, und seine Meinungen wechseln rasch, weil er von sich aus nicht die Energie hat, eine klare und endgültige Entscheidung in den Raum zu stellen.

Wenn man nun bei einer Führungskraft merkt, daß sie keine Entscheidungssicherheit besitzt und von jedem leicht umzustimmen ist, wird sie nicht das Vertrauen und die Wertschätzung ihrer Mitarbeiter besitzen. Darüber hinaus verlieren diese chronisch unentschlossenen Menschen auch jedes Selbstvertrauen.

Wer aber als Führungskraft die sichere Fähigkeit besitzt, im rechten Moment unverzagt die nötige Entscheidung zu fällen, kann sich durchaus auch einmal einen Fehler leisten. Er kommt nämlich immer noch schneller voran als derjenige, der Entscheidungen stets vor sich herschiebt oder nur halbherzig zu ihnen steht.

Wenn Sie sich Mind-Control anvertrauen, werden Sie zu jener Entscheidungssicherheit finden, die Sie für Ihr Vorankommen als Führungskraft brauchen. Ohne Schwanken und Unsicherheit, ohne Streßsymptome, doch voller Begeisterung und mit Weitblick werden *Sie* wissen, wohin der Weg führen soll!

4. Kapitel

Entwickeln Sie Führungsqualitäten!

Mit innerer *Ausgeglichenheit* und *Entscheidungssicherheit* am Ende des letzten Kapitels wurden bereits zwei der notwendigen Qualitäten erwähnt, die eine Führungskraft auszeichnen.

Wichtig ist nun folgende Erkenntnis und Gewißheit: *Diese und andere Führungsqualitäten kann man entwickeln!* Viel zu viele Menschen, auch solche, die schwere Verantwortung tragen müssen, halten ihre Fähigkeiten für ewig feststehend und vorausbestimmt. Sie glauben, daß sie eben so sind, wie sie sind, und daß daran nichts zu ändern sei. Hierin liegt die Wurzel allen Übels!

Niemand auf der Welt ist für alle Zeiten an einen bestimmten Zustand gebunden: Fehlende Fähigkeiten können entwickelt werden; mangelhafte Ausbildung kann nachträglich vertieft werden; selbst die wichtigsten Führungsqualitäten können durch konsequente Arbeit mit subjektiven *und* objektiven Methoden entfaltet werden!

Auch wenn sich diese Erkenntnisse unter trägeren Naturen noch nicht herumgesprochen haben, den Leitern der größten Konzerne sind sie längst bekannt. Und so ist es nicht verwunderlich, wenn bedeutende Industrieunternehmen in aller Welt führende Angestellte in der Silva Mind-Control Methode ausbilden lassen. In den Vereinigten Staaten, Kanada, Mexiko, Mittel- und Südamerika ebenso wie in Australien, Europa und Teilen Asiens werden heute bei steigendem Interesse Führungspersönlichkeiten aus Industrie, Handel und Politik in Mind-Control geschult. Um nur ein paar Beispiele zu nennen: Aus der bekannten Arzneimittelfirma *Hoffmann-LaRoche,* dem Kosmetikunternehmen *Mary Kay* und dem Medienkonzern *RCA* wurden leitende Angestellte von uns in der Silva Mind-Control Methode unterwiesen. Niemals würden die entsprechenden Firmen und Persönlichkeiten eine Investition ins Auge fassen, die nicht sichere Aussichten hat, sich in vielfältiger Weise auszuzahlen.

Führungsqualitäten können entwickelt und zur Reife gebracht werden. Ergreifen Sie diese Chance, durch die bereits bedeutende Konzerne ihren Umsatz zu steigern verstanden!

Eine neue Dimension des Denkens

Wenn Sie Ihre Führungsqualitäten entwickeln wollen, müssen Sie in Ihrem Denken den Anfang setzen. Sie müssen erkennen, daß Sie durch Ihr Denken die Richtung Ihres Lebens und Handelns bestimmen und sich zugleich mit jedem Gedanken einer Vielzahl von Kräften öffnen. Ein Pionier im Erforschen subjektiver Methoden, Prentice Mulford (1834–1891), drückte dies folgendermaßen aus:

»Eine Kontrolle des Geistes ist notwendig! Es ist keinesfalls belanglos, was man so vor sich hindenkt. Gedanken strömen in Wellen dahin wie Wasser und Wind! Gleiche Ströme verstärken sich, ungleiche dagegen stoßen einander zurück.

Wäre dieser geistige Ozean dem Auge wahrnehmbar, jeder könnte sehen, wie vibrierende Strahlen von Mensch zu Mensch gehen. Jeder würde erkennen, wie Leute von gleichem Temperament, Charakter und Wollen in derselben Strömung stehen; wie ein Mensch in verärgerter und deprimierter Stimmung in einer Welle des Kontaktes bleibt mit allen, die verärgert und deprimiert sind; daß jeder von ihnen wie ein Element in einer Batterie stromstärkend und stromerzeugend wirkt; und wie die Hoffnungsvollen, Starken und Freudigen genauso ihre Wellen vereinen und stärken.

Niedergeschlagenheit bedeutet Einssein mit einem schädlichen geistigen Kreis. Es ist eine Art Krankheit, die nicht sogleich geheilt werden kann, wenn man einmal durch lange Zeit gewohnt war, seinen Geist dieser Art von Strömen zu öffnen.

Wenn eine Gruppe von Leuten nur über Krankheitserscheinungen spricht, über Todesursachen, Sterben und Unglücksfälle, wenn sie so den Geschmack am Grauenhaften züchtet, lenkt sie einen ganzen Strom ähnlicher Vorstellungsbilder auf sich – einen Strom, der am Ende unentrinnbar Krankheit und Leiden in irgendeiner Form mit sich führen wird.

Für jenen, der nach oben will, folgt aus diesem Gesetz: Reise immer in großem Stil, steige in den vornehmsten Hotels ab, kleide dich mit Geschmack! Bist du dazu finanziell noch nicht imstande, so tue es wenigstens in Gedanken! Das ist der erste Schritt in der Richtung des Erfolges, der Erfolgreichen! Wessen Sinn aus falscher Sparsamkeit auf das Billige gerichtet ist: billige Wohnung, billige Nahrung, billige Kleidung, gelangt in die Welle der Dürftigkeit, des Sklavischen und Ängstlichen! Unsere Pläne und Lebensansichten werden dadurch gedrückt, gelähmt, wir brechen uns unsere Flügel. Die Atmosphäre der Dürftigkeit haftet an unserem Geist, wenn wir uns ihr lange hingegeben haben. Sie wird von allen Erfolgreichen sofort an uns wahrgenommen. Diese halten sich dann von uns fern, merken sie doch bei uns das Fehlen dessen, das sie selbst voranbringt. *Wer sich den Siegern des Lebens nähern möchte, muß die Richtung seines Denkens ändern, und sie werden an seinem Wege stehen!*«

Der erste Schritt auf dem Weg zur echten Führungskraft besteht also darin, stets das Größte und Beste zu denken und anzustreben. Wer seinen Geist in kleinliche Sorgen und Befürchtungen verstrickt, wer nur an das Tragische denkt, wird dadurch sicher nicht an die Spitze kommen.

Der unkontrollierte Geist

Doch um wirklich das Größte und Beste in unserem Geist zu bewegen, müssen wir lernen, ihn zu kontrollieren. Im Augenblick tut der Geist noch, was er will: Sprunghaft und schwankend beschäftigt er sich bald hiermit, bald damit. Auch wenn wir Gedanken des Reichtums und Erfolges in uns bewegen wollen, bald schon springt der Geist zu Inhalten der Mut- und Hoffnungslosigkeit.

In Indien vergleicht man den menschlichen Geist mit einem betrunkenen Affen: Hastig schwingt er sich von Ast zu Ast, immer ist er in Gefahr, endgültig abzustürzen. Er wandert ziellos bald hierhin, bald dorthin und stolpert gelegentlich einmal über eine Lösung. In Indien war es auch, wo man intensiv geistige Trainingsmethoden suchte, um den wilden Affen des Geistes zu zähmen –, und man fand sie. Doch diese Methoden verlangen häufig einen Rückzug aus der Welt, und schon die ersten Schritte erfordern ein jahrelanges Üben.

Für die moderne Führungskraft muß es einen anderen Weg geben, den sprunghaften Geist unter Kontrolle zu bringen. Es ist der, der in diesem Buch beschrieben wird, und er kann in weniger als zwei Monaten zu beachtlichen Erfolgen führen: Die Silva Mind-Control Methode führt Sie durch das Harmonisieren und Aktivieren der Arbeit beider Hirnhälften nicht nur zur vollkommenen Kontrolle Ihres Geistes, sie erweckt auch *schlummernde Fähigkeiten* der tiefsten Schichten Ihres Unterbewußtseins.

Ein Beispiel: Der Geschäftsführer eines Produktionsbetriebes sieht sich plötzlich mit der Tatsache konfrontiert, daß einer seiner wichtigsten Vorarbeiter durch unerklärliche Unkonzentriertheit erhebliche Herstellungsmängel verursacht. Er bestellt den betreffenden Arbeiter zu einem Gespräch in sein Büro. Der Mann jedoch bestreitet, irgendwelche familiären, gesundheitlichen oder seelischen Probleme zu haben. Der Geschäftsführer wartet nun, bis der Arbeiter sein Büro wieder verlassen hat, um dann sogleich die Augen zu schließen, einige tiefe Atemzüge zu nehmen und den Mann währenddessen zu visualisieren. Nach einigen Minuten öffnet er die Augen. Dann läßt er den Arbeiter ein zweites Mal in sein Büro kommen. Ohne Umschweife nennt der Geschäftsführer dem Mann nun ein bestimmtes familiäres Problem, das er bei ihm vermutet. Verlegen bestätigt der Arbeiter diese »Vermutung«. Der Geschäftsführer empfiehlt ihm eine geeignete Beratungsstelle. Der Mann fühlt sich erleichtert. Bald ist das Problem gelöst, und die Produktion läuft wieder ungehindert.

Der kontrollierte Geist

Was geschah, während der Geschäftsführer für einige Minuten still mit geschlossenen Augen in seinem Büro saß? Er bediente sich seines kontrollierten Geistes. Doch tat er dies in einer Weise, die weder auf Schulen noch auf Universitäten gelehrt wird. Es ist dies eigentlich die natürlichste Weise, den Geist zu gebrauchen. Doch muß er dazu im Alpha-Rhythmus unter Kontrolle gebracht werden.

Der so kontrollierte Geist kann zehnmal produktiver wirken als der »betrunkene Affe«: Mit intuitiver Kraft findet er Verlorenes, vermeidet Absatzschwierigkeiten und Produktionsengpässe, macht Erfindungen und ahnt mit ziemlicher Sicherheit, was andere verschweigen wollen oder was ihnen selbst nicht bewußt ist.

Ich möchte in diesem Zusammenhang von einer *»hellsichtigen« Führungskraft* sprechen. Nun wird der Begriff der *Hellsichtigkeit* vielleicht manchen meiner Leser etwas sonderbar vorkommen, weil er ihn vielleicht assoziativ an Schwindel und Jahrmarktszauberei erinnert. Doch ich gebrauche den Ausdruck der *hellsichtigen Führungskraft* mit voller Absicht: Hellsichtige sehen klarer und weiter als andere. Was für die meisten in Dunkel gehüllt ist, erscheint ihnen durch die Intuition in klarem, hellem Licht. Wer diese beachtliche Fähigkeit in sich erweckt, wird durch seinen Weitblick selbst in verworrenen Situationen noch andere führen und anleiten können.

Wann wird sich dieses Wissen durchsetzen?

Vielleicht fragen Sie sich, weshalb die Staaten der Welt subjektive Methoden der Problemlösung nicht zum Pflichtfach in der Schule machen, wenn sich dadurch derartig großartige Möglichkeiten ergeben. Es mag Ihnen dies um so verwunderlicher vorkommen, als ich bisher in diesem Buch mehr als einmal von den wissenschaftlich exakt erwiesenen Erfolgen gesprochen habe.

Es ist leider eine Tatsache, daß sich neue Erkenntnisse nur sehr allmählich durchsetzen. Dies ist besonders dann der Fall, wenn diese neuen Erkenntnisse das gesamte Weltbild verändern könnten. Als mutige Astronomen entdeckt hatten, daß sich die Erde um die Sonne dreht, wurden sie von führenden Vertretern der Zivilisation verfolgt: auch wenn man ihnen insgeheim glaubte, man wollte doch an der gefälligen Ansicht festhalten, die Erde sei der Mittelpunkt des gesamten Universums.

Etwas den damaligen Vorgängen recht Ähnliches erleben wir heute: Mutige Forscher weisen den Weg in neue Dimensionen des Geistes, doch wieder fürchten sich viele Menschen. Obwohl sie ahnen und vielleicht insgeheim glauben, daß die bislang unbekannten Dimensionen existieren und genutzt werden könnten, wollen sie doch alles beim alten lassen. Es ist bequemer, sein Streben auf die bekannte materielle Welt zu beschränken. Es waren immer nur wenige, die sich zuerst in neue Gebiete wagten... – Zuerst entdeckten und erforschten einige furchtlose Menschen die neuen Kontinente der Erde; erst später folgten ihnen dann die Siedler nach. So wird es auch bei der Eroberung der subjektiven Dimension sein: Einige Beherzte, welche die Zeichen der neuen Zeit erkennen, gehen voran, die anderen werden folgen, wenn die jetzt noch schmalen Pfade zu voll erschlossenen Straßen geworden sind.

Es wird also noch dauern, bis sich das neue Wissen so durchgesetzt hat, daß es auch zum Lehrstoff in den öffentlichen Schulen aller Länder wird. Schon immer hinkte die Ausbildung in den Schulen dem tatsächlichen Stand des Wissens hinterher. Noch vor einigen Jahrhunderten wäre eine Zeit unvorstellbar gewesen, in der alle Menschen eines Landes das Lesen und Schreiben erlernen. Heute gilt das in den zivilisierten Staaten der Erde als selbstverständlich.

Auch die subjektiven Methoden und das Wissen um die Dimensionen des Geistes werden – wie früher das Schreiben-Können – zunächst ein Privileg weniger sein, bevor es zu einer allmählichen Durchsetzung kommt. Doch es gibt einen großen Unterschied: Während das Schreiben-Lernen nicht jedermann möglich war, werden die Kenntnisse der geistigen Methode grundsätzlich allen Menschen verfügbar: Sie zum Beispiel halten dieses Buch in den Händen! Es liegt an Ihnen, diesem Wissen zum Durchbruch zu verhelfen. Sie brauchen dazu keine

Propaganda zu betreiben. Lösen Sie Ihre alltäglichen Probleme durch dieses neue Wissen! Wenn Sie wirklich damit beginnen, werden Ihre Begeisterung, Ihre Kreativität und Ihre Intuition andere *anstecken*.

Neue Wege

Wenn es auch neue Wege grundsätzlich schwer haben, sich durchzusetzen, die Zeichen stehen derzeit günstig. Wir leben tatsächlich in einer Wendezeit. Überall tauchen alternative Lernmethoden auf, alte und bewährte spirituelle Wege werden neu entdeckt, fast täglich setzen uns Psychologen revolutionäre Erkenntnisse vor. Mind-Control ist ein besonders wichtiger Baustein einer neuen großen Zeit, an deren Vorabend wir stehen, denn sie ist eine Methode für Führungskräfte, für jene, die vorangehen.

Wer Mind-Control übt, bricht damit in gewisser Weise mit alten Gewohnheiten: In der Schule und bei der Ausbildung wurde unser Gehirn nur sehr einseitig angesprochen. Zum Lösen der wesentlichen Probleme wurden ausschließlich die Funktionen der linken Hirnhälfte aktiviert: Logik und Vernunft herrschen dadurch ausschließlich im Bereich der Wirtschaft und Politik. Die intuitiven und kreativen Fähigkeiten der rechten Hirnhälfte blieben ausschließlich dem Freizeitsektor vorbehalten.

Mind-Control ändert diesen Zustand grundsätzlich: Ohne die Bedeutung von Vernunft und Logik zu verneinen, werden durch ein harmonisches Zusammenarbeiten beider Hirnhälften in verstärktem Maße Intuition und Kreativität zur Bewältigung der wesentlichen Probleme herangezogen.

Das Ergebnis: Hindernisse, die zuvor unüberwindlich schienen oder sich nur mit großem Druck und Zwang bewältigen ließen, werden jetzt fast spielerisch überwunden. Das Unterbewußtsein bleibt nicht länger passiv. Es unterstützt nun unsere Bestrebungen: Wichtige Fähigkeiten wie Gedächtniskraft, Entscheidungssicherheit, Wahrnehmungsvermögen und Einsicht werden erheblich gesteigert. Die

Methode ist einfach, und der Erfolg ist sicher. Warum wollen Sie sich mit der Arbeit eines halben Gehirns zufriedengeben?

Zum Meister des Schicksals werden!

Es gibt gute Gründe für Sie, mit Ihrer ganzen Energie zu arbeiten: Mehr als andere Menschen steht eine Führungskraft im Kreuzfeuer der Ereignisse. Kritik, harter Wettbewerb, Intrigen, Termindruck – wie leicht entstehen daraus unangenehme Folgen. Ein zerstörtes Familienleben, eine zerrüttete Gesundheit, Einsamkeit, Versagensängste und nahezu unerträglicher Streß kennzeichnen das Schicksal vieler, die es scheinbar geschafft haben und ganz oben stehen.

Wer sich nur auf die objektiven Methoden der materiellen Ebene verläßt, wird allzu leicht ein Opfer der äußeren Umstände. Sobald die Dimension des Geistes vergessen wird, verschwindet auch die wichtige Eigenschaft der Führungspersönlichkeit: *die sichere Entscheidungskraft*. Man glaubt dann, souveräne Entscheidungen zu treffen, doch in Wahrheit reagiert man nur auf äußere Gegebenheiten.

Vielleicht schafft man es, trotzdem an der Spitze eines Unternehmens oder einer Organisation zu bleiben; doch wird dies nur gelingen, indem man sich selbst auf die schlimmste Weise vergewaltigt. Resultate davon sind das zerstörte Privatleben, die ruinierte Gesundheit und die Angst als ungebetener ständiger Begleiter.

All das ist tpyisch für einen gespaltenen Menschen, der sich nicht der Kapazität seines ganzen Gehirnes bedient, sondern ausschließlich die linke Seite zur Orientierung in wesentlichen Fragen heranzieht. Das bewußte Üben im Alpha-Rhythmus ist hierfür das geeignete Gegenmittel. Es kann Ihre *gesamte* Persönlichkeit zum Erfolg führen, beruflich, gesundheitlich und im Privatleben! Indem Sie die subjektive Ebene erobern, werden Sie zum wahren Meister der objektiven Umstände.

Ihre verborgenen Führungsqualitäten

Auch wenn sich derzeit in Ihrem Leben einige der oben genannten Störungen zeigen, in Ihnen selbst steckt die Lösung für jedes dieser Probleme! Alle wesentlichen Führungsqualitäten sind in Ihnen verborgen und können durch den richtigen Einsatz der Methoden ans Licht geholt werden.

Obwohl es sicher nicht schön ist, den Menschen mit einer toten Maschine zu vergleichen, will ich es hier doch tun: In gewisser Weise sind wir wie Computer. Wir haben uns ein bestimmtes Programm gegeben oder durch Eltern, Lehrer, Freunde, Vorgesetzte, Konkurrenten und Kritiker geben lassen. Dieses Programm beschränkt uns nun in vielfältiger Weise, indem es uns einen Aktionsrahmen vorschreibt, über den wir nicht hinausschreiten können. Unserem geschäftlichen und privaten Leben setzt dieses Programm Grenzen. Und schließlich bestimmt es auch unser Bild und unsere Einschätzung von uns selbst. Es ist, als hätten wir uns freiwillig in ein Gefängnis begeben.

Eines Tages gehen wir zur Tür, um zu merken, daß diese niemals geschlossen war. Der wunderbare Mensch mit großartigen Qualitäten, der in uns steckt, darf endlich herauskommen. Die Silva-Mind-Control-Methode ist eine solche Tür. Sie befähigt eine Führungskraft dazu,

- ☐ Selbstvertrauen und Selbsteinschätzung zu stärken,
- ☐ gesundheitsschädigende Gewohnheiten aufzugeben,
- ☐ Nervosität, Kopfschmerzen und andere Streßsymptome zu beseitigen,
- ☐ ein gutes Einvernehmen mit den Kollegen zu finden,
- ☐ die Anerkennung der Vorgesetzten zu erlangen,
- ☐ andere zu effektivem Arbeiten anzuregen,
- ☐ ohne Medikamente einen erholsamen Schlaf zu haben,
- ☐ eine positive Grundhaltung des Geistes zu verwirklichen,
- ☐ mehr aus ihrer Zeit zu machen,
- ☐ persönliche und geschäftliche Ziele zu planen und auch zu erreichen,

- ☐ auch in extremen Situationen einen klaren Kopf zu behalten,
- ☐ ein fast vollkommenes Gedächtnis zu entwickeln,
- ☐ immer mehr geistige Kapazitäten freizulegen,
- ☐ auch für andere Energie und Begeisterung auszustrahlen,
- ☐ eine innere Quelle schöpferischer Ideen zu erschließen,
- ☐ anderen eine Inspiration zu sein,
- ☐ einen wesentlichen Beitrag zu leisten, diese Erde zu einem glücklicheren Lebensraum für alle zu gestalten.

Der übliche Weg nach unten

Es ist die alte Geschichte: Ein Mann verliert seine Arbeit. Er ist niedergeschlagen. Dann wird er von Zweifeln heimgesucht. Er zieht sich von seiner Familie und den Freunden zurück. Die Depression wird tiefer. Alle Einstellungsgespräche schlagen fehl. Schließlich steht für ihn fest: »Ich bin ein Versager.« Kommt Ihnen das bekannt vor?

Dies geschieht jeden Tag, doch nicht bei dem, der die Silva-Methode praktiziert! Ihnen kann es nicht passieren, wenn Sie ernsthaft nach den Prinzipien dieses Buches arbeiten. Mind-Control aktiviert alle Ihre verborgenen geistigen Fähigkeiten. Sie sehen auf einmal die ungezählten positiven Aspekte Ihres Wesens. Eine Niederlage kann Sie dann niemals für immer unten halten, *denn Sie haben immer viele Möglichkeiten.* Wenn sich diese Einsicht erst in Ihnen durchgesetzt hat, schwimmen Sie auf der Woge des Erfolgs. Sie identifizieren sich mit dem Erfolg! Und andere werden Sie als den geborenen Gewinner erkennen.

Hier ein Fall aus meiner Praxis: Ein junger Mann, ich will ihn hier B. A. nennen, erhielt eine Anstellung im Rahmen des Raumfahrt-Programmes der NASA in Cape Kennedy. Er war ungemein stolz, daß sich sein Jugendtraum auf diese Weise erfüllte. Doch nach einem Jahr warf man ihn raus. Er hatte die Erwartungen seiner Vorgesetzten offenbar nicht erfüllt. Keinen Pfennig hatte er gespart. Nun saß er auf der Straße. Rasch verwandelte sich sein Stolz in einen enormen Minderwertigkeitskomplex. Dann hörte er von der Silva-Methode. Er mußte sich bei einem Freund Geld leihen, um zu uns zu kommen, wo er sich einem Training unterzog.

Sofort begann er, das Gelernte in die Tat umzusetzen, indem er sich darauf programmierte, eine Anstellung zu finden. Innerhalb einer Woche arbeitete er wieder! Es war zwar nicht der ideale Beruf, doch er hatte ein Einkommen und konnte sich davon etwas zurücklegen.

Bei weiterer Arbeit mit Mind-Control kam schließlich die zündende Idee: Er wollte Wasserbetten herstellen. Er kaufte nun mit seinen Ersparnissen Werkzeug und Materialien. Zugleich übte er weiter: Im Alpha-Rhythmus visualisierte er sich als erfolgreichen Hersteller seines Produktes. Zwei oder drei Minuten bewegte er jeden Tag ganz bewußt diesen Tagtraum in sich.

Zunächst behielt er seinen Beruf noch bei. Während seiner Freizeit stellte er die Betten her, für die er dann am Wochenende Käufer suchte. Bald mußte er einen leerstehenden Laden mieten, um genügend Platz für alle Bestellungen und seine Experimente zu haben. Immer noch arbeitete er an Wochentagen in seiner Anstellung. Er hatte gelernt, nichts voreilig zu tun. Doch er programmierte täglich, daß er an den Wochenenden gute Geschäfte machte. Ein weiteres Jahr verging, und B. A. konnte kündigen: Zwei gutgehende Spezialgeschäfte für Wasserbetten nannte er inzwischen sein eigen, und heute geht sein Umsatz in die Millionen.

Diese Geschichte ist kein Einzelfall. Ganze Bände könnten wir mit dem Werdegang solcher Menschen füllen, die sich konsequent in Mind-Control übten, um dann wahrhaft führend in ihrem Gebiet zu werden. Viele von ihnen erkannten erst durch unsere Methoden, auf welchem Gebiet sie es versuchen mußten. Menschen, die das praktizieren, füllen nicht die Gänge im Arbeitsamt, nicht die Gefängnisse oder Krankenhäuser; sie füllen ihre Bankkonten.

Das Unterbewußtsein arbeitet immer!

Ein weiterer typischer Fall: Die *NDM Corporation* in Dayton (Ohio) stellt medizinische Geräte her und entwickelt künstliche Organe, die im menschlichen Körper gegen kranke ausgetauscht werden. Nachdem der Direktor dieser Firma sich eines Trainings in Mind-Control unterzogen hatte, beschloß er, daß dies auch alle 550 Angestellten tun sollten.

In einer der ersten Gruppen, die geschult wurden, befand sich ein Chemiker. Dieser suchte gerade nach einem Stoff, aus dem man die künstlichen Organe so fertigen könnte, daß sie vom Immunsystem des Körpers nicht abgestoßen würden. Der Chemiker entschloß sich, ein bestimmtes Verfahren der Silva-Methode dafür anzuwenden: Man programmiert sein Unterbewußtsein, in der Nacht während des Schlafens nach der Lösung des Problemes zu suchen, welches einen bei Tag beschäftigt.

In der Nacht wachte er plötzlich auf und erinnerte sich sehr lebhaft an eine Formel, von der er gerade geträumt hatte. Rasch schrieb er sie nieder. Am nächsten Morgen untersuchte er im Labor diese Formel. Sie war fast identisch mit der Formel eines anderen Stoffes, der den gesuchten Zweck allerdings nicht erfüllt hatte. Ein Mitarbeiter meinte: »Die Zusammensetzung ist zu ähnlich. Der Versuch wäre Zeitverschwendung.« Doch der Chemiker hatte das sichere Gefühl, daß der kleine Unterschied in der Formel den großen Unterschied in der Wirkung ausmachen würde. Trotz der Bedenken seines Kollegen stellte er nach der geträumten Formel eine Substanz her. Sie wurde getestet, und sie war geeignet!

Auch wenn wir schlafen oder träumen ist unser Unterbewußtsein aktiv. Es arbeitet immer für uns, sucht die Lösungen und Antworten auf unsere Fragen. Die Mind-Control-Übungen sind ein guter Weg, uns den Mitteilungen des Unterbewußtseins im Traum zu öffnen.

Wunderbarer als jeder Computer: unser Gehirn!

Unser Gehirn wiegt insgesamt gut drei Pfund. Es enthält dreißig Billionen Zellen, die alle miteinander verbunden sind. In diesen Zellen und deren Verbindungen wirken einige hundert Trillionen Atome zusammen. Was bedeutet diese unvorstellbar immense Zahl?

Stellen Sie sich dafür ein Atom einfach mal so groß wie ein kleines Gewehrkügelchen vor (zwei bis drei Millimeter Durchmesser). Stellen Sie sich weiter ein durchschnittliches Wohnzimmer vor. Sie müßten nun dieses Zimmer bis unter die Decke mit diesen Kügelchen füllen – Sie hätten davon selbstverständlich mehr als genug zur Verfügung. Halten Sie Ihr Buch jetzt kurz nur in einer Hand, und schnippen Sie die Finger mit der anderen, ungefähr jede Sekunde einmal. Wie lange müßten Sie in diesem Rhythmus Kügelchen werfen, bis hundert Trillionen aufgebraucht wären? Werfen Sie eine ganze Weile, und dann schätzen Sie mal. Stunden? Tage? Wochen? Monate?

Die Wahrheit ist, Sie müßten vierzig Millionen Jahre werfen, bis dieser Vorrat aufgebraucht wäre.

Das Gewicht von drei Pfund ist nicht sehr viel in der objektiven, materiellen Welt. Doch was ist in der geringen Masse dieses Gehirnes vorhanden? Die ganze Welt!

Alles, was wir über die sogenannte Außenwelt, die wir mit unseren Sinnen wahrnehmen, wissen, ist im Gehirn gegenwärtig. Hier wird es gespeichert, geordnet und mit anderem in einen sinnvollen Zusammenhang gebracht. Hier entstehen die feinen elektrischen Impulse, durch die wir unsererseits in der Außenwelt handeln. In diesem Sinne können wir sagen, daß unsere ganze Welt in diesem wunderbaren Organ enthalten ist.

Keinesfalls möchte ich nun hiermit behaupten, daß das Gehirn und der menschliche Geist ein und dasselbe wären! Doch auch dann, wenn man die Existenz seelischer und geistiger Wirklichkeiten jenseits der Materie annimmt, hat man das Gehirn als die großartige Schaltzentrale anzusehen, in welcher Materielles in Geistiges und Geistiges in Materielles umgesetzt wird.

Unser *Wunsch,* irgendwo hinzugehen, ist sicherlich keine materielle

Gegebenheit: Der Wunsch ist nicht im Sinne eines stofflichen Objektes vorhanden. Doch im Gehirn wandelt sich die geistige Wirklichkeit des Wunsches in materielle Wirklichkeiten um. Elektrische Impulse veranlassen die Beine zum Gehen, und wir begeben uns körperlich an den Ort, den wir zuvor geistig wünschten.

Es darf als sicher gelten, daß der Gebrauch, den wir als Menschheit gegenwärtig von den Umwandlungsfähigkeiten unseres Gehirns machen, ein sehr geringer ist, gemessen an den Möglichkeiten. Die moderne Hirnforschung hat aufgezeigt, daß die wenigsten unserer Hirnzellen überhaupt aktiviert wurden. Welche unvorstellbaren Perspektiven bedeutet das für die Zukunft! Welche geistigen Wirklichkeiten können wir noch zu materiellen Wirklichkeiten werden lassen!

Im Augenblick bedienen Sie sich etwa eines Zehntels Ihrer möglichen Hirnkapazität. Betrachten Sie Ihr Leben, und rechnen Sie aus, was alles noch sein könnte!

Das Büro der Zukunft

Eine Studie hat kürzlich ergeben, daß alleine in den Büros der Vereinigten Staaten von Amerika bislang 325 Billionen Akten jährlich angelegt wurden. Für die Zukunft ist ein jährlicher Zuwachs um 70 Billionen Dokumente zu erwarten. Kein Wunder also, wenn man sich Gedanken über ein effektives Büro der Zukunft macht, das nicht mehr in einer Papierflut zu ertrinken droht. Computer mit hoher Speicherkapazität, Videogeräte und die Möglichkeiten platzsparender Mikrofilme lassen uns heute schon das papierlose Büro der Zukunft erahnen. Doch zu all diesen objektiven technischen Erleichterungen werden für die Führungskraft der Zukunft noch subjektive treten, die eine weitaus größere Revolution darstellen. Durch Mind-Control können Sie sich dieser subjektiven Möglichkeiten schon heute bedienen. Mit der Silva-Methode beginnt Ihre Zukunft jetzt:

- ☐ Sie sind fähig mit problematischen Menschen fertig zu werden, ohne ein einziges Wort mit ihnen zu sprechen.

- ☐ Sie können einen Gewohnheitstrinker durch subjektive Kommunikation beim Überwinden seines Lasters helfen, ohne daß er selbst auch nur davon ahnt.
- ☐ Sie können täglich mehr Arbeit bewältigen und auch andere dazu bringen – und dies ohne Streß und Nervosität!
- ☐ Sie können nach Belieben schöpferische Ideen hervorbringen, die Sie im Wettbewerb immer an erste Stelle setzen.
- ☐ Sie können bessere Berichte schreiben und werden aus den Berichten anderer selbst das Ungesagte herauslesen.
- ☐ Sie wissen genau, wann Sie sich auf ein gutes Gefühl verlassen können, auch wenn alle anderen gegenteiliger Auffassung sind.
- ☐ Sie werden sich häufig durch Ihre spontane Akte der Problembewältigung selbst in Erstaunen versetzen.
- ☐ Sie werden bei Sitzungen, Konferenzen und Arbeitsbesprechungen stets zur rechten Zeit das Richtige sagen.
- ☐ Sie sind stets bei guter Gesundheit, voller Spannkraft und Begeisterung für Ihre Vorhaben.
- ☐ Sie bewirken immer Vorteilhaftes für Ihren eigenen Fortschritt und das Wohlergehen Ihres Unternehmens.

Heute die Führungskraft von morgen ...!

Die Führungskraft der Zukunft wird sich mehr und mehr ihrer gesamten Gehirnkapazität bedienen. Ohne Anstrengung und Zwang kann sie im eigenen Innern gewünschte Informationen abrufen, Problemlösungen finden oder mit anderen in Kontakt treten. All dies wird rasch und unkompliziert gehen.

Selbst auf größere Entfernung wird es ihr durch subjektive Methoden möglich sein, in Abläufe und Gegebenheiten einzugreifen. Der Alpha-Rhythmus ist der Schlüssel zu diesen Erfolgen! Wenn Sie ernsthaft mit Mind-Control beginnen, können Sie heute schon die Führungskraft der Zukunft sein!

Ihre rechte Hirnhälfte läßt Sie tatsächlich Raum und Zeit überwinden: Sie sind eine Frau oder ein Mann der Zukunft! Sie können tatsächlich eine hellsichtige Führungskraft werden mit der Fähigkeit, die Auswirkungen ihrer Taten zu sehen.

Die positiven Wirkungen von Mind-Control sind dabei keineswegs nur auf die berufliche Sphäre beschränkt. Sie werden auch

→ besser mit Ihrem Partner umgehen,
→ eine fähigere Mutter oder ein fähigerer Vater sein,
→ von Nachbarn und Bekannten als Freund gesehen werden,
→ im gesellschaftlichen Leben den gewünschten Rang einnehmen,
→ Ihre Freizeit intensiver erleben,
→ wirkliches Verständnis für andere haben,
→ eine geachtete Persönlichkeit sein.

All dies ist hier ohne jede Übertreibung gesagt. Schon indem Sie nur beginnen wollen, mehr aus sich zu machen, werden die entsprechenden geistigen Prozesse stimuliert. Beginnen Sie *tatsächlich* mit dem Praktizieren, setzen Sie diese Prozesse in Gang. Sie werden dann selbst erfahren, daß ich nicht zuviel versprochen habe!

Magie im Geschäftsleben?

Vor einiger Zeit geisterte eine seltsame Meldung durch amerikanische Wirtschaftszeitungen: Eine Dame namens Laura Chatain verkaufte sogenannte »Magische Wände«. Es handelte sich dabei um einfache Kunststoff-Flächen, an denen oben ein kleiner Stern angebracht war. Man versprach, daß durch das Aufstellen dieser magischen Wand Erfolg ins Büro einkehren würde.

Erfolgreich waren die Wände auf jeden Fall, in finanzieller Hinsicht für deren Herstellerin: Mit nur 1500 Dollar Vorabwerbungskosten erreichte sie bald einen Umsatz von täglich 500 dieser Fünf-Dollar-Wände. Als die entsprechende Meldung in den Zeitschriften erschien, waren bereits 100 000 »Magische Wände« verkauft.

Aber auch von seiten der Kunden blieben die Erfolgsmeldungen nicht aus! Es wurde von Umsatzsteigerungen gesprochen, von Gehaltserhöhungen, mehr Glück in der Liebe oder dem endlich gelungenen Abgewöhnen des Rauchens. Das ganze Spektrum dessen, was Menschen erwarten, schien sich durch die geheimnisvolle Wand im Hause einzustellen. Auf die Frage, wie diese Wirkung zustande käme, gab Frau Chatain eine ehrliche Antwort: Sie hielt die Einbildungs- und Vorstellungskraft des Menschen dabei für ausschlaggebend. Die »Magische Wand« diente nur als willkommener Auslöser, sich endlich das zuzutrauen, woran man zuvor zweifelte. Ich kann dieser Aussage der geschäftstüchtigen Frau vollends zustimmen.

Die einzige »Magie«, die es im Berufs- und Privatleben gibt, ist die unermeßliche Kraft einer positiven Erwartungshaltung und des Glaubens an die eigenen Möglichkeiten. Ohne sie ist fast nichts durchführbar, mit ihr jedoch nahezu alles.

Ungezählte Versuche brachten mittlerweile ans Licht, was ein positiver Glaube vermag: Zuckerpillen, die keinerlei heilende Substanzen enthielten, konnten in leidenden Menschen Heilprozesse auslösen, wenn sie nur überzeugt davon waren, ein wirkungsstarkes Medikament einzunehmen. Auf der anderen Seite kennen wir auch zahlreiche Beispiele für die Ergebnisse von mangelnder positiver Erwartung: Selbst die Begabtesten und bestausgebildeten Menschen versagen, wenn sie nicht daran glauben, daß sie eine Chance haben.

Eine positive Erwartungshaltung ist die stärkste Magie!

Eduard B., ein Geschäftsmann aus Albuquerque (New Mexico), programmierte, daß jedesmal, wenn er die Spitzen seiner drei Finger aneinanderlegte, er seinen Kunden genau die Vorzüge seiner Produkte schilderte, welche diese am meisten schätzten. Es funktionierte: Immer schneller waren die Kunden seitdem bereit, auf seine Angebote einzugehen. – Neva D. aus Dallas (Texas) programmierte als Verkaufsleiterin eines großen Unternehmens, daß ihre Verhandlungspartner offen für das wären, was sie in den Verkaufsgesprächen darlegte. Ihr Umsatz stieg sprunghaft an! – James N. aus San Antonio (Texas) ist Manager einer Grundstücks-Investmentfirma. Er programmierte sich, immer der erste zu sein, der bei Leuten auftauchte, die ihr Grundstück zum Verkauf anboten. Und er war stets der erste ...

Diese drei Menschen hatten eines gemeinsam: Sie glaubten an sich und an das, was sie taten. Ein solcher Glaube ist unerläßlich, wenn Sie die verborgenen Kräfte Ihres Unterbewußtseins aktivieren wollen!

Die Macht von Wunsch, Erwartung und Glaube

Wünsche, Erwartungen und *Glaube*. Das sind Worte, die Gefühle ausdrücken. Gefühle sind subjektiv; man kann sie nicht fotografieren oder messen. Deshalb sind sie auch nichts Wirkliches. Stimmt das?

Auf keinen Fall! Wünsche haben zu all dem geführt, was der Mensch auf unserem Planeten geschaffen hat. Erwartung und Glaube haben der Verwirklichung der Wünsche ihre positive Energie verliehen.

Es scheint, als wäre hier *echte Energie* am Werke. Auch zahlreiche Wissenschaftler glauben an die Existenz dieser Kraft des Wünschens, Erwartens und Glaubens als einer meßbaren Größe. Alle zwei Jahre findet, veranstaltet von einer wissenschaftlichen Gesellschaft Amerikas (»Association For Psychotronic Research«), eine große Konferenz Hunderter von Forschern verschiedenster Fachbereiche statt, auf der die neusten Ergebnisse bei der Suche nach jener »Bewußtseins-Energie« vorgetragen werden. Zum gleichen Zweck rief der frühere Astronaut Edgar Mitchell eine eigene Einrichtung ins Leben (»Institute for Noetic Sciences«). Diese Beispiele zeigen, wie ernsthaft an einer Erforschung und Nutzung der subjektiven Dimension und ihrer Energie gearbeitet wird. Man hat dieser Energie die unterschiedlichsten Namen gegeben. Es spielt keine Rolle, für welchen man sich entscheidet, oder ob man sie überhaupt benennt. Doch sie ist wirklich, sie konzentriert sich im menschlichen Bewußtsein, und sie ist schöpferisch.

»Ich wünsche mir nichts«, »Ich erwarte nichts« oder »Ich glaube nichts« hindern diese Energie am Wirken. »Ich wünsche«, »Ich erwarte«, »Ich glaube« bringen sie dagegen zur vollen Entfaltung.

Leider reichen meine Worte nicht aus, um zu beschreiben, was dabei wirklich vorgeht; wenn es um intensive subjektive Erfahrungen geht, müssen letztlich alle Erklärungen versagen. Doch wenn Sie sich selbst aufmachen, diesen Weg zu gehen, werden Sie aus meinen Andeutungen erkennen, ob Ihre Richtung stimmt.

Zeugnisse jener, die es versuchten

Der Name Hoffmann-LaRoche steht für einen der wichtigsten Konzerne der Arzneimittel-Branche. Im Jahre 1973, etwa sechs Jahre nachdem wir in den Vereinigten Staaten mit der Durchführung regelmäßiger Trainingsprogramme begonnen hatten, erkannte diese Firma die Zeichen der Zeit: Obwohl sich damals in Amerika und England erst etwa 100 000 Personen unserem Training unterzogen hatten, regte der Arzneimittel-Konzern seine Mitarbeiter mit finanzieller Unterstützung zur Teilnahme an.

Nachdem 150 Mitarbeiter die Ausbildung in Mind-Control absolviert hatten, brachte die Werkszeitung von Hoffmann-LaRoche eine ausführliche Reportage über die Erfahrungen der Teilnehmer, die zu diesem Zweck auch interviewt wurden. Nachfolgend einige interessante Aussagen.

Einer der Direktoren: »Ich habe eine völlig neue Wahrnehmung meines eigenen Daseins gewonnen und kann dadurch auch mein Zusammenarbeiten mit anderen besser einschätzen und gestalten. Ich benutze das Gelernte dazu, meine Kräfte zu konzentrieren und jeden unnötigen Zeit- und Bewegungsaufwand zu vermeiden.«

Ein Biochemiker: »Ich bin überwältigt von den neuen Erfahrungen durch den Mind-Control-Kurs, und ich kenne keinen Teilnehmer, dem es nicht genauso geht. Meine gesamte geistige Haltung hat sich geändert. Zum Beispiel bin ich jetzt felsenfest davon überzeugt, daß das Gute sicher eintrifft, wenn man es erwartet.«

Ein Verwaltungsangestellter: »Dies ist eine der großartigsten Erfahrungen meines Lebens überhaupt. Ich fand echten inneren Frieden und Selbstvertrauen. Würden 2000 Angehörige unseres Unternehmens sich dieses Trainings unterziehen, keine Macht der Erde könnte unseren Erfolg jemals aufhalten!«

All dies sind positive Zeugnisse. Doch fast noch wichtiger sind die drei folgenden Aussagen:

Ein Abteilungsleiter der chemischen Produktion: »Dieser Kurs hilft nur jenen wirklich, die bereit sind, zuzuhören und ein aktives Interesse am Thema haben.«

Ein Systemanalytiker: »Das Training stärkt unserer Sensitivität anderen gegenüber und macht uns offener für die intuitive Erfahrung, die vom Verstand so gerne bestritten wird.«

Ein Aufseher des Werksdienstes: »Der Schlüssel zum Erfolg ist der Glaube. Sie müssen an die Kraft Ihres Bewußtseins glauben, wenn Sie von diesem Kurs etwas haben wollen.«

Werden hier nicht genau die drei wesentlichen Werte des *Wünschens,* des *Erwartens* und des *Glaubens* angesprochen?

Andere Teilnehmer äußerten sich über den Unterschied im Glauben zwischen ihnen und denen, die sich nicht zum Training entschlossen. So sagte ein Spezialist für Informationssysteme: »Man hat über mich gelacht, weil ich glaube, daß der menschliche Geist erheblich mehr vermag, als er augenblicklich leistet.«

Ein Biochemiker drückte es folgendermaßen aus: »Der Unterschied in bezug auf das, was man für möglich hält, zwischen jenen, die Mind-Control praktizieren, und den anderen ist immens.«

Aus solchen Aussagen wird weniger das deutlich, was die einzelnen Teilnehmer im Alpha-Rhythmus erlebten – diese Erfahrung läßt sich kaum in Worte fassen –, als vielmehr, welche enormen Änderungen im Wünschen, Erwarten und Glauben sich vollzogen, sozusagen Früchte dieser Erfahrung als das, was das Training wie von alleine abwirft.

Zehn Jahre sind seit diesen Interviews mit den Angehörigen von Hoffmann-LaRoche vergangen. Auch heute ist es noch schwierig, die mit Mind-Control verbundenen inneren Erfahrungen in Worte zu fassen. Doch die Situation hat sich ein wenig geändert. Viel ist seither auf diesem Gebiet geschehen, und fast niemand mehr würde einen anderen auslachen, weil er sich einer geistigen Trainingsmethode bedient.

Psi-Erfahrungen sind nicht mehr tabu

Wer heute den Faktor »Psi«, Hellsichtigkeit oder außersinnliche Wahrnehmung erwähnt, wird nicht mehr belächelt. Auch die Wissenschaft bejaht inzwischen derartige Kräfte des menschlichen Geistes. Daher muß man auch Bücher wie dieses heute nicht mehr schamhaft verstecken, weil man Angst hat, Bekannte könnten einen für nicht ganz normal halten. Das einst Abgelehnte ist normal geworden.

Doch es ist ein großer Unterschied, ob über derartige Dinge nur gelesen und geredet wird oder ob man sie tatsächlich im täglichen Leben umsetzt. Wenn Sie ernst damit machen, wird nicht nur Ihr innerer Frieden gesichert und Ihr Selbstvertrauen gesteigert, es warten auch zahlreiche erregende Erfahrungen auf Sie, die Ihr Leben zu einem spannenden Abenteuer machen:

☐ Bei einer Sitzung legen Sie die drei ersten Finger einer Hand aneinander: Plötzlich sagen Sie zu Ihrem eigenen Erstaunen genau das, worauf alle gewartet haben, was aber niemandem außer Ihnen einfiel.

☐ Es ist früher Abend. Sie hatten einen anstrengenden Tag und sind erschöpft. Nun schließen Sie kurz die Augen, nehmen drei tiefe Atemzüge und sagen sich, daß Sie nach dem Öffnen der Augen frisch und munter sein werden. Und genau so ist es!

☐ Sie benötigen zwanzig verschiedene Artikel aus dem Lager. Schneller, als Sie diese aufschreiben könnten, lassen Sie sie kurz als geistige Bilder in Ihrem Inneren entstehen. Sie haben nun keinerlei Schwierigkeiten, sich alles auch auf längere Dauer zu merken.

☐ Sie haben ein scheinbar unlösbares Problem. Keine der gängigen Lösungen bietet sich an. Bevor Sie in der Nacht einschlafen, programmieren Sie, zur besten Zeit zu erwachen. Ein Gespräch mit Ihrem inneren Experten führt schließlich zur erwünschten Bewältigung der Schwierigkeit.

☐ Sie fühlen sich unentschlossen. Vielleicht geht es um die Frage, wen unter verschiedenen Bewerbern Sie zur Anstellung aussuchen sollen. Vielleicht wissen Sie nicht, welches der angebotenen Geschäftslokale am geeignetsten für Ihre Firma ist. Sie entspannen sich und werden passiv. Dann stellen sie sich im Geiste die verschiedenen Möglichkeiten bildhaft vor. Die beste Lösung wird sich finden!

☐ Ein Gerät funktioniert nicht mehr richtig. Fiele es aus, könnte dies zu einem gefährlichen Produktionsstillstand führen. Sie bedienen sich der Silva-Methode. Plötzlich wird Ihre Aufmerksamkeit auf ein beschädigtes Teil des Gerätes gelenkt. So können Sie das Schlimmste verhüten, und die Produktion geht ungestört weiter.

- Es gibt Schwierigkeiten mit einem Mitarbeiter. Sie bedienen sich der Silva-Methode zur subjektiven Kommunikation. Ohne auch nur ein Wort auf der objektiven Ebene zu sprechen, ist das Problem beseitigt.
- In Ihrer Firma wird gestohlen! Sie wissen nicht, wer es ist, doch es kommen nur Mitarbeiter dafür in Frage. Wieder wird die subjektive Kommunikation im Alpha-Rhythmus zum Aufdecken dieses Mißstandes beitragen.
- Die Konkurrenz bedient sich einer neuen Methode. Sie haben keine Ahnung, worum es dabei geht. Sie wissen nur, daß Ihnen auf diese Weise wichtige Kunden entgehen. Subjektive Kommunikation mit Ihrem inneren Expertenteam wird für Sie zu Vorschlägen geeigneter Gegenmaßnahmen führen.
- Bei der Entwicklung eines neuen Produktes zeigt sich plötzlich ein schwerwiegender Mangel. Es bedürfte endloser Forschungen, um irgendeinen geeigneten Weg der Behebung zu finden. Sie bedienen sich der Silva-Methode, und in der folgenden Nacht empfangen Sie alle Informationen, die zur Beseitigung des Mangels erforderlich sind.

All dies sind Möglichkeiten, wie eine Führungspersönlichkeit Mind-Control zur Entwicklung wahrer Führungsqualitäten einsetzen kann. In den folgenden Kapiteln werden die genauen Maßnahmen hierzu dargelegt.

Die Anwendung im Berufsleben

Wer in der aufgezeigten Weise mit Mind-Control arbeitet, kann die dadurch gewonnenen Erfahrungen anfangs oft selbst nicht glauben. Hat man einmal richtig mit dem Üben begonnen, wird sich schon nach kurzer Zeit alles mögliche verändern:

- ☐ Man kommt mit Menschen aus, mit denen man zuvor kaum umgehen konnte.
- ☐ Man erträgt auch Leute, die sich selbst kaum ausstehen können.
- ☐ Man regt sich und andere immer neu zu schöpferischer Initiative an.
- ☐ Man erlebt, wie die Mitarbeiter plötzlich beginnen, erteilte Anweisungen gewissenhafter und besser auszuführen.
- ☐ Man fühlt sich nicht mehr unfair behandelt.
- ☐ Man löst schwelende Probleme unter Kollegen.
- ☐ Der Mißbrauch von Autorität wird unterbleiben.
- ☐ Die eigene Pünktlichkeit und die der Mitarbeiter wird zunehmen.
- ☐ Mit Freude und Erfolg bearbeitet man schwierige Fragen der Produktion, des Verkaufs und der Werbung.
- ☐ Besprechungen werden ergiebiger sein.
- ☐ Die eigene Haltung wird heiterer und das gesundheitliche Wohlbefinden steigt.
- ☐ Die unterschiedlichen Abteilungen der eigenen Firma arbeiten plötzlich besser zusammen.

Damit wurden nur einige Aspekte der ganzheitlichen Verbesserung der Lebensumstände angesprochen. Welche wunderbaren Möglichkeiten Mind-Control für Sie als Führungskraft eröffnet, wird Ihnen, wenn Sie weiterlesen, immer mehr vor Augen geführt. Doch denken Sie daran: Das Lesen alleine genügt nicht. Die Übungen sind einfach und warten nur darauf, von Ihnen in die Praxis umgesetzt zu werden.

Aller Wohlstand gründet in der subjektiven Dimension!

Ohne jemals eine schulische Ausbildung erhalten zu haben, war ich mein Leben lang in allen Bereichen meines Strebens immer erfolgreich. Was ich auch anpackte, es gelang mir stets. Doch ich habe auch immer gewußt, das Wohlstand viele Aspekte hat: Eine gute Gesundheit, Freundschaft, eine tiefe Beziehung zur Familie, gutes Einvernehmen mit den Kollegen, all dies gehört zum wahren Wohlstand. Wir können ein reiches Leben voller Freude führen und alles Geld bekommen, das wir benötigen.

Für die meisten Menschen bedeutet Wohlstand finanzieller Erfolg, also Geld. Dennoch, so wichtig es ist, genügend Geld zu besitzen, Sie können sich nicht daran erfreuen, wenn Sie nicht gesund sind, Ärger mit der Familie haben oder Ihre Arbeit Sie tödlich langweilt.

Um echten Wohlstand im wahrsten Sinne des Wortes zu gewinnen, benötigen wir die Fähigkeit des Hellsehens, Selbstvertrauen, Begeisterung und eine befriedigende Arbeit.

Lesen Sie den obigen Satz nochmals! »Im wahrsten Sinne des Wortes« bedeutet: nicht nur Geld, sondern auch die Gesundheit und Gelegenheit das Erreichte zu genießen. Der hier wieder gebrauchte Begriff des Hellsehens mag vielleicht manchen Leser erneut befremden. Doch was hat es damit auf sich?

Ich war einmal als Redner auf derselben Veranstaltung eingeladen wie W. Clement Stone, der Präsident einer bedeutenden Versicherung und Autor mehrerer erfolgreicher Selbsthilfebücher. Er hat im Leben großen Wohlstand erarbeitet und lehrt nun seine Mitarbeiter und andere die von ihm gebrauchten Methoden. Als ich ihm zuhörte und ihn beobachtete, erkannte ich, daß W. Clement Stone ein natürlicher Hellseher ist, der es gelernt hatte, schon in frühen Jahren seinen Intuitionen zu folgen. Auch ich bin ein Hellseher; man muß selbst einer sein, um andere zu erkennen.

Was ist nun ein Hellseher? Es ist ein Mensch, der Informationen aus einem Bereich empfängt, der den Sinnen nicht unmittelbar zugänglich ist. Was er da sieht, scheinen Ahnungen oder Vermutungen zu sein. Doch in Wahrheit sind es intuitive Erkenntnisse der Wirklichkeit, auf die man sich auch im harten Geschäftsleben verlassen kann.

Wer ist ein Hellseher? *Jedermann.* Auch Sie sind ein Hellseher! Wenn Ihre Augen geschlossen sind, können Sie nichts sehen; genauso ist es auch mit der Hellsicht: Wenn Sie sich Intuitionen gegenüber verschlossen haben, können Sie nicht intuitiv wahrnehmen. In der Regel widerspricht unser tägliches Leben mit seiner Hektik und seiner Orientierung auf Logik und Vernunft hin dem Entfalten der Hellsicht. Doch auf der subjektiven Ebene, im Alpha-Rhythmus können wir uns der Intuition öffnen.

In den folgenden Kapiteln werde ich Ihnen ausführlich darlegen, was Sie zum Entfalten Ihrer intuitiven Fähigkeiten tun können. Beim Üben werden Sie zunehmend Vertrauen zu den aufgezeigten Methoden fassen. Das Vertrauen wird automatisch Ihre positive Voraussicht und Begeisterungsfähigkeit wecken. Bald wird die Arbeit mit Leichtigkeit dahinfließen, und Sie sind auf dem Wege zu wahrem Wohlstand.

Unsere materielle Welt ist voller Energie. Wenn man den Atomkern spaltet, entspringt daraus eine gewaltige Energie mit großer Vernichtungskraft. Die ursprünglichste aller Energien ist aber die des Geistes, unseres Bewußtseins. In rechter Weise eingesetzt, ist sie stets aufbauend und niemals zerstörerisch. Von der subjektiven Ebene aus können wir schöpferisch auf die materielle Welt einwirken. Immer dann, wenn wir passiv werden, um im Alpha-Rhythmus zu arbeiten, gestalten wir mit unserer Bewußtseins-Energie neue Wirklichkeiten.

Wenn Sie in der materiellen Welt etwas benötigen, können Sie die Ursachen dafür, es auch zu bekommen, in der subjektiven Dimension herstellen. Dies ist der Beginn der Hellsicht, der Anfang des Weges zum Wohlstand und der erste Schritt auf der Straße zur Top-Führungskraft.

Willkommen in der subjektiven Dimension!

5. Kapitel

Lassen Sie 100 Prozent Ihres Gehirns für sich arbeiten

»Ich *wünsche* mir, daß ich Ihnen leicht erklären kann, wie Sie entspannen sollen, um in die subjektive Dimension einzutreten.

Ich *wünsche* mir, daß ich Ihnen in knapper, doch nachvollziehbarer Weise all die wunderbaren Möglichkeiten der subjektiven Dimension für Ihren persönlichen Nutzen und Ihre Entwicklung darlegen kann.

Ich *wünsche* mir, Ihnen verständlich darzulegen, daß die subjektive Dimension nicht den Beschränkungen von Raum und Zeit unterliegt und daß Sie von ihr aus die Gegebenheiten der Materie herausfordern können.

Ich *glaube,* daß mich jahrelange Forschungen und Erfahrungen auf diesem Gebiet dazu befähigen werden.

Ich *glaube,* daß mir die Assistenz meines Mitarbeiters Dr. Robert B. Stone, der bislang an mehr als 65 Selbsthilfebüchern mitarbeitete, dabei sehr helfen wird.

Ich *glaube,* daß die Fähigkeit meiner Verleger und ihrer Mitarbeiter zur nutzbringenden Verbreitung dieses Buches beitragen wird.

Ich *erwarte* den Erfolg. Ich *erwarte* die Verwirklichung eines Buchprojektes, das Führungskräften und solchen, die es werden wollen, echte Hilfestellung bietet. Ich *erwarte,* daß dieses Buch eine weite Verbreitung finden wird und seinen Weg von Amerika hinaus in die Welt nimmt...« Dies war mein Wunsch, mein Glaube und meine Erwartung, als ich dieses Buch schrieb. Täglich programmierte ich mein Unterbewußtsein mit diesen positiven Gedanken. Die Erwartungen sind nun eingetreten, denn *Sie* halten mein Buch in Händen!

Ich visualisiere weiter: Ich stelle mir vor, wie Sie als mein Leser das Buch niederlegen, um passiv zu werden und sich auf der subjektiven

Ebene für künftige Erfolge zu programmieren. Ich sehe, wie Sie beständig nach der Silva-Methode üben. Und ich weiß, daß Sie auf diese Weise sicher dazu beitragen, unsere Welt glücklicher zu machen.

Der einzige Weg

Wahrscheinlich haben Sie in der Schule eine Menge über die materielle Welt gelernt. Dies geschah in einer objektiven Weise, nämlich von außen: Es wurden Ihnen Dinge gesagt und gezeigt. Sie haben zugehört, geschaut und gelesen. Doch die subjektive Dimension des Geistes kann man in der Schule nicht lehren. Das wirkliche Wissen darüber kann nicht von außen an uns herangetragen werden. Der einzige Weg hierzu ist subjektiv: Er führt nach innen.

In der Schule, bei der Ausbildung oder auf der Universität gibt es keine Möglichkeit, die Augen zu schließen, passiv zu werden und in die Welt der Imagination einzutreten. Versucht man es als Kind in der Grundschule, wird man dafür getadelt oder sogar bestraft.

Durch diese Einseitigkeit unseres Erziehungswesens kam es nie zu einer systematischen Schulung unserer Fähigkeiten der subjektiven Dimension. Doch läßt sich das Versäumte nachholen. Ohne Furcht vor Zurechtweisung oder Bestrafung können Sie hier diese Übungen vornehmen. Mehr noch: Sie dürfen sich eine beachtliche Belohnung dafür erwarten. Ungeahnte Fähigkeiten, die in Ihnen schlummern, erwachen!

Der Alpha-Rhythmus

Mind-Control arbeitet durch ein bewußtes Umgehen mit dem Alpha-Rhythmus der Hirntätigkeit. Es ist dies jener Rhythmus der Hirnströme, der sich mit dem Elektroenzephalographen (EEG) unmittelbar vor dem Einschlafen oder dem Aufwachen messen läßt. Er entspricht also dem *passiven Wachzustand*. Die meßbare Frequenz der Hirnströme schwankt dabei zwischen Werten von 7 bis 14.

Wenn wir aktive Arbeit zu leisten haben, unser Handeln und Eingreifen gefragt ist, erscheinen im Elektroenzephalogramm die Meßwerte 14–21 oder etwas darüber. Diese aktive Frequenz wird als Beta-Rhythmus bezeichnet. Wie man herausgefunden hat, läßt sich beim Meßwert 20 am besten und erfolgreichsten körperliche Arbeit bewältigen. Das Gehirn ist dann optimal auf ein anstrengendes Schaffen eingestellt.

Wissenschaftliche Untersuchungen haben nun ergeben, daß 90 Prozent aller Menschen auch beim stillen Nachdenken eine Hirntätigkeit aufweisen, die dem Meßwert 20 entspricht. Dies aber ist erheblich zu hoch! Der optimale Wert für ein erfolgreiches Denken liegt bei 10, etwa genau dem Mittelwert des Alpha-Rhythmus. Was läßt sich daraus erschließen? *Weniger als 10 Prozent aller Menschen verstehen es, wirklich erfolgversprechend zu denken!*

Beim Meßwert 10 ist die rechte Hirnhälfte gänzlich in den Denkprozeß eingeschlossen: Intuition und Hellsicht werden aktiviert. Beide Hirnhälften wirken harmonisch zusammen. Es entspricht dieser Meßwert nicht nur der Mitte des Alpha-Rhythmus, sondern er ist der Mittelwert aller Hirntätigkeit überhaupt.

Die Skala der Rhythmen unserer Hirnströme kann folgendermaßen angegeben werden:

Beta	14 – 21
Alpha	7 – 14
Theta	4 – 7
Delta	½ – 4

Wir haben hier das ganze Spektrum von der höchsten Aktivität bis zum Tiefschlaf vor uns. Wie wir erkennen können, entspricht das Zentrum des Alpha-Rhythmus (10½) zugleich dem Zentrum aller Hirnaktivität.

Genau darin liegt die Bedeutung des Alpha-Rhythmus! Er zeigt die Ausgewogenheit unserer Hirntätigkeit an. Die rechte Hälfte des menschlichen Gehirns verfügt über die besonderen Fähigkeiten der Intuition, Schöpferkraft und Phantasie, die sie mit der subjektiven Dimension verbindet. Die linke Hirnhälfte dagegen steuert die logischen und intellektuellen Funktionen unseres geistigen Tuns. So ist die rechte Hälfte mehr nach innen gerichtet, während die linke unsere Aktionen nach außen bestimmt. Wirken beide harmonisch zusammen, wird unser Denken kreativ und erfolgreich sein.

Wie schon gesagt müssen die Fähigkeit eines natürlichen Denkens im Alpha-Rhythmus über 90 Prozent aller Menschen erst erwerben, wenn sie ihre Führungsqualitäten vollkommen entfalten wollen.

Die innere Stimme: Freund oder Feind?

In der Firma herrscht Hochspannung: Alle Abteilungen sind auf die rasche Durchführung eines vielversprechenden Projektes vorbereitet. Die Voraussetzungen sind hervorragend, und die Marktanalysen sagen beachtliche Gewinne voraus. Alles spricht dafür, sofort anzufangen. Auch die Unternehmensberater sind sich einig: Die Sache wird ein Erfolg. Doch dann wirkt es wie eine kalte Dusche: Der Direktor bläst ohne Angabe von Gründen die ganze Sache ab. Er sagt: »Wir sollten uns zunächst noch ganz auf die laufenden Projekte konzentrieren.« Was er dabei nicht verrät: Er weiß selbst nicht genau, warum er dieses vielversprechende Vorhaben plötzlich absagte. Seine innere Stimme hat ihn gewarnt, und er folgte dieser Eingebung.

Monate vergehen. Hin und wieder schüttelt einer der Manager noch verärgert den Kopf, wenn er an die unverständliche Entscheidung des Direktors denkt. Plötzlich kommt eine Nachricht: Die Regierung bereitet einen Gesetzesentwurf vor, der die Herstellung und den Vertrieb des damals ins Auge gefaßten Produktes genau regelt. Hätte man sich auf jenes Projekt eingelassen, wäre man durch die Vorlage der Regierung zu Umstellungen gezwungen worden, die das erwartete Geschäft zu einer gepfefferten Pleite gemacht hätten.

Die Stimmung schlägt um. Niemand schüttelt mehr den Kopf über den Direktor. Man bewundert ihn. Hinter vorgehaltener Hand wird gemunkelt: »Sicher verfügt er über ausgezeichnete Beziehungen zu Regierungskreisen.« Doch sein Informant war die Intuition, seine innere Stimme ... Er ist einer jener glücklichen zehn Prozent, die einen natürlichen Zugang zur subjektiven Dimension haben.

Es gibt einige Giganten des Wirtschaftslebens, von denen wir genau wissen, daß sie großes Vertrauen zu den Eingebungen ihrer inneren Stimme hatten. Vor einigen Jahren brachten Forschungen an der Rutgers Universität die derartige Zusammenhänge ans Licht: Ein Computer wurde programmiert, nach dem Zufallsprinzip nacheinander beliebige Zahlen auszudrucken. Die Testpersonen, ausschließlich Geschäftsleute und Wirtschaftsmanager, sollten nun raten, welche Zahlen der Computer jeweils angeben würde.

Das Ergebnis der Untersuchung: jene Manager, die auch geschäftlich die erfolgreicheren waren, schnitten besser ab im Erraten der richtigen Zahlen. Als man diese nach dem Test befragte, gaben sie in der Regel unumwunden zu, daß sie häufig auch im Geschäftsleben einfach instinktiv Entscheidungen treffen, die oft dem Rat der Experten entgegengesetzt sind. Kommentar eines Beteiligten: »Verraten Sie es meinen Aktionären nicht!«

Für heutige Führungskräfte in der Wirtschaft sind, besonders wenn sie sich einer ökonomischen Fachausbildung unterzogen haben, »der Riecher«, »die Vorahnung« oder »das gute Gefühl« bei einer Sache keine gültigen Argumente. Außersinnliche Wahrnehmung oder Hellsicht erscheinen ihnen vielfach suspekt. Doch langsam ändert sich auch hier die Situation: Immer mehr Geschäftsleute wünschen, ihre intuitiven Fähigkeiten auszubilden.

Ausbildung ist dabei ein wichtiges Wort! Unsere Fähigkeit, die innere Stimme zu hören, bedarf der Schulung. Wir müssen lernen, echte Intuition von unrealistischen Wunschvorstellungen und unbegründeten Ängsten zu unterscheiden. Mind-Control ist der Schlüssel zu dieser Unterscheidungskraft.

Die innere Stimme trainieren

Die Silva-Methode ist oft erprobt und bewährt. Millionen Menschen aus fünfundfünfzig Ländern der Erde haben sich dieser Schulung unterzogen und bestätigen, daß sie dadurch beruflich und privat erfolgreich wurden.

Gute Erfahrungen haben wir dabei mit einem dreißigstündigen Intensivtraining gemacht, das wir an verschiedensten Orten der Vereinigten Staaten mit Gruppen von Führungskräften durchführten. Die Schulung fand jeweils an verlängerten Wochenenden statt und stand unter der sachkundigen Leitung eines ausgebildeten Mind-Control-Lehrers. Die Erklärungen und Anweisungen, die in diesem Buch enthalten sind, wurden auch in jenen Kursen gegeben.

Zweifellos haben es Kursteilnehmer beim Trainieren ihrer inneren Stimme und dem Erobern der subjektive Dimension leichter als Sie, der zunächst auf das Studium dieses Buches angewiesen ist. Durch die Möglichkeit der Aussprache mit einem erfahrenen Lehrer können Mißverständnisse vermieden und eventuelle Fehler sofort korrigiert werden. Die intensive Betreuung während eines solchen Kurses ermöglicht tatsächlich innerhalb von dreißig Stunden intuitive Hellsicht grundlegend zu entfalten.

Es muß nicht sein, aber wahrscheinlich wird es für Sie als Leser dieses Buches etwas schwieriger sein und ein wenig länger dauern. Auf Basis der gegebenen Hinweise müssen Sie sich aus eigenem Antrieb zur Erforschung der subjektive Dimension aufmachen. Dies erfordert Ausdauer, tägliches Üben und Experimentieren. Kurse haben den großen Vorteil, daß man durch die besondere Situation in der Gruppe und die Konfrontation mit dem Lehrer automatisch zum Üben gedrängt wird. Doch es sei deutlich gesagt: Es geht auch ohne Kurs. *Nur:* Sie müssen täglich üben und etwas Geduld aufbringen, wenn es nicht sofort funktioniert.

Die geistigen Prozesse müssen im Unterbewußtsein zunächst in Gang kommen. Je nach persönlicher Ausgangslage wird dies verschieden lange dauern. Ich möchte Ihnen keine sensationellen Versprechungen machen, um Sie danach ernüchtert stehenzulassen. Darum sage ich nicht, Sie sollen nur einmal Ihre drei Fingerspitzen aneinanderlegen, und schon öffnet sich die Tür, und alles kommt herein, was Sie sich immer gewünscht haben. Das wäre zu einfach! Ich sage: Sie müssen üben! Sie müssen Geduld haben! Sie müssen in der Lage sein, für das großartige Ziel auch eine Durststrecke von einigen Wochen in Kauf zu nehmen. Aber ich sage auch deutlich: Wenn Sie nach den hier beschriebenen Methoden wirklich vorgehen, wenn Ihr *Wunsch,* Ihr *Glaube* und Ihre positive *Erwartung* dafür sind, dann werden Sie *sicher* die Früchte ernten, die durch den Umgang mit der subjektiven Dimension reifen.

Sie gewinnen dadurch etwas zurück, was einst Allgemeingut der Menschheit war. In den frühen Tagen der Menschheitsentwicklung regierte die Intuition. Jeder war ein natürlicher Hellseher, der sich auf die Hinweise und Warnungen seiner inneren Stimme verlassen konnte. Im Laufe seiner Eroberung der materiellen Welt ging dem Menschen dieses Vermögen verloren. Nun dürfen wir es zurückgewinnen. Doch es ist mehr als zuvor: Wir können nun alle Errungenschaften der materiellen Ebene mit den unerschöpflichen Fähigkeiten des Geistes verbinden, um eine neue und bessere Welt entstehen zu lassen.

Die innere Stimme wecken

Die Redakteurin einer Frauenzeitschrift sagte mir kürzlich: »Wenn ich ein Manuskript lese, kann mir nur die Intuition sagen, ob es wirklich gut ist und meine Leserinnen es mögen werden.« Sie nannte diese Art der Intuition ihr »persönliches Geheimwissen«.

Dr. Jonas Salk, der Entdecker des Polio-Impfstoffes, sagte: »Was Intuition tatsächlich ist, können wir naturwissenschaftlich noch nicht verstehen. Doch jeden Morgen nach dem Aufwachen warte ich mit Spannung darauf, worauf mich meine Intuitionen heute bringen werden. Es ist, als würde man so beim Strandgutsammeln wunderbare Entdeckungen machen. Ich arbeite mit dieser Methode und verlasse mich darauf. Sie ist mein Partner.«

Was sich letztlich bei diesem geheimnisvollen Vorgang der Intuition abspielt, wissen wir nicht. Zwar kann uns die Forschung heute eine Menge darüber sagen, wie das Gedächtnis funktioniert und wie es in unserem Denken zum Verknüpfen gegenwärtiger und früherer Wahrnehmungen kommt. Doch wie es möglich ist, daß wir intuitiv Gegebenheiten an entfernten Orten erfassen oder zukünftige Entwicklungen voraussehen, darauf kann uns niemand eine zufriedenstellende Erklärung geben. Nur eines steht fest: Es gibt dieses Vermögen der Intuition oder inneren Stimme. Auf eine uns noch nicht begreifliche Weise scheint der rechten Hirnhälfte eine Sphäre zugänglich zu sein, die Raum und Zeit überwindet. Mag auch erst später ans Licht kommen, wie es funktioniert, wir können heute schon unseren Nutzen daraus ziehen.

Wenn wir mit diesem Nutzbarmachen beginnen wollen, müssen wir zuerst den bewußten Weg nach innen antreten, um jenen »Ort« in uns zu finden, an dem die innere Stimme wohnt. Dieser Weg wird *Meditation* genannt.

Gewöhnlich versteht man unter dem Begriff der *Meditation* einen stillen, konzentrierten und bewußten Geisteszustand. Man sitzt ruhig, in friedlicher Betrachtung versunken, und alle Nervosität ist gestillt. Ja nach System oder Tradition, aus der die verschiedenen Meditationswege stammen, geht es dabei um klare Bewußtheit, tiefe Entspannung, höhere Erkenntnisse oder auch religiöse Erfahrung.

Meditation im Sinne der Silva-Methode hat einen anderen Schwerpunkt. Für uns ist die Meditation kein Selbstzweck. Wir wollen den *passiven meditativen Zustand* zu einem *aktiven Zweck* gebrauchen: Er soll uns zu mehr Entscheidungssicherheit, Erfolg und Gewinn führen. Diese Anwendung von Meditation ist etwas grundlegend Neues.

Als das Ursprungsland des Meditierens gilt Indien. Doch ist Indien zugleich ein Land mit großen wirtschaftlichen Problemen. Die indischen Meditationsmethoden sind rein passiv. Sie wurden nie als Mittel zum positiven Verändern und Gestalten der Welt betrachtet, sondern ausschließlich als ein Weg, der über die Welt hinausführt.

Als mein Mitarbeiter Dr. Stone 1981 nach Indien eingeladen wurde, um dort Meditation zu lehren, dachten manche, er würde damit »Eulen nach Athen tragen«. Doch der Aspekt, Meditation als Mittel zu einem besseren Arbeiten in der Welt zu betrachten, war für Indien neu.

Die Einladung an Dr. Stone war von der *Theosophischen Gesellschaft* ausgegangen, die in Adyar (Südindien) ihren internationalen Hauptsitz hat. Seit 1875 hat diese Gesellschaft viel geleistet, um die Weisheit Asiens und das Wissen um meditative Methoden in Europa und Amerika bekannt zu machen. Indem sie Dr. Stone nach Indien einlud, leistete sie einen weiteren Beitrag zur großen Ost-West-Begegnung: Meditation als ein Instrument zum Lösen äußerer Probleme wurde als Idee nun auch in Asien vorgestellt. Die Darlegungen meines Mitarbeiters erregten in Indien größte Aufmerksamkeit.

Weitere Mind-Control-Lehrer wurden eingeladen, und heute finden in vielen Teilen Asiens Kurse in der Silva-Methode statt. Auch in Mittel- und Südamerika kommt es derzeit zu einer wahren Explosion des Interesses an Mind-Control. Es scheint, als hätten frührende Persönlichkeiten in Problemregionen erkannt, welche gewaltigen Fortschritts- und Entwicklungsmöglichkeiten durch subjektive Methoden gewonnen werden.

Jede Führungskraft, auch jene in reichen Industrienationen, hat eine »Problemregion« im kleinen. Weckt sie durch zunächst passive Meditation ihre innere Stimme, werden Denken und Handeln dynamischer. Doch diese neue Aktivität wird nicht durch Streßsymptome getrübt.

Gesundheit als Gradmesser

Auch eine Führungskraft, die keinen Zugang zur subjektiven Ebene hat, kann aktiv und dynamisch handeln. Doch im Gegensatz zu jener, die in Meditation geschult ist, wird sie dadurch unter Streß kommen. Ständiger Streß jedoch führt früher oder später zu Krankheitserscheinungen.

Damit ist unsere Gesundheit auch ein Gradmesser dafür, ob unser Gehirn ausgewogen arbeitet und wir somit ein Tor zur subjektiven Dimension besitzen.

Früher glaubten viele Ärzte, daß höchstens die Hälfte aller Krankheiten psychosomatisch seien. Doch heute weiß man, in welch starkem Ausmaß unsere geistige Verfassung das körperliche Wohlbefinden beeinflußt. Schlechte Gefühle, Angst, Streß oder negatives Denken können nahezu hundert Prozent aller Krankheiten auslösen oder verstärken.

Es wird mittlerweile sogar bezweifelt, ob überhaupt eine Krankheit aus dem psychosomatischen Zusammenhang auszunehmen sei. Vor einigen Jahren noch glaubte man, der Krebs wäre eine solche Ausnahme. Doch der Mikrobiologe Vernon Riley (Pacific Northwest Research Foundation) bewies das Gegenteil. Seine Experimente mit Mäusen zeigten auf, daß Krebserkrankungen bei den Tieren, die man früher für Folgen chemischer Tests hielt, eigentlich auf den Laborstreß der Mäuse zurückzuführen sind.

Es steht außer Zweifel: Streß macht krank. Auf jeden Fall führt Streß zur Erschöpfung. Jüngste Untersuchungen ergaben sogar, daß längere Streßperioden das Immunsystem schwächen.

All das heißt: Ihre Kopfschmerzen können vom Termindruck kommen. Berufliche Enttäuschungen können Ihnen Magengeschwüre einbringen. Ärger mit Kollegen kann an der Grippe schuld sein. All dies ist möglich, solange Sie Ihren Streß nicht durch Mind-Control abbauen. Die Silva-Methode der Meditation ist der erste Schritt in diese Richtung.

Den Streß durch Meditation besiegen

Sobald Sie entsprechend der nachfolgenden Methode meditieren, vermeiden Sie dadurch die negativen Wirkungen von Streß. Bei der Meditation befinden Sie sich im Alpha-Rhythmus. Dieser aber ist absolut frei von Streß.

Wie meditiert man? Die Menschheit hat dazu die unterschiedlichsten Systeme entwickelt: Meditation mit Musik, Mantras, Rezitation, unterstützt von bestimmten Klängen und Räuchermitteln. All dies mögen wertvolle Methoden sein, doch sind sie für Führungskräfte unserer Tage, die sich nicht mit komplizierten Theorien oder ihnen fremden Symbolen belasten wollen, nicht immer geeignet.

Die Silva-Methode bietet jeder Führungskraft den großen Vorteil, daß sie von keinerlei äußeren Hilfsmitteln abhängig ist. Sie bedient sich ausschließlich des eigenen Geistes.

Der Weg führt dabei vom *Körperbewußtsein zum Geistbewußtsein.*

Bevor wir unseren Geist entspannen können, muß zunächst der Körper vollkommen entspannt sein. Ist er dies nicht, benimmt er sich wie ein ungezogenes Kind, welches dauernd die Aufmerksamkeit auf sich lenken möchte: »Der Gürtel sitzt zu eng«; »Der Stuhl ist unbequem«; »Die Schuhe drücken« … All diese Einsprüche des Körpers lassen den Geist nicht passiv werden.

Darum wird also zuerst der Körper entspannt, danach der Geist. Es ist nun nicht leicht, irgendwann während des Arbeitstages den Körper zu entspannen, solange man ungeübt ist. Aus diesem Grunde sollen Sie mit dem Üben zu einer Zeit beginnen, die günstig dafür ist: *der Morgen unmittelbar nach dem Aufwachen*. Haben Sie es erst gelernt, am Morgen körperliche und geistige Entspannung zu verwirklichen, dann können Sie es auch am Tage tun, wann immer Sie es wünschen.

Werden Sie es sich wünschen? Ganz sicher werden Sie das! Denn es ist ein wunderbares Gefühl, welches Sie mehr und mehr genießen. Sie merken auch, wie Sie dadurch Energie gewinnen, gesünder werden und der ganze Tagesablauf immer besser wird. Schon der Beginn wird Ihnen viel Glück schenken! Üben Sei jedoch konsequent weiter, dann tritt aus Ihnen jener große Mensch hervor, der Sie sein könnten.

Wie man meditiert: Die Grundübung des Passiv-Werdens

Wir kommen nun zur *wichtigsten Übung des ganzen Buches*. Die nachfolgend beschriebene Meditationsmethode ist der grundlegende Schritt in Mind-Control. Der Erfolg aller in den vorigen Kapiteln beschriebenen Übungen des Visualisierens oder der »Drei-Finger-Technik« hängt davon ab, ob Sie den nun gegebenen Anweisungen tatsächlich folgen:

Entleeren Sie am Morgen nach dem Aufwachen Ihre Blase, wenn es erforderlich ist, dann gehen Sie ins Bett zurück. Schließen Sie Ihre Augen, und drehen Sie diese leicht nach oben (etwa um zwanzig Grad). Nun zählen Sie langsam rückwärts von 100 bis 1. Zählen Sie nicht laut, sondern nur im Geiste. Zählen Sie wirklich langsam, indem Sie zwischen jeder Zahl etwa eine Sekunde Abstand lassen. Empfinden Sie dabei, wie Sie tiefer und tiefer in sich gehen.

Wenn Sie die Zahl 1 erreicht haben, wären Sie eigentlich an jenem Punkt, der ihnen ein Programmieren und Visualisieren entsprechend der früher beschriebenen Übungen erlaubte. Doch Sie warten noch damit, bis Sie einige Praxis in der Grundübung haben. Nach dem Erreichen der Zahl 1 liegen Sie einfach still und genießen für einige Minuten diese ruhige und kräftigende Entspannung. Dann kehren Sie in den gewöhnlichen Wachzustand zurück.

Dazu schlägt die Silva-Methode vor, daß Sie sich im Geiste ungefähr folgende Worte sagen: »Ich zähle jetzt langsam von 1 bis 5. Wenn ich bei 5 angekommen bin, werde ich meine Augen öffnen. Ich fühle mich dann vollkommen wach, ausgeruht, gesund und in besserer Verfassung als je zuvor. 1, 2, 3... Wenn ich meine Augen mit der Zahl 5 öffne, fühle ich mich wach, gesund und besser... 4, 5. Ich öffne die Augen. Ich fühle mich wach, gesund und besser. Und das ist so!«

Das ist eigentlich schon alles. Doch es gibt dabei einige weitere Punkte zu beachten: Wenn Sie überdreht, außergewöhnlich erregt oder alkoholisiert sind, wird das Meditieren nicht gelingen. Es ist dann besonders für einen Anfänger nur schwer möglich, in den Alpha-Rhythmus einzutreten.

Stellen Sie vor dem Üben Ihren Wecker, damit er nach zehn oder fünfzehn Minuten klingelt, falls Sie während des Meditierens einschlafen. Wenn Sie etwas Praxis haben, wird das nicht mehr nötig sein, denn Sie haben sich dann auch im Alpha-Rhythmus unter Kontrolle.

Halten Sie streng an der hier angegebenen Methode zum Eintritt in die Entspannung und zum Beenden fest! Nach zehn Tagen zählen Sie für das Eintreten nur noch von 50 bis 1. Nach weiteren zehn Tagen zählen Sie nur noch von 25 bis 1, und zehn Tage später wird Sie schon das Zählen von 10 bis 1 zum Alpha-Rhythmus bringen. Das Beenden der Entspannung geschieht jedesmal durch das Zählen von 1 bis 5. Öffnen Sie die Augen immer bei der Zahl 5, nicht früher und auch nicht später. Das disziplinierte Beachten dieser Anweisungen ist grundlegend wichtig, wenn Sie Ihren Geist unter Kontrolle bringen möchten.

Nach *vierzig aufeinanderfolgenden Tagen* des morgendlichen Übens, wobei Sie die letzten zehn Tage von 10 bis 1 zählten, können Sie nochmals abkürzen. Schon das Zählen von 5 bis 1 wird Sie in die nötige Vertiefung bringen.

Sie haben nun eine »5-bis-1-Methode« zum Eintritt in die meditative Entspannung und eine »1-bis-5-Methode« zum Austritt. Nun sind Sie reif, die in vorangegangenen Kapiteln geschilderten Möglichkeiten einzusetzen. Von einem passiven Meditierenden sind Sie zu einem aktiven Meditierenden geworden, der während seiner Entspannungsphasen Glück und Erfolg programmiert.

Veränderungen durch die Meditation

»Es hat sich nichts getan.« »Es war zwar ganz nett, aber verändert fühle ich mich nicht.« »Ich glaube nicht, daß ich wirklich meditiert habe.«

So klingen typische Reaktionen nach den ersten Versuchen des Meditierens. Was ist geschehen? Sie entspannten sich. Sie genossen den inneren Frieden. Dann beendeten Sie Ihre Entspannung. Und nun sind Sie genau wieder dort, wo Sie begonnen haben. *Ganz so ist es nicht!* Meßbare Veränderungen sind während Ihres Meditierens eingetreten. Über die offensichtlichen Vorgänge bei den Hirnströmen habe ich schon gesprochen. Aber es verändert noch mehr: Tests, die man mit Meditierenden im Thorndike-Labor (Havard Medical Unit, Boston) und an der Universität of California in Irvine durchführte, zeigten selbst bei Anfängern erhebliche Veränderungen: Atem, Blutdruck und Stoffwechsel wurden in vielfältiger Weise harmonischer.

Sie selbst bemerken diese objektiv feststellbaren Veränderungen nicht, wenn Sie stillsitzen und meditieren. Sie beachten mehr das, was in Ihrem Bewußtsein vorgeht. Solange Sie noch Laute hören können, noch genau wissen, wo Sie sind, und solange Ihnen dauernd Gedanken kommen, meinen Sie, es würde »sich nichts tun«.

Doch befinden Sie sich während dieser Entspannungsübung in einem ganz natürlichen Geisteszustand. Diesen können Sie täglich erleben, wenn Sie tagträumen. Es ist absolut nichts Geheimnisvolles dabei. Sie hören keine merkwürdigen Laute, wenn Sie in die Entspannung eintreten, und es gibt keine besonderen Zeichen oder Ankündigungen. Es ist ein normaler, natürlicher Zustand. Worum es bei der Meditation geht, ist das Bestreben, *Kontrolle* über diesen Zustand zu bekommen. Nur wenn Sie bewußt und kontrolliert damit umgehen können, läßt er sich für Ihre Ziele nutzen.

Vielleicht erscheint es Ihnen kindisch, etwas so Einfaches vierzig Tage lang zu üben. Doch es ist der notwendige erste Schritt. Ohne ihn gibt es keinen weiteren Fortschritt in Mind-Control. Wichtig ist die Regelmäßigkeit dabei: Ort, Zeit und Methode sollen dieselben bleiben. Jede Veränderung und jedes Aussetzen verlangsamt das Fortschreiten.

Wenn Sie üben, treten heilsame Effekte für Ihren Körper ein: Jede Zelle, jedes Organ, jeder Muskel hat an der sich vertiefenden Entspannung teil. Streßfolgen werden zunächst vermieden, dann schließlich ganz abgebaut. Ihr Körper kommt in eine Hochform. Versuchen Sie es! Sie werden spüren, wie der Alltag leichter wird. Bloßes Wachsein erschafft dem durchschnittlichen Menschen bereits Streß: Man ist offen für viele negative Eindrücke, eine Vielzahl wichtiger Dinge wollen erledigt sein, Forderungen kommen auf einen zu. Ergreift man keine Gegenmaßnahmen, reagiert der Körper in jedem Falle negativ.

Es war bei einem Trainingskurs in Mind-Control für eine große Versicherungsgesellschaft in Honolulu: Unter den Managern befand sich ein Mann, dessen Finger durch Gelenkentzündung gelähmt waren. Nach nur zwei Tagen Training konnte er seine Finger wieder vollkommen bewegen! In einem anderen Kurs warnte eine Teilnehmerin den Mind-Control-Lehrer, daß sie wegen einer Dickdarmentzündung die Meditationssitzungen wohl öfter unterbrechen müßte. Doch das Gegenteil trat ein: Durch das Meditieren wurde die Krankheit unterbrochen, und sie ist bis heute nicht wiedergekommen. Dies sind nur zwei Fälle von vielen. Kopfschmerzen verschwinden, Rükkenleiden vergehen, die Nerven werden gestärkt.

»Es hat sich nichts getan?« Sicher, es läuteten keine Glocken, und keine mysteriöse Stimme sprach: »Willkommen im Zustand der Meditation.« Doch Sie verlängern durch jedes Üben Ihre Lebenserwartung.

Biofeedback und Meditation

Einigen, die es absolut nicht glauben wollten, daß sich körperliche Veränderungen auch dann vollziehen können, wenn man es selbst nicht merkt, empfahl ich den Versuch mit einem Biofeedback-Gerät. Ein solches Meßgerät arbeitet im Prinzip wie ein Lügendetektor, indem es die Veränderungen des Hautwiderstandes mißt. Der Hautwiderstand hängt von der Menge des Adrenalins im Blut ab. Eine aufgeregte Person hat einen niederen Hautwiderstand durch viel Adrenalin im Blut. Eine entspannte Person dagegen weist einen hohen Hautwiderstand auf, weil sich wenig Adrenalin im Blut befindet. Es gibt auch Biofeedback-Geräte, die weitere Meßwerte wie Herzrhythmus oder Blutdruck berücksichtigen.

Verschiedene therapeutische Systeme bauen ganz auf der Biofeedback-Methode auf: Der Patient lernt dabei durch eigene Arbeit am Meßgerät, die Beziehungen zwischen seinem geistigen und seelischen Zustand einerseits und dem körperlichen Leiden andererseits zu erkennen. Viele psychosomatische Leiden lassen sich auf diese Weise heilen.

Obwohl wir in der Silva-Methode nicht von solchen technischen Geräten abhängig sind, kann ein Test mit einem Biofeedback-Gerät dem Zweifelnden Sicherheit schenken: Das Üben ist nicht umsonst! Die Veränderungen zum Positiven finden statt, auch wenn man sie nicht sofort spürt!

Ausgehend von der Biofeedback-Methode haben wir den »Silva-Educator« entwickelt. Dieses Gerät ist das erste Patent in den Vereinigten Staaten, das die Messung menschlicher Aufnahmebereitschaft mit einem Lehrvorgang verbindet. Es mißt zunächst, wie tief die Entspannung ist, indem es die üblichen körperlichen Signale testet. Erst wenn der Alpha-Rhythmus erreicht ist, beginnt das Gerät dann mit dem Abspielen eines eingebauten Tonbandes, welches einen bestimmten Lehrstoff oder eine Formel für positives Denken und Visualisieren enthält. So ist gewährleistet, daß der entsprechende Inhalt tatsächlich in der für Aufnahme und Konzentration günstigsten Geistesverfassung vermittelt wird.

Wenn Sie jedoch nicht derartige Lernvorhaben bewältigen wollen, sondern zunächst die grundlegende Entspannung verwirklichen, ist ein solches Instrument nicht erforderlich; nicht einmal dazu, sich von der Echtheit seiner Entspannung und der damit verbundenen Veränderungen zu überzeugen. *Das wichtigste Hilfsmittel ist Ihr Geist:* Akzeptieren Sie einfach, daß Sie meditieren und sich entspannen! Machen Sie sich keine Sorgen darüber, ob Sie genug dabei spüren und ob die Veränderungen eintreten. Sobald Sie sich solche Sorgen machen, bedeutet das Streß. Sie betreiben damit das Gegenteil von Entspannung!

Gleichgültig wie tief Ihnen das Entspannen beim Zählen gelingt, akzeptieren Sie es als Entspannung! Es wird sich im Laufe des vierzigtägigen Übens dann automatisch vertiefen, Sie brauchen sich keine Gedanken darüber zu machen. Das Grübeln verhindert die Entspannung. Betrachten Sie die Entspannung *entspannt:* Tun Sie es einfach! Genießen Sie es! Und lassen Sie sich versichern: Es kann nur immer besser werden!

Hinweise zur Vertiefung der Meditation

Auf Grundlage der Erfahrungen in vielen Kursen und Seminaren gebe ich Ihnen nachfolgend einige Hinweise, wie Sie grundlegende Fehler vermeiden können, um so den Fortschritt in der Meditation zu beschleunigen:

1. Leicht vergißt man den kleinen Vorgang, die Augen etwas nach oben zu drehen. Doch er ist wesentlich! Wir haben noch nicht herausgefunden, welche Vorgänge dabei genau im Spiel sind, aber das Drehen der Augen um etwa zwanzig Grad nach oben hilft beim Eintreten in den Alpha-Rhythmus.

2. Verschaffen Sie sich zuweilen vor der Meditation ein Gefühl dafür, was es heißt, Spannung loszulassen: Ballen Sie eine Faust. Schließen Sie diese fest. So fest es nur geht! Dann lassen Sie diese langsam los. Sie können dies auch mit der Gesichtsmuskuluatur und mit jedem anderen Muskel tun, um zu sehen, *wie gut das Loslassen tut!*
3. Bevor Sie Ihre Augen zur Entspannung schließen, machen Sie sie etwas müde: Schauen Sie ohne Blinzeln nicht länger als eine halbe Minute auf einen Punkt. Dann erst schließen Sie Ihre Augen und beginnen in der üblichen Weise mit dem Meditieren.
4. Bevor Sie mit dem »1-bis-5-Zählen« die Übung beenden, sagen sie sich selbst im Geiste: »Jedesmal, wenn ich mich in dieser Weise entspanne, wird es mir tiefer und besser gelingen.«

Von der passiven zur aktiven Meditation

Es ist ausgesprochen wichtig, daß Sie nicht vor Ablauf der vierzig Tage über die hier angegebene Grundübung hinausgehen! Zunächst muß der geistige Prozeß innerer Entspannung im Alpha-Rhythmus in Gang kommen, bevor sie dann im entspannten Zustand aktiv auf Ihr Unterbewußtsein einwirken können.

Darum nehmen Sie diese anfängliche Grundübung ernst, und gehen Sie nicht zu früh weiter! Während der ersten vierzig Tage ist jedes Üben ein Stein im Fundament Ihrer geistigen Fähigkeiten. Je solider das Fundament ist, um so großartiger kann der Bau werden, den wir darauf errichten. Vielleicht ist es nicht leicht für Sie als vielbeschäftigten Menschen, sich vierzig Tage lang täglich einige Minuten von der kostbaren Zeit zu nehmen, um »nichts zu tun«. Diese Minuten des Nichtstun können sich aber schon bald als die wertvollsten Ihres Lebens erweisen.

Erst wenn diese vierzig Tage lang regelmäßig geübt wurde, können Sie vom passiven Genießen der Entspannung langsam zur aktiven Gestaltung des Meditationsvorganges übergehen. Zunächst gilt es dabei, die Fähigkeit, innere Bilder zu sehen, grundlegend zu schulen. Stellen Sie sich, wenn die Entspannung erreicht ist, vor Ihrem inneren

Auge beliebige Gegenstände vor. Wählen Sie dazu vorzugsweise farbige Dinge, die Ihnen vertraut sind.

Sehen Sie einen Apfel oder eine Orange, ein Buch oder einen Geldschein. Welchen Gegenstand Sie auch wählen, versuchen Sie, ihn für einige Sekunden im Geiste zu sehen. Ärgern Sie sich nicht, wenn er rasch wieder verschwindet. Jedem geht das am Anfang so. Unser Bewußtsein hat die Tendenz, undiszipliniert hin und her zu springen. Erinnern Sie sich an den »betrunkenen Affen«? Erlauben Sie also, ohne sich zu ärgern, anderen Gedanken, auf der Bühne Ihres Geistes zu erscheinen. Doch sagen Sie sich andererseits klar, wer der Herr im Haus ist. Sie sind es, der das Stück schreibt, das auf der inneren Bühne aufgeführt werden soll. Lassen Sie also die ungebetenen Gedanken wieder abtreten, und sehen Sie nochmals für einige Sekunden das ursprüngliche Bild.

Sobald es Ihnen einigermaßen gelingt, einen einfachen Gegenstand für kurze Zeit im Geiste festzuhalten, gehen Sie dazu über, auch solche Bilder zu sehen, die in sich *Bewegung* beinhalten. Hier nur drei Vorschläge:

1. weiße Wolken ziehen über einen wunderbar blauen Himmel;
2. Morgentau auf einer Rose: die Sonne spiegelt sich in den Tropfen, die das Licht wie Diamanten in allen Regenbogenfarben reflektieren;
3. ein plätschernder Bach.

Stellen Sie sich diese Bilder irgendwo *außerhalb* Ihres Körpers vor! Wenn Sie bei der Visualisation annehmen, daß Ihre körperlichen Augen die Bilder sehen, stimulieren Sie die entsprechenden Nerven in stärkerer Weise, und die dann ablaufenden Prozesse erschweren den Eintritt in den Alpha-Rhythmus. Sehen Sie die Bilder *irgendwo,* doch nicht mit den Augen.

Das Imaginationsvermögen steigern

Immer wenn Sie am Morgen nach dem Zählen von 5 bis 1 die Entspannung verwirklichten, sollten Sie einige Minuten damit verbringen, solche inneren Bilder in sich entstehen zu lassen.

Das Entfalten innerer Bilder ist eine der hauptsächlichen Voraussetzungen zum Entwickeln der Hellsicht. Denken Sie nicht, daß es vergeudete Zeit ist, ein simples Bild im Geiste festzuhalten! In dieser Weise bewußt tagträumen ist nichts Schlechtes. Es gibt so wenige Hellseher unter Managern, weil viele von ihnen ihre Zeit nicht in dieser Weise »vertun« wollen. Doch diese paar Minuten am Morgen aktivieren brachliegende Kapazitäten der rechten Hirnhälfte, die Ihnen sehr nützen können. Das Steigern des Imaginationsvermögens ist so wichtig, daß ich Sie anregen möchte, auch während des Tages etwas dafür zu tun:

Ab und zu, wenn Sie in der Zeitung ein Wort lesen, mit dem Sie eine konkrete Erinnerung verbinden können, stellen Sie sich das Entsprechende bildhaft vor: Nehmen wir an, Sie lesen das Wort »Haus«. Denken Sie nun an ein bestimmtes Haus, das Sie kennen. Bauen Sie im Geiste ein Bild dieses Haues vor sich auf. Sehen Sie es so klar wie nur möglich in Ihrem Inneren. Wenn im Gespräch der Name eines Menschen erwähnt wird, dann versuchen Sie, die entsprechende Person vor Ihrem inneren Auge tatsächlich zu sehen. Sobald Ihnen das unter normalen Bedingungen auch außerhalb des Entspannungszustandes gelingt, gehen Sie einen Schritt weiter: Stellen Sie sich nun kleine Szenen vor, die wie geistige Bilder vor Ihnen ablaufen.

Ein wichtiges geistiges Bild

Die dynamische Meditation ist schöpferisch. Sie programmieren dabei künftige Gegebenheiten. Die Bilder sind dabei jene Schatten, die die kommenden Ereignisse vorauswerfen.

Wenn Sie Ihr Leben und Ihre Aufgaben durch diese Methode verbessern wollen, dann ist es notwendig, daß Sie sich selbst in Bildern künftiger Gegebenheiten sehen können. Dies ist oftmals nicht leicht.

Beim Kämmen, Schminken oder Rasieren schaut der Mensch gewöhnlich in den Spiegel. Er sieht dabei sein eigenes Bild. Doch wendet er seine Aufmerksamkeit diesem Bild nur teilweise zu. Es geht ihm lediglich um die Tätigkeit, die er gerade vornimmt. Wer weiß schon von sich selbst, wie er genau aussieht? So kommt es zu dem seltsamen Umstand, daß es leichter fällt, einen Apfel, den Arbeitskollegen oder einen plätschernden Bach vor sich zu sehen, als seine eigene körperliche Erscheinung.

Wenn Sie jedoch wirklich durch Ihr Üben großartige Ziele anstreben und verwirklichen wollen, dann müssen Sie selbst ein Teil Ihrer Bilder werden. Üben Sie dazu folgendermaßen:

Schauen Sie in den Spiegel. Betrachten Sie Ihr Gesicht. Dann schließen Sie die Augen, drehen diese leicht nach oben, und versuchen Sie nun, sich selbst vor dem inneren Auge zu sehen. Öffnen Sie die Augen wieder, um zu kontrollieren, wie gut es gelungen ist. Dann versuchen Sie es nochmals. Üben Sie das immer wieder einmal für ein paar Minuten, bis Sie feststellen, daß Sie sich einigermaßen gut daran erinnern können, wie Sie aussehen, und diese Erinnerung nach Belieben zum inneren Bild werden kann.

Wirklichkeitsgemäßes Imaginieren

Manche Menschen können alles, was sie wollen, in vollkommener Klarheit vor sich sehen. Dies ist eine wunderbare Begabung, die das Entwickeln der Hellsicht erheblich erleichtert. Doch sie ist nicht notwendig. Auch wenn Sie zu Beginn Ihre Bilder nur schwach oder kaum sehen, es wird mit der Zeit besser werden.

Wichtig ist, daß Sie einen Begriff von dem haben, was Sie sehen wollen. Dann folgt das Bild automatisch nach. Schließen Sie nun Ihre Augen, drehen Sie sie leicht nach oben, und stellen Sie sich eine große grüne Wassermelone vor, die nun aufgeschnitten wird. Sie können in das Innere der Melone schauen ...

Was sahen Sie außer der grünen Schale? Wahrscheinlich konnten Sie das rote Fruchtfleisch sehen, eventuell auch die schwarzen Kerne. Dies ist möglich, weil Sie wissen, was eine Wassermelone ist. Hätten Sie zuvor eine solche Frucht niemals gesehen, wäre auch kein Begriff davon in Ihrem Inneren vorhanden. Sie hätten dann nichts gesehen.

Versuchen Sie nun, sich das folgende Bild *nicht* vorzustellen. Sehen

Sie *nicht* einen weißen Eisbären, der einen rosa Bikini trägt. Haben Sie dennoch gelächelt? Sie können nicht verhindern, sich dies vorzustellen, weil Eisbär und Bikini für Sie Dinge sind, von denen Sie einen Begriff haben. Nun stellen Sie sich einen *Knastrojehb* vor! Sie sehen kein Bild? Es geht auch nicht. Weil es kein solches Ding gibt, können Sie auch keinen Begriff davon haben.

Ärgern Sie sich nicht, wenn Ihre inneren Bilder nicht lebhaft wie ein Kinofilm sind. So, wie Sie die Entspannung *entspannt* betrachten sollen, halten Sie es auch mit den Bildern. Akzeptieren Sie den Grad der Deutlichkeit Ihrer Bilder. Keine Ungeduld!

Ihre Imagination ist schöpferisch! Sie kann nur immer besser werden!

Sie selbst im schöpferischen Bild

Wenn Sie sich selbst in einem schöpferischen Bild betrachten, dann sehen Sie sich genau so, wie Sie sich gerne haben möchten. Sehen Sie, wie Sie Ihre Ziele erreichen, Schwierigkeiten besiegen und positive Ergebnisse erlangen.

Einer unserer Kursteilnehmer hatte große Schwierigkeiten, mit seinen Untergebenen umzugehen. Er schrie diese grundsätzlich an, hörte nicht oder kaum zu und war stets ungeduldig mit ihnen. Obwohl ihm bewußt war, wie schlecht diese Angewohnheit ist und wie sie das ganze Betriebsklima vergiftet, er schaffte es nicht, dagegen anzukämpfen. Unser Rat: er sollte sich während der Entspannungsphasen der Meditation vorstellen, wie er lächelnd und mit dem Kopf nickend seinen Mitarbeitern geduldig zuhört. Nach einer Woche war das Problem gelöst. Heute ist er ein angenehmer Gesprächspartner, der aus den Anregungen seiner Mitarbeiter viel lernen kann.

Ein anderer Manager wollte von der Nachtschicht in den Tageinsatz versetzt werden. Er stellte sich während der Entspannung vor, daß er bei hellem Sonnenlicht am Schreibtisch sitzt. Nach einer Woche wurde er tatsächlich in den Tagdienst berufen.

Wie das möglich ist, soll in nachfolgenden Kapiteln noch behandelt werden. Wichtig ist für Sie zunächst, daß Sie festhalten, daß Sie durch schöpferische Bilder Ihre Zukunft gestalten können.

Auch dann, wenn Sie im Augenblick kein ganz bestimmtes Ziel anstreben, können Sie diese Methode zu Ihrem Vorteil nutzen. Sehen Sie sich in Lebensumständen, die Ihnen angenehm sind, zum Beispiel:

→ Sie leben in einem schöneren Haus,
→ Sie nehmen den Ehrenplatz bei einer besonderen Veranstaltung ein,
→ Sie pflegen Umgang mit bedeutenden Menschen,
→ Sie sitzen hinter einem großen Schreibtisch, entsprechend der Wichtigkeit Ihrer Funktion.

Wählen Sie Ihre Bilder sorgfältig aus! Sie sollten wissen, worauf Sie hinauswollen ... Denn jedes Visualisieren im Alpha-Rhythmus bringt das Bild der Wirklichkeit etwas näher!

Sind Sie bereit, ein Visionär zu werden?

6. Kapitel

Der Weg zum perfekten Gedächtnis und zu vollkommener Konzentration

In unseren Trainingsgruppen gibt es eine Programmformel, die wir den Übenden zum inneren, lautlosen Sprechen während der Entspannung empfehlen:

»Ich möchte danach streben, durch aufbauende und schöpferische Arbeit diese Welt etwas besser und glücklicher zu machen, damit jene, die nach uns kommen, eine schöne und lebenswerte Erde vorfinden.«

Vielleicht kommt Ihnen dieser Spruch ein wenig zu edel und idealistisch vor. Doch in Wahrheit ist er zugleich sehr egoistisch und praktisch. Wenn Sie es nicht glauben, dann versuchen Sie es. Programmieren Sie Ihr Unterbewußtsein während Ihrer täglichen Entspannungsübung mit dieser Formel. Wenn Sie tatsächlich neben Ihren eigenen Zielen auch das Wohl des ganzen Planeten im Auge haben, wird in Ihrem Leben ungeahnt viel Gutes eintreffen.

Alles auf unserer Erde hängt zusammen. Jede Tat, die wir vollbringen, hat nicht nur Auswirkungen auf uns, sondern letztlich auf den ganzen Planeten. Denken Sie daran, wie kleine und alltägliche Dinge, etwa Waschen oder Spraydosen, durch die chemischen Mittel zur Vergiftung unserer Umwelt beitragen können. Der einzelne denkt sich vielleicht nicht viel dabei, und doch hat seine selbstverständliche Tat in größerem Zusammenhang weitreichende Folgen.

Wer sich seiner Verbindung mit dem Ganzen bewußt ist, wird insgesamt ein achtsamerer Mensch. Er bedenkt nicht nur den kurzfristigen Nutzen einer Sache, sondern zieht auch die längerfristigen Folgen in Betracht. Seine verstärkte Achtsamkeit nützt ihm in seinem eigenen Leben und alle, die mit ihm zu tun haben, werden positiv auf ihn reagieren. So kommt es zu einer Kettenreaktion heilsamer Folgen.

Die Führungskraft der Zukunft muß achtsam und weitblickend sein. Über jeden verengten Blickwinkel erhaben, erkennt sie heute die Notwendigkeiten von morgen und leitet die entsprechenden Schritte ein. Diese Art der Hellsicht wird dann vollkommen erreicht, wenn die Arbeit der rechten und der linken Hirnhälfte harmonisiert wurde. Die rechte Hirnhälfte besitzt den Weitblick. Die linke dagegen ist stets in Gefahr, langfristiges Wohl für kurzfristigen Nutzen zu opfern. Indem wir uns den großen weltweiten Zusammenhang und unsere umfassende Verantwortlichkeit auf dieser Erde bewußt machen, wirken wir dieser Gefahr entgegen und regen die Prozesse der rechten Hirnhälfte an.

Der Fortschritt beim Üben

Die Silva-Mind-Control-Methode, wie Sie Ihnen durch dieses Buch vermittelt wird, wendet sich an beide Hirnhälften: Sie lesen und verstehen den Inhalt. Dadurch lernt die linke Hirnhälfte. Dann praktizieren Sie die dargelegten Übungen. Dadurch lernt die rechte Hirnhälfte.

Im Lesen und Verstehen werden Sie natürlich immer etwas weiter sein als im Üben und Erfahren, aber das macht nichts. Sie brauchen nur ein paar Tage zum Lesen dieses Buches, doch Wochen sind zum Praktizieren notwendig. Nehmen Sie zu Ihrer eigenen Kontrolle zwei Lesezeichen: Eines zeigt an, wie weit Sie gelesen haben. Das andere gibt Ihnen Auskunft, was Sie schon üben konnten.

Bevor wir im Stoff weiterfahren, soll in einigen Kernsätzen das bisher Gesagte in bezug auf die beiden Hirnhälften zusammengefaßt werden.

Zur Entwicklung der linken Hirnhälfte

- *Durch Meditation gehen die Hirnströme auf Alpha-Rhythmus.*
- *Dies bringt beide Hirnhälften in Einklang.*
- *In der Silva-Methode geht es darum, bewußt mit dem Alpha-Rhythmus zu arbeiten.*

- *Diese Arbeit geschieht durch Entspannen und Visualisieren.*
- *Das Visualisieren und bewußtes positives Denken im Alpha-Rhythmus führt zum Programmieren.*
- *Das Programmieren verhindert ungewolltes Verhalten, steigert die eigenen Fähigkeiten und führt zur schöpferischen Problemlösung.*
- *Damit das Programmieren wirkt, bedarf es des Wunsches, des Glaubens und der positiven Erwartung.*
- *Erfolgreiches Programmieren läßt die intuitiven und schöpferischen Fähigkeiten des Gehirns zu voller Entfaltung kommen.*
- *Auch wenn man es selbst nicht spürt, treten bei der Meditation meßbare Veränderungen ein, wie sich mit dem Biofeedback-Gerät beweisen läßt.*
- *Mind-Control bringt hellsichtige Führungskräfte hervor.*

Zur Entwicklung der rechten Hirnhälfte

- *Beginnen Sie mit der passiven Meditation am Morgen nach dem Erwachen: liegen Sie bequem, die Augen geschlossen und leicht nach oben gedreht. Dann zählen Sie langsam rückwärts von 100 bis 1. Am Ende der Meditation denken Sie: »Ich zähle jetzt langsam von 1 bis 5. Wenn ich bei 5 angekommen bin, öffne ich die Augen. Ich fühle mich dann wach, ausgeruht, gesund und besser als je zuvor. 1, 2, 3 ... Wenn ich meine Augen mit der Zahl 5 öffne, fühle ich mich wach, gesund und besser... 4, 5. Ich öffne die Augen. Ich fühle mich tatsächlich wach, gesund und besser!«*
- *Nach zehn Tagen zählen Sie für das Eintreten in die Entspannung nur noch von 50 bis 1. Nach zehn weiteren Tagen zählen Sie nur noch von 25 bis 1, und zehn Tage später wird Sie schon das Zählen von 10 bis 1 in den Alpha-Rhythmus bringen. Üben Sie am Anfang regelmäßig und ohne Unterbrechung 40 bis 50 Tage hintereinander, damit die geistigen Prozesse in Gang kommen.*
- *Sagen Sie sich vor dem Beenden einer Übung im Geiste: »Jedesmal, wenn ich mich in dieser Weise entspanne, wird es mir tiefer und besser gelingen.«*
- *Üben Sie die dynamische Meditation, indem Sie zunächst Gegenstände visualisieren, dann kleine Szenen. Bringen Sie sich schließlich selbst ins Bild.*
- *Versuchen Sie beim Lesen oder in Gesprächen zuweilen, sich erwähnte Gegenstände oder Personen bildhaft vorzustellen.*

Die Magie geistiger Bilder

Jahrhundertelang hat die esoterische Literatur darauf bestanden, daß »Gedanken Dinge sind«. Nun beweist auch die Wissenschaft in genauen Experimenten, wie Gedanken in der Tat eine besondere Form der Energie sind.

Da gibt es einen Mann, der gedanklich das Wachstum von Kristallen in geschlossenen Behältern beeinflussen kann: »Ich werde nun zwei Kristallberge erschaffen, den linken lasse ich allerdings weniger groß werden!« Und genau so kommt es.

Ein anderer Mann beeinflußt unbelichtete Filme: »Ich werde das Bild einer Kirche denken.« Man hält die Kamera gegen seinen Kopf und drückt ab. Der Film wird entwickelt: Deutlich sieht man die Umrisse einer Kirche.

Ein Naturwissenschaftler, der den Nobelpreis für die Entdeckung eines subatomaren Teilchens erhielt, erklärte öffentlich: »Ich frage mich, ob es wohl existierte, bevor ich danach zu suchen begann.«

In der Wissenschaftstheorie ist man heute vorsichtiger geworden. Man beharrt nicht mehr auf der Idee absoluter Objektivität in wissenschaftlichen Experimenten, weiß man doch längst, daß die Erwartungshaltung des Forschers das Ergebnis beeinflußt.

Eine andere wahre Geschichte: Eine Passagiermaschine, die von Los Angeles kommend im Anflug auf Honolulu war, konnte das Fahrgestell nicht ausfahren. Schaum wurde auf die Landebahn gegeben, und das Flugzeug landete sicher. Groß war das Erstaunen, als man herausfand, daß während des Fluges ein Film gezeigt wurde, der genau den gleichen Vorfall zum Inhalt hatte! Können 200 Passagiere, die entspannt ein solches Bild aufnehmen, es zur Wirklichkeit werden lassen?

Reverend Norman Vincent Peale hat durch seine Bücher viele Menschen zu positivem Denken angeregt. Er sagt, daß unsere Gedanken die Gestaltung unseres Lebens maßgeblich beeinflussen. Er zeigte Hunderte von Beispielen auf, wie negative Gedanken zum Versagen führen und positives Denken den Erfolg herbeizwingt. Seine Bücher wurden millionenfach verkauft, weil die Grundaussage stimmt: Was in uns vorgeht, gestaltet auch die äußere Wirklichkeit.

Wer sein eigenes Denken beschränkt, wird alles nur stückweise erhalten: beschränkte Intelligenz, beschränkte Gesundheit, beschränkte Zuwendung, beschränkte Geldmittel, beschränkte Erfahrungen, beschränkten Erfolg. Wer seinem Denken unbeschränkte Freiheit läßt, dem sind auch im Leben wenig Grenzen gesetzt. Angespornt durch den Reichtum seiner inneren Welt, gestaltet er sein äußeres Dasein und strebt immer weiteren Horizonten entgegen.

Meßbare Effekte geistiger Bilder

Machen Sie ein einfaches Experiment: Strecken Sie Ihre beiden Arme horizontal vor sich aus. Schließen Sie die Augen. Stellen Sie sich nun vor, daß Sie in der rechten Hand einen bis zum Rand gefüllten Einkaufskorb halten. Versuchen Sie das Gewicht zu empfinden. Die Schnur eines mit leichtem Gas gefüllten Luftballons ist um ihr linkes Handgelenk gebunden. Fühlen Sie den leichten Drang nach oben. Nun öffnen Sie die Augen, und schauen Sie auf Ihre Arme.

Legen Sie das Buch hin, und versuchen Sie es wirklich!

Als Sie Ihre Augen öffneten, war ein Arm etwas höher als der andere. In der Regel ist der rechte Arm niedriger, denn er reagierte auf das imaginäre Gewicht. Doch zuweilen ist auch der linke Arm weiter unten. Unbewußt haben wir dann die Veränderung bemerkt und wollten sie korrigieren. In jedem Falle zeigt sich: Der Körper reagiert auf unsere Vorstellungsbilder.

Ein anderer kleiner Test: Werden Sie passiv. Nun stellen Sie sich eine Zitrone vor. Sehen Sie vor sich, wie Sie diese mit einem Messer halbieren. Nun beißen Sie in die eine Zitronenhälfte. Kommen Sie dann aus dem passiven Zustand zurück.

Haben Sie den Mund verzogen? Alleine das Lesen einer solchen Übung genügt in der Regel schon, um eine entsprechende körperliche Reaktion hervorzurufen.

Mehr und mehr erkennen Sportler die Bedeutung innerer Bilder für den Wettkampf. Erfolgreiche Läufer, Golf- und Tennisspieler verbessern ihre Leistungen durch Imaginationsübungen.

Kürzlich wurde ein interessanter Test mit der Basketballmannschaft einer Schule durchgeführt. Man teilte sie für das Training in zwei Gruppen auf, um das Zielwerfen in den Korb zu üben. Der Unterschied: Eine Gruppe übte tatsächlich in der Sporthalle, die andere jedoch daheim. Die Mitglieder der zweiten Gruppe trainierten dabei *nur* im Geiste, indem sie sich vorstellten, den Ball sicher ins Ziel zu bekommen. Am Ende der Übungsperiode wurde die Probe durchgeführt: Beide Gruppen hatten sich im gleichen Ausmaß verbessert. Das Imaginieren war ebenso geeignet wie die tatsächliche Ausführung!

Geistige Bilder behindern oder helfen

Auch Sie können es versuchen: Nehmen Sie einen kleinen Ball und einen Papierkorb. Stellen Sie den Korb so weit von sich entfernt, daß das Treffen mit dem Ball bereits einigermaßen schwierig ist.

Dann stellen Sie sich vor Ihrem inneren Auge lebhaft vor, daß Sie daneben werfen. Sehen Sie es geistig vor sich. Bewegen Sie das Bild in sich. Nun werfen Sie tatsächlich. Machen Sie mehrere Versuche auf diese Weise. Sie werden sehen: Der Ball erreicht meist das Ziel nicht.

Nun stellen Sie sich vor, daß Sie den Ball sicher in den Korb bringen. Lassen Sie auch dieses Bild so lebendig wie möglich in Ihrem Geiste werden. Dann machen Sie erneut einige Wurfversuche. Diesmal werden die Treffer überwiegen.

Ihre geistigen Bilder behindern oder helfen. Sie schwächen Ihre Aktivitäten oder wirken unterstützend. Sie sollten daraus die gebotenen Konsequenzen ziehen: Bewegen Sie in sich nur positive Bilder und Gedanken. Dies ist die sicherste Methode, erträumte Ziele zu erlangen. Mehr noch: Sie werden zu einem Zentrum der Kraft und des Erfolges für Ihre gesamte Umgebung und einen immer weiteren Umkreis. Prentice Mulford drückte das Gebot der Stunde folgendermaßen aus: »Gewöhne dich an ein neues Denken! Denke groß von dir! Lehre auch deine Angehörigen, vor allem deine Kinder, groß von sich zu denken. Laß sie an den Erfolg glauben. Lehre Sie, Achtung vor sich selbst zu empfinden, vor dem Geiste, der in ihnen nach Vollendung strebt. Erfülle sie mit Lebensmut, Zuversicht und Siegesgewißheit. Leite sie an, sich als Gewinner im Lebensspiel zu betrachten. Und lasse sie erkennen, daß positives Denken eine Bejahung der Fülle des Lebens ist. Lasse sie erkennen, daß es vom Leben gewollt ist, daß alle Güter der Welt, alle Reichtümer des Lebens, alles, wonach ihr Herz verlangt, ihnen zur Verfügung steht, wenn sie die Wahrheit bejahen, daß ihr Geist auf ewiges Wachstum, Größer- und Reicher-Werden angelegt ist.«

Für kommende Generationen wird selbstverständlich sein, was wir uns hart erkämpfen müssen. In der Entwicklung der Menschheit war dies immer so. Geistige Gesetze, deren Anwendung wir heute zu trainieren haben, werden morgen zum Allgemeingut gehören. Das Denken in positiven Bildern erschafft positive Wirklichkeiten. Doch die Schulung des bildhaften Denkens eröffnet darüber hinaus weitere großartige Möglichkeiten: Es führt in der Konsequenz zu einem vollkommenen Gedächtnis! Künftige Generationen können sich seiner nach Belieben bedienen. Doch auch Sie sind in der Lage, heute schon die Gesetze einer neuen Zeit zu nutzen.

Eine Imaginationsübung, um das Gedächtnis zu verbessern

Nehmen wir an, Sie besitzen 10 verschiedene Geschäfte. Wir wollen sie mit den Buchstaben A bis J bezeichnen. Für jedes dieser Geschäfte brauchen Sie einen besonderen Gegenstand, hier eine Glühbirne, dort einen Staubsauger usw. Machen Sie sich eine Liste, und schreiben Sie nieder, welchen Gegenstand Sie in jedem Laden benötigen: A = Glühbirne, B = Staubsauger, C = Schreibmaschine ... Merken Sie sich nun diese Liste, warten Sie ein paar Minuten, und versuchen Sie dann aus dem Gedächtnis wiederzugeben, was Sie für jeden Laden brauchen. Es ist gar nicht so einfach, oder?

Das Gedächtnis wird normalerweise von der linken Hirnhälfte dominiert, die sich *Begriffe* von den Dingen merkt. Leichter fällt die Erinnerung nun, wenn wir verstärkt auch die rechte Hirnhälfte einbeziehen, die mehr *bildhaft* arbeitet. Wir müssen dazu die jeweiligen Begriffe in Bilder übersetzen.

Eine von vielen diesbezüglichen Möglichkeiten besteht darin, jeden Buchstaben mit einem bestimmten Tier zu verknüpfen. Machen Sie sich also eine neue Liste, die jeden der zehn Buchstaben mit einem Tiernamen symbolisiert und daneben den benötigten Gegenstand angibt:

A	Ameise	Glühbirne
B	Büffel	Staubsauger
C	Chamäleon	Schreibmaschine
D	Dogge	. . . .
E	Elefant	. . . .
F	Fuchs	. . . .
G	Giraffe	. . . .
H	Heuschrecke	. . . .
I	Igel	. . . .
J	Jaguar	. . . .

Nun versuchen Sie nochmals, sich diese Liste zu merken. Doch lernen Sie diesmal *nicht* den Buchstaben mit dem dazugehörigen Gegenstand auswendig! Visualisieren Sie vielmehr ein Bild, welches eine Beziehung zwischen dem Tier und dem benötigten Gegenstand herstellt. Das Bild darf ruhig verrückt sein! Die Erinnerung wird dadurch sogar noch erleichtert.

Sehen Sie also etwa Ameisen, die über eine Glühbirne krabbeln, einen Büffel, der mit einem Staubsauger gereinigt wird, oder ein Chamäleon, das Schreibmaschine schreibt. Das ist lächerlich? Mag sein. Aber versuchen Sie es trotzdem! Wichtig ist, daß Sie tatsächlich *Bilder sehen*. Sagen Sie sich nicht: »Ein Büffel wird mit dem Staubsauger gereinigt« oder »Ein Chamäleon schreibt auf der Schreibmaschine«. Gebrauchen Sie in Ihrem Inneren keine Worte. Sehen Sie eine kleine Szene!

Haben Sie die Liste vervollständigt? Gut, dann decken Sie sie ab und warten einige Minuten. – Nun versuchen Sie sich erneut an die Buchstaben und die jeweils damit verbundenen Gegenstände zu erinnern. Ich würde mit Ihnen wetten, daß Ihr Gedächtnis dabei nicht versagt!

Ohne langes Nachdenken können Sie sich bei jedem Buchstaben an das entsprechende Tier, die damit verbundene Szene und so auch an den jeweiligen Gegenstand erinnern. Obwohl Sie mit dem Tier ein Element mehr in den Erinnerungsvorgang einfügten, vollzieht er sich dennoch besser.

Das kleine und lächerliche Spiel kann Ihnen eindrucksvoll vor Augen führen, wie sehr das bildhafte Denken unser normales begriffliches Denken unterstützt und weiterentwickelt.

Mind-Control und Gedächtnis

Natürlich können Sie durch Imaginationsübungen wie der oben angegebenen spielerisch Ihre Gedächtniskraft verbessern. In unseren Mind-Control-Kursen führen wir auch solche Übungen zur Gedächtnissteigerung durch und bedienen uns dabei besonders der Methode von Dr. Bruno Furst. Für denjenigen, der auf diesem Gebiet besonders weiterarbeiten möchte, steht heute eine große Anzahl brauchbarer Methoden zum Selbststudium zu Verfügung.

Doch Ihr Gedächtnis wird automatisch besser werden, wenn Sie Ihre morgendliche Meditationsübung regelmäßig durchführen! Wenn Sie von der passiven zur aktiven Meditation fortschreiten, stärkt Ihr Gebrauch geistiger Bilder erheblich die Gedächtniskraft. Sie werden bald von selbst lernen, sich an komplexe Szenen zu erinnern, wenn Sie einen vergangenen Eindruck suchen, und der gesuchte Eindruck wird sich Ihnen durch die Szene zeigen.

Praktizieren Sie täglich für einige Minuten die angegebene Meditationsübung. Betrachten Sie sich selbst in positiven Bildern, die das Erreichen Ihrer Ziele erkennen lassen. Je dynamischer Ihr Meditieren wird, um so besser wird Ihr Gedächtnis werden, um so vollkommener zeigt sich Ihre Konzentrationsfähigkeit. Doch es geschieht noch weitaus mehr!

Sie können Ihre Intelligenz steigern!

Wenn Sie durch das Arbeiten mit geistigen Bildern im Alpha-Rhythmus Ihre rechte Hirnhälfte aktivieren, kommt dadurch erst die ganze Kraft Ihres Geistes zur Wirkung. Ist jedoch Ihr ganzer Geist erst im Einsatz, dann steigt auch Ihr Intelligenzquotient meßbar an.

Beide Hirnhälften tragen zur menschlichen Intelligenz bei. In der Vergangenheit betonte die Wissenschaft zu sehr das Getrennte der beiden Hälften unseres wichtigsten Organs. Das Gefühlssystem wurde mit der rechten Hälfte identifiziert, unsere logischen Funktionen mit der linken. Verstandesmäßige und gefühlsmäßige Arbeit sollten nichts oder zumindest wenig miteinander zu tun haben.

Inzwischen haben der Systemanalytiker Paul LaViolette und der Psychiater William Gray eine neue Theorie zur Funktion unseres Gehirns vorgestellt. In ihr werden die verstandesmäßigen und gefühlsmäßigen Funktionen nicht als notwendige Gegensätze betrachtet. Beide können integriert werden, unterstützen sich gegenseitig und tragen zur schöpferischen Problemlösung bei. Mit Hilfe des Gefühls vermag der Verstand seine jeweiligen Inhalte besser zu analysieren und zu ordnen. Er bringt sie in klarere Zusammenhänge.

Durch das Visualisieren dynamischer Bilder im Alpha-Rhythmus wird die Führungskraft intelligenter. Die verbesserte Fähigkeit zur Problemlösung ist der beste Beweis!

Lernen im Alpha-Rhythmus

Als ich im Jahre 1944 meine Forschungen auf diesem Gebiet in Laredo (Texas) begann, war eines meiner Ziele der Beweis, daß der sogenannte Intelligenzquotient des Menschen nicht nur um wenige Punkte nach oben oder unten veränderbar ist, wie damals weitgehend angenommen wurde. Ich wußte, daß die Erziehungswissenschaft stets ein wichtiges Gebiet außer acht gelassen hatte: das subjektive Lernen.

Ich begann damit, meine eigenen Kinder in den subjektiven Methoden zu unterweisen. Dazu war eine Atmosphäre notwendig, die vollkommen frei von Streß blieb. Spielerisch gingen wir die Sache an. Immer wieder baute ich meine Kinder mit positiven Bemerkungen auf, die den ungewollt Angst und Beschränkungen verursachenden Methoden der Lehrer entgegenwirkten. Zusätzliches positives Programmieren verhinderte Zerstreuungen während des Lernens und half beim Aufbauen einer guten Lernmoral.

All dies geschah im Alpha-Rhythmus, wobei positive Gedanken und positive geistige Bilder zum Einsatz kamen. Ich wußte damals, daß wir durch die subjektiven Methoden tief ins Unterbewußtsein eintraten. Was ich jedoch noch nicht wußte, war, daß ich meinen Kindern dadurch zum Aktivieren ihrer rechten Hirnhälften verhalf. Die unterschiedliche Funktion der beiden Hirnhälften war in jenen Tagen noch wenig erforscht.

Meine Kinder erzielten in der Schule so großartige Ergebnisse, daß unsere Nachbarn mich baten, in der gleichen Weise auch mit ihren Kindern zu arbeiten. Dadurch konnte ich weitere Erfahrungen sammeln.

Nun geschah eine weitere bemerkenswerte Sache: Wenn ich die Kinder nach dem Lernen abhörte, begannen sie plötzlich, Fragen zu beantworten, bevor ich diese gestellt hatte. Zunächst hielt ich es für eine Reihe von Zufällen. Doch als es immer wieder passierte, wußte ich, daß der bloße Zufall hier keine Rolle spielte.

Die Kinder waren in neuer Weise sensitiv geworden. Auf geistige Weise empfingen sie Informationen. (»Warum sagst du mir das? Ich habe dich nicht danach gefragt.« »Ich dachte, du würdest gleich fragen.«) Die Kinder konnten mir auch den Schluß einer Geschichte erzählen, bevor ich sie zu Ende gelesen hatte.

Meine Forschungen begann ich, um zu zeigen, daß man den Intelligenzquotienten sehr wohl heben kann. Doch die Begleiterscheinungen meines Beweises warfen neue Fragen auf, die zum Teil bis heute nicht ganz beantwortet sind.

Auswirkungen des Lernens im Alpha-Rhythmus

Achtundzwanzig Jahre später, im Dezember 1972 traf eine Gruppe von Mind-Control-Lehrern in Hallahan (Philadelphia) ein. Sie sollten am dortigen Gymnasium zweitausend Schülerinnen in der Silva-Methode unterweisen. Schon in vielen Schulen war ein solches Training zuvor erfolgreich durchgeführt worden. Doch diesmal ging es um mehr: Nach neuesten wissenschaftlichen Testverfahren, die vor und nach dem Training angewandt wurden, wollten wir genau ermitteln, welche Auswirkungen Mind-Control auf Reifung und persönliches Wachstum junger Menschen hat.

Die erste und gewaltigste Änderung konnte bei der *Persönlichkeit* festgestellt werden. Die Schülerinnen trauten sich mehr zu. Sie waren in der Lage, klarer und besser auszudrücken, worauf sie im Leben hinauswollten, und sie scheuten sich weniger, ihre Gefühle auszudrücken. Auch unter dem Druck einer andersdenkenden Mehrheit konnten sie zu ihrem Glauben und ihrer Meinung stehen und diese vertreten.

Eine weitere wichtige Veränderung: Die Schülerinnen hatten weniger Angst. Ihr Wesen wurde beständiger, ruhiger und selbstsicherer. Hierdurch wurde auch das gesamte soziale Verhalten positiv beeinflußt.

Die Resultate der Test überstiegen unsere Erwartungen. Sie legten zweifelsfrei offen, welchen erheblichen Anteil subjektive Methoden am Reifen einer Persönlichkeit haben können. Lassen sich ähnliche Ergebnisse aber auch bei erwachsenen Menschen erzielen? Den entsprechenden Beweis erbrachten wir in Ottawa County (Michigan): Vierzig Sozialhilfeempfänger bildeten hier die Gruppe der Mind-Control-Schüler. Es waren ausschließlich Teilnehmer mit einer besonders schwachen Selbsteinschätzung vertreten. Ob dieses negative Verhältnis zur eigenen Persönlichkeit sie zu Sozialhilfeempfängern machte oder ob es umgekehrt war, interessierte uns in diesem Zusammenhang nicht. Wir wollten die niedere Selbsteinschätzung heben!

Und tatsächlich trat durch die Silva-Methode auch in diesem Fall eine beachtliche Änderung ein: Alle Teilnehmer konnten ihr Selbstbewußtsein heben. Ein Sinn sozialer Verantwortlichkeit entwickelte sich und führte zu erheblichen Umstellungen im täglichen Leben. Nach kurzer Zeit waren diese Leute nicht mehr wiederzuerkennen! Was für Kinder oder Sozialhilfeempfänger gilt, trifft für jeden Menschen zu: *Alles kann immer noch verbessert werden!* Haben *Sie* sich schon zum täglichen Durchführen der Mind-Control-Übungen entschlossen?

Die »Drei-Finger-Technik«

Wenn Sie etwa zehn Wochen lang regelmäßig geübt haben und sich dabei auch in der dynamischen Meditation versuchten, werden Sie zunehmend reifer, jene Techniken zu üben, von denen ich in den ersten drei Kapiteln gesprochen habe. Erst eine entsprechende Vertiefung läßt zu, daß diese Techniken wirksam werden: Sie müssen in lebendigen Kontakt mit Ihrem Unterbewußtsein getreten sein!

Diese Kontaktaufnahme zeigt sich darin, daß Sie zunehmend in der Lage sind, *spontan* das Angemessene zu sagen oder zu tun. Es geht Ihnen dann wie jenem geistesgegenwärtigen Kind, dem eine gute Fee sagte, es hätte einen Wunsch frei. Sofort reagierte das Kind: »Ich wünsche mir zehn weitere freie Wünsche.«

Es bedarf einiger Übung, bis man zu jeder Zeit eine derartige Geistesgegenwärtigkeit entwickelt. So ist es zunächst schon ein großer Fortschritt, wenn man in einer wichtigen Situation in der Lage ist, die erforderliche wache Haltung einzunehmen. Wer sein Unterbewußtsein entsprechend instruierte, kann durch ein auslösendes *Signal* in gewünschten Momenten die nötige Geistesgegenwart aufbringen. Im Grunde ist es dabei gleichgültig, welches Signal man programmierte.

Ein Kopfstand könnte das auslösende Zeichen sein. Doch wäre es wohl kaum angebracht, daß Sie sich während einer wichtigen Konferenz auf den Kopf stellen. Es wäre auch möglich, sich zu programmieren, daß die wache Haltung eintritt, wenn man sich einen Finger ins Ohr steckt. Aber sicherlich würde das von Ihrer Umgebung als wenig fein empfunden. Spaß beiseite; in der Silva-Methode empfehlen wir als auslösendes Signal das Zusammenlegen der Spitzen der drei ersten Finger einer Hand. Es ist unauffällig und leicht auszuführen.

Um das Funktionieren dieser Methode zu programmieren, bauen Sie folgendes Element in Ihre dynamische Meditation ein:

– *Nachdem Sie Ihre Augen geschlossen und leicht nach oben gedreht haben und sodann von 5 bis 1 zählten, legen Sie die drei ersten Finger einer Hand aneinander. Sprechen Sie nun im Geiste: »Immer wenn ich in Zukunft diese drei Finger aufeinanderlege, wird mein Unterbewußtsein mich aktiv unterstützen. Geistesgegenwärtig und spontan kann ich dann im rechten Moment das Richtige tun und sagen.«*

Mindestens eine Woche lang sollten Sie sich während Ihres dynamischen Meditierens auf diese Weise programmieren. Beginnen Sie dann, im Alltag mit dem unauffälligen Aneinanderlegen der drei Fingerspitzen zu experimentieren. Als Möglichkeiten bieten sich hier:

– *wenn Sie sich an etwas erinnern müssen,*
– *wenn Sie an einer Sitzung teilnehmen müssen,*
– *wenn es darum geht, eine Entscheidung zu treffen,*
– *wenn ein Bericht oder ein wichtiger Brief zu schreiben ist,*
– *wenn Sie ein bedeutsames Telefongespräch führen.*

In den ersten Kapiteln dieses Buches finden Sie weitere Anwendungsbeispiele.

Je länger und öfter Sie die »Drei-Finger-Technik« üben, um so erfolgreicher können Sie diese schließlich ausführen. Weiteres Programmieren, positiver Glaube und die Erwartung des Guten verstärken die Wirkung.

Die Silva-Methode im Buch

Eigentlich ist die Silva-Methode nichts, was Sie erschöpfend aus dem Buch erlernen können. Lesen alleine genügt nicht! Sie benötigen Praxis! Sie werden zumindest sieben Wochen lang regelmäßig üben müssen, bevor Sie sicher sein dürfen, daß Sie den Alpha-Rhythmus auch erreichen. Sie müssen weitere sieben Tage programmieren, bevor die »Drei-Finger-Technik« beginnt, ihre Wirksamkeit zu entfalten. Ebenso wie bei den objektiven Methoden führt auch bei den subjektiven nur die Übung zur Meisterschaft.

Es gibt jedoch einige Möglichkeiten, sich das Üben zu erleichtern. Diese Erleichterungen helfen zugleich, Zeit zu sparen und schneller angestrebte Wirkungen zu erlangen. In diesem Zusammenhang sind auch Tonträger zu nennen.

Das Üben mit Tonträgern

Wenn Sie etwas auswendig zu lernen haben, können Sie dabei nach objektiven Verfahren vorgehen: Sie setzen sich dann hin, lesen immer wieder den Text oder die Zahlen, wiederholen Sie laut oder im Geiste, bis Sie das Gewünschte nach langem Üben schließlich einigermaßen gut und frei wiedergeben.

Eine bessere Möglichkeit ist hier jene, die subjektive und objektive Hilfsmittel in Einklang bringt: Sprechen Sie das, was Sie lernen müssen auf ein Tonband oder eine Kassette. Wenn sich Ihr Geist dann entspannt im Alpha-Rhythmus befindet, hören Sie sich dieses Band an. Ihr Inneres wird im entspannten Zustand erheblich aufnahmebereiter sein. Hören Sie das Band am folgenden Tag während Ihrer Meditationsphase nochmals. Sie werden erstaunt sein, wie schnell Sie sich auf diese Weise selbst schwierige Inhalte aneignen können.

Ein wichtiger Hinweis: Sprechen Sie sich die Anweisungen zur Entspannungsmeditation (»5 ... 4 ... 3 ... 2 ... 1 ...«) *vor* dem jeweiligen Lernstoff auf Ihr Band, damit dieses von Beginn an laufen kann. Sie würden nämlich unweigerlich vom Alpha- in den Beta-Rhythmus gelangen, wenn Sie die Übung unterbrechen müßten, um das Bandgerät einzuschalten.

Doch nicht nur zum Erlernen bestimmter Inhalte eignet sich das Abhören eines Bandes während der Entspannungsphase. Sie können sich dadurch auch zum Abbauen negativer oder Annehmen positiver Gewohnheiten programmieren und Ihr Unterbewußtsein mit positiver Nahrung füttern.*

---

* Hierzu hervorragend geeignet ist das Autogenie-Kassettenprogramm, an dem auch Dr. Robert Stone mitarbeitete, erschienen im Verlag PETER ERD.

Was Ihr Geist im passiven Zustand der Meditation aufnimmt, wiegt ungleich mehr als das, was Sie im Normalzustand hören. Es kann Sie zu einer neuen und glücklicheren Grundhaltung führen und Ihr ganzes Wesen zum Positiven verwandeln.

Wahrnehmung und Wahrheit

Die meisten Menschen glauben leider, daß das Lernen immer mit Zwang und Härte verbunden sein muß. Sie können sich nicht vorstellen, wie es auch ganz leicht und entspannt möglich ist. Vielleicht meinen sie: »Das ist alles nur Einbildung; die Wahrheit sieht jedoch sehr viel härter aus!«

Fragen Sie sich aufrichtig: Können wir uns auf das, was wir wahrnehmen, wirklich verlassen? Ist die Wahrheit so, wie wir sie wahrnehmen?

Tatsächlich leben wir in einer Welt, die ganz anders ist als diejenige, die wir wahrnehmen! Schauen Sie sich einen roten Gegenstand an. Sehen Sie eine rote Farbe? Wir nennen diese Erscheinung *rot,* doch in Wahrheit ist sie es *nicht.* Der Gegenstand hat das gesamte Spektrum weißen Lichtes absorbiert, ausgenommen das rote Licht, das zu unseren Augen reflektiert wird. In Wahrheit hat diese Wand alle Farben, nur nicht die rote. Uns erscheint sie wirklich nur deshalb rot, weil sie die rote Farbe als einzige nicht annimmt!

Sehen wir uns die Gegenstände der materiellen Welt überhaupt an! Sie erscheinen uns fest und beständig. Doch wie steht es in Wahrheit mit der Materie? Sie ist gar nicht so fest und beständig, wie sie uns erscheint: Atomteilchen bewegen sich heftig, und auch das, was uns als ewig erscheint, ist in dauernder Veränderung.

Eines steht fest: Wir nehmen die Welt nicht so wahr, wie sie in Wahrheit ist. Es gibt viele Täuschungen, an deren Wahrheit man seit Jahrhunderten oder gar Jahrtausenden festhält. Wer durch Mind-Control die Arbeit seiner beiden Hirnhälften harmonisch aufeinander abstimmt, wird die Welt wirklichkeitsgemäßer wahrnehmen. Er wird erkennen, daß die *schöpferische Einbildung* positiver Inhalte der Wahrheit oftmals näher sein kann als alte Vorurteile, an die sich noch viele klammern. Die Welt der Erscheinung ist nicht die Welt der Wahrheit. Durch subjektive Methoden kommen wir zur Wahrheit.

In diesem Kapitel haben Sie drei wichtige Hilfsmittel zum Aktivieren Ihrer rechten Hirnhälfte kennengelernt:

1. *Arbeiten Sie mit bildhaftem Denken zur Schulung des Gedächtnisses!*
2. *Programmieren Sie durch die »Drei-Finger-Technik« erhöhte Geistesgegenwart!*
3. *Bedienen Sie sich der Möglichkeiten von Tonbändern und Kassetten!*

Die linke Hirnhälfte *liest* all diese Anregungen. Doch wie interessant und unterhaltsam dies auch sein mag, es führt alleine nicht zum Ziel. Lassen Sie die rechte Hirnhälfte das Angeregte *tun*. Dann können Sie jedes Ziel erreichen.

7. Kapitel

Jeder Tag ein Erfolg durch Mind-Control

Visualisation und *Imagination* führen zur Hellsicht. In den vorangehenden Kapiteln habe ich zwischen diesen beiden Übungsmethoden noch nicht unterschieden. Doch es gibt einen Unterschied:

In der *Visualisation* gebrauchen wir unser Erinnerungsvermögen: Wir arbeiten hauptsächlich mit Bildern und Szenen, die uns aus der Vergangenheit geläufig sind. In der *Imagination* hingegen leistet unser Geist schöpferische Arbeit: Er erschafft bestimmte Szenen und Bilder zum ersten Male. Der Vorgang der Imagination eröffnet uns geistige Kanäle der Erfindungsgabe, Inspiration und Kreativität.

Sie haben fünfzig Tage jeden Morgen geübt, um den Alpha-Rhythmus unter Kontrolle zu bringen. Weitere Tage der Übung brauchte es, um bekannte Bilder und Szenen zu visualisieren. Wie lange Sie sich auf dieser vorbereitenden Stufe bemühen mußten, hängt ganz von Ihren bisherigen Denkgewohnheiten ab. Eine für alle Menschen zutreffende Zahl von Tagen läßt sich hier nicht angeben. Schaffen Sie es jedoch, bekannte Bilder und Szenen zu sehen, dann können Sie zur *Imagination* fortschreiten.

Ihre Meditationsübungen werden ab jetzt mehr als nur dynamisch sein: Sie sind nun kreativ! Sie werden Bilder und Szenen sehen, die Sie in der Vergangenheit in dieser Weise nicht erleben durften. Innerlich werden Sie auf diese Weise für Ihr zukünftiges Leben ein besseres Drehbuch schreiben als das, nach dem Sie bislang handeln mußten.

Indem Sie sich bildhaft dabei sehen, wie Sie vormals nie erreichte Ziele erreichen, erschaffen Sie im Geiste neue Wirklichkeiten. Sie geben Ihrem Streben eine klare Richtung vor, indem Sie Ihrem Unterbewußtsein zeigen, worauf Sie bewußt hinauswollen.

Damit Sie zunächst sicher einüben können, worum es geht, sollten Sie mit Ihren Imaginationen nicht in die ferne Zukunft streifen. Wir gebrauchen die Übung der Imagination zunächst dazu, den jeweiligen Tag vollkommen werden zu lassen. Auf diese Weise sind Sie in der Lage, Ihren Fortschritt Tag für Tag wahrzunehmen. Wahrhaftig: alles wird Ihnen täglich besser gelingen! Das neue Drehbuch macht's möglich.

Der großartige Höhepunkt neuer Filme sind die Premieren. So soll es auch bei Ihrem sein.

Ein verwandeltes Unternehmen

M. S., der Direktor eines Bauunternehmens in Texas, beschloß, nachdem er es selbst versucht hatte, daß alle Mitarbeiter aus dem Verwaltungsbereich sich einem Training in Mind-Control unterziehen sollten. Auch Bewerber für neue Stellen wurden stets gefragt, ob sie bereit wären, sich einer Ausbildung in der Silva-Methode zu unterziehen. Bald schon praktizierte die Hälfte aller Angestellten Mind-Control.

Doch es gab zuweilen auch Widerstände. Ein Mann, der in der Firma nicht gerade als fleißig betrachtet wurde, meinte: »Sie werfen Ihr Geld raus, Chef. Ich kann doch nicht einen ganzen Tag stillsitzen.« Doch M. S. sagte nur: »Machen Sie das Training mit, sonst werde ich sehr enttäuscht von Ihnen sein!« Der Mann verstand, wie wichtig es seinem Chef war, und nahm teil.

M. S. berichtet: »Seine Ablehnung verwandelte sich in Begeisterung, noch bevor die Halbzeit des Kurses erreicht war. Kurz danach wandte er die Silva-Methode an und handelte dadurch für uns einen Millionen-Vertrag mit der Armee aus: Unsere Firma hatte einen großen Stützpunkt auszubauen.«

Es klingt unglaublich, doch die Zahlen belegen es: Innerhalb von nur zwei Monaten *verhundertfachte* sich das Auftragsangebot an die Firma.

Ahnen Sie, welcher Umstand hierfür verantwortlich war? Es war kein neuer Prospekt, keine Anzeigenkampagne, keine Werbedurchsage im Rundfunk, keine Postaussendung an mögliche Kunden. Das scheinbar Unerreichbare wurde durch die Methode der subjektiven Kommunikation erreicht.

Ein neues Kommunikationsmittel

Subjektive Kommunikation erfordert das Praktizieren der Imagination, das ich in diesem Kapitel darstellen möchte. Es geht darum, im Geiste »Filme« ablaufen zu lassen, in denen Sie Ihre Beziehung zu anderen wunschgemäß darstellen.

Es überrascht mich nicht, wenn Ihre linke Hirnhälfte jetzt sagt: »Was soll der Unfug? Wenn ich mir einbilde, daß ich mit jemand anderem rede, dann bewirkt das noch lange nichts. Es ist und bleibt Einbildung!« So will es das sogenannte realistische Weltbild. Doch selbst die naturwissenschaftliche Forschung ist heute bereits weiter.

Vielleicht haben Sie von den aufsehenerregenden Experimenten des Lügendetektor-Experten Cleve Backster gelesen, die einwandfrei beweisen, daß es subjektive Kommunikation zwischen Menschen und Pflanzen gibt.* Unsere Gedanken befinden sich nicht im Kopf wie in einem Käfig eingeschlossen. Sie strahlen nach allen Richtungen aus. Auch wenn sie uns selbst nicht bewußt sind, beeinflussen sie nicht nur uns, sondern sie wirken auf alle Lebewesen.

Wahrscheinlich wird es noch einige Zeit dauern, bis wir genau wissen, welche geheimnisvolle Energie dabei im Spiel ist. Unterschiedliche wissenschaftliche Theorien wurden bisher darüber aufgestellt. Doch keine von ihnen bestreitet ernsthaft, daß eine Kommunikation subjektiver Art zwischen verschiedenen Wesen besteht.

Zumeist läuft diese Art gegenseitiger Beeinflussung auf einer unbewußten Ebene ab. Könnte sie jedoch bewußt und willentlich genutzt

---

* Die Experimente Cleve Backsters und die praktischen Folgerungen daraus finden sich im 7. Kapitel des Buches *Die Macht des Glaubens* von Claude Bristol (Verlag PETER ERD 1987).

werden, dann wäre der Menschheit dadurch ein neues Kommunikationsmittel erstanden. Schon in der Zeit, die vergehen wird, bis dieses Buch, nachdem es geschrieben ist, zu Ihnen gelangt, wird die Forschung auf dem Gebiet der subjektiven Kommunikation ein wenig weiter gekommen sein. Auch in diesem Punkte kommt der Tag, an dem einmal Allgemeingut der Menschheit sein wird, was heute einige Pioniere erforschen.

Wenn *Sie* beginnen, mit der subjektiven Kommunikation zu arbeiten, werden die offensichtlichen Erfolge Sie überzeugen. Keinesfalls wird es Sie dann stören, daß es *die* logische Erklärung dafür noch nicht gibt.

Ein Fall von vielen

Ein Versicherungsvertreter unterzog sich einem Training in Mind-Control, um künftig mehr und günstigere Abschlüsse zu machen. Kurz nachdem er seinen Kurs beendet hatte, rief er uns in Laredo an und schilderte folgende Lage: Mehrfach besuchte er schon einen reichen Geschäftsmann, der eine Ausbildungsversicherung für seine Kinder abschließen wollte. Der Mann schien gegenüber den Angeboten des Vertreters aufgeschlossen. Die Bedingungen waren gut und die Prämien günstig. Doch irgendwie schaffte es der Vertreter nicht, die Sache zum Abschluß zu bringen. Er suchte den Geschäftsmann ein paarmal in dessen Büro auf, bis schließlich der Punkt kam, an dem die Sekretärin ihm sagte, ihr Chef sei nicht da. Er ließ sich verleugnen...

Der Versicherungsvertreter fragte nun uns, was man in einer solchen Situation tun sollte. Wie könnte er mit der Silva-Methode doch noch zum Abschluß kommen? Wir rieten ihm zu der Übung, die wir auch Ihnen in diesem Kapitel vorstellen wollen. Er versuchte es. Am folgenden Tag rief er uns erneut an, um die Wirkungen zu beschreiben:

Wieder ging er zum Büro des Geschäftsmannes. Die sonst stets finster blickende Sekretärin lächelte und sagte: »Er ist drin.« Dann stand sie auf und ging zur Tür ihres Chefs, um diese zu öffnen. Doch im gleichen Augenblick tat sich die Tür von innen auf, und der Geschäftsmann sagte: »Guten Tag, kommen Sie herein. Gerade habe ich an Sie gedacht!« Nachdem sie sich gesetzt hatten, fuhr er fort: »Ihre Vertragsbedingungen sind gut, die Prämien angemessen. Lassen Sie uns die Versicherung gleich abschließen!«

Der Vertreter nahm seine Formulare aus der Tasche, fragte nach üblichen Daten, füllte alles aus, und in ein paar Minuten war der Versicherungsvertrag unterschrieben. Nun fragte er den Geschäftsmann: »Wünschen Sie Ratenzahlung?« Und dieser meinte: »Ach nein, ich bezahle die gesamte Prämie auf einmal.«

Der Vertreter sagte uns am Telefon: »In weniger als zehn Minuten saß ich wieder in meinem Auto. In der Tasche einen unterschriebenen Vertrag und einen Scheck über 43 000 Dollar!«

Es erübrigt sich zu sagen, daß dieser Vorfall das Vertrauen des Versicherungsvertreters in subjektive Methoden stärkte. Durch deren regelmäßige Anwendung wurde er in seinem Beruf zunehmend erfolgreicher.

Er war schon ein fortgeschrittener Praktizierender. *Sie* stehen noch am Anfang! Doch wenn Sie üben, wird auch Ihr Erfolg in allen Bereichen zunehmen. Sie müssen zunächst krabbeln lernen, bevor Sie laufen oder springen können. Darum beginnt Ihr Trainingsprogramm mit einfachen Imaginationsübungen, bevor Sie zu solchen Methoden weitergehen, wie Sie der Versicherungsvertreter gebrauchte. Zuerst kommen die kleinen Erfolge. Dann folgen die großen nach.

Übungsanweisung zur schöpferischen Imagination

Zunächst gebe ich Ihnen eine grobe Übersicht der einzelnen Schritte in der Imaginationsübung, um diese danach ausführlicher zu erklären:

Schritt 1: *Werden Sie nach dem Erwachen passiv (Alpha-Rhythmus), indem Sie Ihre Augen um etwa zwanzig Grad nach oben drehen und rückwärts von 5 nach 1 zählen.*

Schritt 2: *Visualisieren Sie Gegenstände und Szenen, die Ihnen vertraut sind, nach den bereits gegebenen Anweisungen. Stellen Sie sich dabei vor, dies alles »irgendwo außerhalb«, und nicht mit den Augen zu sehen.*

Schritt 3: *Nun imaginieren Sie andere Szenen: Sehen Sie Begebenheiten, die Sie aus Ihrer Erfahrung noch nicht kennen. Ein neuer geistiger Film hat Premiere! Sehen Sie etwas Großartiges, was noch nicht geschehen ist, in Ihrer Hoffnung aber eintreffen sollte.*

Schritt 4: *Füttern Sie Ihr Unterbewußtsein mit einigen positiven Gedanken!*

Schritt 5: *Beenden Sie die Übung durch das Zählen von 1 bis 5, und fühlen Sie sich danach besser als zuvor!*

Wie man es richtig macht

Schauen wir uns diese Schritte der Reihe nach an! *Schritt 1* erfordert, daß Sie tatsächlich in den Alpha-Rhythmus eintreten. Dies wird zu Beginn Ihrer Bemühungen am besten während der Nacht sein, nachdem Sie vor dem Einschlafen programmierten, zur günstigsten Zeit für die Imagination aufzuwachen. Sind Sie erst in der Praxis fortgeschritten, dann können Sie auch während des Tages beliebig im Alpha-Rhythmus imaginieren. Die zu empfehlenden Zeiten sind dann für den Anfang nach dem Mittagessen und vor dem Einschlafen. Beherrschen Sie die Übung erst vollkommen, werden Sie nicht mehr an bestimmte Zeiten gebunden sein.

In *Schritt 2* lassen Sie das innere bildliche Erleben mit Szenen der Vergangenheit beginnen. Dies erleichtert das Anlaufen der entsprechenden geistigen Prozesse. Sehen Sie solche Dinge und Szenen vor sich, die vergangene Erfolge für Sie symbolisieren. Wählen Sie bewußt positive und begeisternde Beispiele aus. Dies bringt Ihren Geist in eine Grundhaltung, die auch das Programmieren künftiger Erfolge erlaubt.

Mit *Schritt 3* gehen Sie vom Visualisieren vergangener Erfolgsszenen zum Imaginieren kommender Siege über. Sehen Sie Dinge eintreffen, die Sie sich für die Zukunft wünschen. Die imaginierten Szenen programmieren Sie und *auch andere,* die in Ihrem geistigen Bild vorkommen, in Richtung des Gewünschten.

Schritt 4 macht sich die Tatsache zunutze, daß Sie nach dem Imaginieren im Alpha-Rhythmus besonders aufnahmebereit sind. Erfolgversprechend können Sie Ihr Unterbewußtsein nun mit positiven Gedanken füttern, damit es Sie dabei unterstützt, den jeweiligen Tag zum *vollkommenen* Tag zu machen. Einige Möglichkeiten solcher positiven Gedanken:

- *Ich werde den ganzen Tag voller Energie und Begeisterung sein!*
- *Ich werde immer geduldiger, verständnisvoller und offener gegenüber anderen!*
- *Ich werde schöpferische Ideen hervorbringen!*
- *Ich werde in allen Situationen Ruhe und Übersicht bewahren!*
- *Ich werde körperlich und geistig gesund und spannkräftig sein!*

Wenn Sie sich am Anfang zu viele positive Gedanken merken wollen, werden Sie durch die damit verbundene Anstrengung leicht vom Alpha- in den Beta-Rhythmus gelangen. Beginnen Sie daher nur mit einem oder zwei positiven Gedanken, und steigern Sie sich im Fortschreiten der Übung.

Schritt 5 wird von Übenden häufig übergangen. Sie wundern sich dann, wenn sie sich nicht besser, sondern vielleicht sogar erschöpfter als zuvor fühlen. Es ist unverzichtbar, sich beim Beendigen der Übung getreu der Anweisung etwa folgende Worte zu sagen: *»Ich zähle jetzt langsam von 1 bis 5. Wenn ich bei 5 angekommen bin, werde ich die Augen öffnen. Ich fühle mich dann vollkommen wach, ausgeruht, gesund und in besserer Verfassung als je zuvor. 1, 2, 3 . . . Wenn ich meine Augen mit der Zahl 5 öffne, fühle ich mich wach, gesund und besser. . . 4, 5. Ich öffne die Augen. Ich fühle mich wach, gesund und besser. So ist es!«* Vergessen Sie diesen Abschluß jeder Übung nicht!

Eine wichtige Korrektur

Oft wird auch bei *Schritt 2* ein folgenschwerer Fehler begangen. Der Übende stellt sich dann nicht vor, die Gegenstände und Szenen »irgendwo außerhalb« zu sehen, sondern er visualisiert oder imaginiert sie in der Gegend seiner Augen. Dies jedoch bringt die Gefahr mit sich, leicht vom Alpha- in den Betarhythmus zu steigen.

Hier eine Korrekturübung:

1. *Setzen Sie sich mit geöffneten Augen in einen Sessel. Ihr Blick ist gerade nach vorn gewandt, doch Sie fixieren keinen bestimmten Gegenstand oder Punkt. Wenn Sie in dieser Weise trotz offener Augen nichts genau anschauen, erweitern sich Ihre Pupillen.*
2. *Wenden Sie nun Ihre Augen, die immer noch geöffnet und auf nichts fixiert sind, um zwanzig Grad nach oben. Dies ermöglicht ein leichteres Erreichen des Alpha-Rhythmus und hilft dabei, länger in diesem zu bleiben.*
3. *Nun wenden Sie Ihre Augen so weit nach links, wie es ohne Anstrengung geht. Immer noch sind sie geöffnet, auf keinen Punkt gerichtet und leicht nach oben gedreht. Visualisieren Sie jetzt in dieser Haltung: Stellen Sie sich Menschen, Orte und Dinge vor, die Sie in der Vergangenheit gesehen haben, und beschreiben Sie sich diese im Geiste in voller Gestalt und Farbe.*

Das Visualisieren mit offenen Augen löst das Sehen innerer Bilder vom biologischen Sehvorgang. Indem Sie die Augen nach links wenden, wird zudem die rechte Hirnhälfte besonders zur Teilnahme angeregt. Sie werden sich dadurch Ihrer inneren Wahrnehmungen bewußter.

Auf diese Weise werden Sie lernen, »irgendwo außerhalb« Ihres Körpers zu visualisieren. Es ist schwer zu beschreiben, doch Sie merken es bestimmt, sobald es gelingt. Ein ganz neues Empfinden lernen Sie dadurch kennen. *Machen Sie sich dieses bewußt.* Später wird es dann genügen, sich nur dieses Gefühl in Erinnerung zu rufen, und der Prozeß des inneren Sehens läuft in der richtigen Weise ab.

Wenn Sie es schaffen, auf diese Weise mit offenen Augen zu visualisieren, versuchen Sie es auch mit der Imagination. Durch diese Korrekturübung wird es Ihnen gelingen, mit der Zeit auch bei geschlossenen Augen die Bilder außerhalb ihrer Augen zu sehen!

Werden Sie jetzt zum Hellseher!

Wenn Sie von der Visualisation vergangener Ereignisse zur Imagination der Zukunft fortgeschritten sind, können Sie die Imaginationsübung auch dazu einsetzen, Ihre Fähigkeiten des Hellsehens zu schulen. Hier ist die dazu erforderliche Methode:

Werden Sie in der üblichen Weise passiv, bis der Alpha-Rhythmus erreicht ist. Nun stellen Sie sich etwas vor, von dem Sie nur gehört haben, jedoch das Aussehen nicht kennen. Es kann ein Mensch sein, mit dem Sie geschäftlich korrespondieren. Fragen Sie sich, wie alt er ist, wie groß, wie seine Haarfarbe ist, sein Gewicht, seine Haltung, seine Gesten ... Beschreiben Sie ihn sich im Geiste, und versuchen Sie, ihn innerlich vor sich zu sehen.

Es kann auch eine Sache sein, etwa das Haus oder die Wohnung eines Mitarbeiters: Wie ist die Umgebung? Was sieht man von den Fenstern aus? Wie sind die Zimmer eingerichtet? Was fällt Ihnen an den Möbeln auf? Sehen Sie das Bild der Ihnen unbekannten Wohnstätte des Kollegen lebendig vor sich!

Wenn es um etwas Unbekanntes geht, und Sie fragen sich im Geiste: »Wie sieht das aus?«, aktivieren Sie hierdurch Ihre rechte Hirnhälfte. Die in ihr schlummernden Fähigkeiten der Hellsicht werden angeregt und geschult.

Am besten ist es, diese Methode *systematisch* anzuwenden: Wenn die Begegnung mit einer unbekannten Person bevorsteht oder die Fahrt zu einem unbekannten Haus, dann werden Sie passiv und versuchen, es im voraus zu sehen. Dann vergleichen Sie die tatsächliche Erscheinung mit Ihrem inneren Bild. Sehen Sie, worin Sie recht hatten und wo Sie irrten.

Werden Sie dann später erneut passiv, und visualisieren Sie den Menschen oder das Haus entsprechend dem wirklichen Aussehen. Auf diese Weise wird Ihre Fähigkeit der Hellsicht nach und nach aufgebaut und verstärkt.

Lassen Sie sich nicht entmutigen, wenn das Vorausgesehene keine Ähnlichkeit mit der Wahrheit hat. Die Erfolge werden sich bei systematischem Üben mit der Zeit einstellen. Wichtig ist die Methode: *zuvor imaginieren,* wie es sein könnte. *Danach visualisieren,* wie es war.

Irgendwann, vielleicht schon zu Beginn, wird es »Treffer« geben: Die Ähnlichkeiten des zuvor Gesehenen mit dem Wirklichen wird Sie in Erstaunen versetzen! Merken Sie sich, welches *Gefühl* Sie in derartigen Fällen während des Imaginierens hatten. Sie werden feststellen, wie da stets ein *gleiches Gefühl* auftritt, wenn es später zu einem Treffer kommt. Beobachten Sie dieses Gefühl! Lernen Sie, es von anderen zu unterscheiden! Mit der Zeit werden Sie dadurch in die sichere Lage versetzt, Hellsicht von bloßer Phantasie zu unterscheiden.

Telepathisches Sehen

Vor einigen Jahren unternahm Dr. Harold Puthoff in seinem Institut (SRI, Kalifornien) einen aufschlußreichen Versuch: Testpersonen im Institutsgelände sollten sich entspannen. Man gab ihnen einen Bleistift und einen Stadtplan von New York. Zu ihrer Überraschung sagte man ihnen nun, sie sollten auf dem Stadtplan einzeichnen, wo sich andere Testpersonen zur gleichen Zeit im Tausende Kilometer entfernten New York befanden.

Zur gleichen Zeit wurden die anderen Testpersonen durch New York geschickt. In regelmäßigen Abständen machten sie mit einer Polaroid-Kamera Fotos von ihrem gegenwärtigen Standort und vermerkten darauf Datum und Uhrzeit. Nach einer Reihe von Versuchen wurden die markierten Stadtpläne und die Fotos einem unabhängigen Expertenteam zur Auswertung übergeben. Die Mitglieder des Teams waren danach ausgewählt worden, daß sie sich als Wissenschaftler bisher weder eine Meinung für noch gegen die Möglichkeit der Telepathie gebildet hatten, also ihr unvorbelastet gegenüberstanden.

Das Team entschied nun, welche Markierungen als »Treffer« zu betrachten wären. Was meinen Sie? Wieviel Prozent aller Markierungen trafen mehr oder weniger zu? Ich bin sicher, daß Sie den Prozentsatz heute etwas höher schätzen, als es vor dem Beginn Ihrer Mind-Control Arbeit der Fall gewesen wäre. Wenn Sie die Silva-Methoden praktizierten, durften Sie doch inzwischen selbst Dinge erleben, die Sie früher nicht für möglich gehalten hätten. Aber es übertrifft vielleicht auch Ihre Erwartungen: Die Trefferquote lag bei 80 Prozent!

Jedermann hat eine rechte Hirnhälfte! Was könnten wir durch deren systematische Ausbildung leisten!

Das Programmieren bevorstehender Begegnungen

Um jeden Tag zu einem besseren Tag zu machen, programmieren Sie das Entstehen von Energie und Begeisterung. Sie sehen zudem in schöpferischen Bildern jene Ziele vor sich, die Sie erreichen wollen, und steuern diesen entgegen. Doch außer diesen allgemeinen Vorgaben können Sie das Programmieren im Alpha-Rhythmus auch für das Vorbereiten ganz konkreter Ereignisse anwenden. Ein wichtiges Element im Alltag der Führungskraft sind Termine mit wichtigen Menschen. Oft hängt von solchen Zusammentreffen viel ab, sie müssen erfolgreich verlaufen.

Wenn Sie alle zuvor in diesem Buch beschriebenen Übungen zu Ihrer Befriedigung praktiziert haben, insbesondere auch jene, etwas bislang Unbekanntes lebhaft zu imaginieren, können Sie einen Schritt weitergehen.

Hier ist die Übung, wie Sie sich auf wichtige Begegnungen vorbereiten:

1. *Zählen Sie nicht von 5 bis 1, sondern zunächst von 3 bis 1 und sodann nochmals von 10 bis 1. Dieses Vorgehen zeigt Ihrem Unterbewußtsein an, daß es um eine besonders wichtige Angelegenheit geht. Tun Sie dies vor dem nächtlichen Einschlafen.*
2. *Wählen Sie eine Person aus, die sich in der Vergangenheit auf dem Gebiet, um das es bei der bevorstehenden Begegnung geht, besonders bewährte. Es*

spielt keine Rolle, ob dieser Mensch noch am Leben ist. Er sollte jedoch das gleiche Geschlecht wie Sie selbst haben. Visualisieren Sie diesen Experten neben sich. Wenn Sie ihn nicht kennen, imaginieren Sie ihn!

3. *Nun programmieren Sie sich, während der Nacht genau zu jenem Zeitpunkt zu erwachen, der für eine subjektive Kommunikation mit dem Menschen, den Sie treffen werden, am günstigsten ist. Nennen Sie diesen Menschen dabei im Geiste bei seinem Namen.*
4. *Wenn Sie in der Nacht oder am frühen Morgen automatisch aufwachen, werden Sie durch das Zählen 3 bis 1, 10 bis 1 erneut passiv.*
5. *Visualisieren oder imaginieren Sie wieder Ihren ausgewählten Experten. Stellen Sie sich vor, daß er als Ratgeber bei Ihnen ist.*
6. *Nun visualisieren oder imaginieren Sie (je nachdem, ob Sie Ihnen persönlich bekannt ist oder nicht) die bedeutende Persönlichkeit, mit der Sie zusammentreffen werden. Sehen Sie diese in drei Szenen vor sich:*
   A. Erste Szene: *Die wichtige Person steht direkt vor Ihnen. Sie begrüßen sie freundlich.*
   B. Zweite Szene: *Sprechen Sie nun im Geiste mit dem betreffenden Menschen. Legen Sie ihm Ihre Ideen und Gedanken dar, ebenso wie Sie es bei dem wirklichen Treffen tun möchten. Sollten irgendwelche Zweifel aufkommen, können Sie diese mit dem Experten an Ihrer Seite besprechen. Fragen Sie ihn, und er wird Ihnen antworten. Wenden Sie sich, wenn die Zweifel geklärt sind, wieder Ihrem bedeutenden Gesprächspartner zu. Stellen Sie sich vor, wie er positiv auf Ihre Aussagen reagiert. Er versteht Ihre Standpunkte und akzeptiert Ihre Vorschläge.*
   C. Dritte Szene: *Imaginieren Sie jetzt, daß all das, was Sie sich von dieser Begegnung erwarteten, eingetroffen ist. Das Zusammentreffen selbst gehört der Vergangenheit an. Sie freuen sich nun über die positiven Ergebnisse!*
7. *Zählen Sie nicht von 1 bis 5, um den normalen Wachzustand zu erreichen. Schlafen Sie statt dessen vom Alpha-Rhythmus aus ein.*
8. *Nehmen Sie am Morgen nach dem Erwachen oder während einer Pause im Büro die gleiche Übung nochmals vor, natürlich ohne anschließend einzuschlafen.*
9. *Wenn es dann zum echten Gespräch mit der wichtigen Persönlichkeit*

kommt, stellen Sie sich vor, Ihr Experte würde bei Ihnen sitzen. Wenn eine Frage aufkommt, und Sie Gelegenheit zum Nachdenken haben, stimmen Sie sich im Geiste kurz mit Ihrem Experten ab.

Warum es funktioniert

Wir gehen diese 9 Übungsschritte nun nochmals durch, um vertiefende Hinweise zu geben und etwas über die Wirkungsweise zu erfahren:

1. Die Methode des »5-bis-1-Zählens«, um in den Alpha-Rhythmus einzutreten, sollte dem Programmieren alltäglicher Angelegenheiten vorbehalten bleiben. Wenn Sie dann das »3 bis 1, 10 bis 1 Zählen« zur Anwendung bringen, zeigt diese Besonderheit Ihrem Unterbewußtsein zweifelsfrei an, daß es hier um einen *sehr wichtigen* Einsatz geht.
2. Unsere rechte Hirnhälfte kann eine Verbindung zur subjektiven Dimension herstellen. Es handelt sich dabei um eine nicht-materielle, spirituelle oder geistige Ebene, die unserer wahrnehmbaren Wirklichkeit zugrunde liegt. Es ist die Sphäre der Höheren Intelligenz. Der »Experte« symbolisiert in diesem Falle jene größere Intelligenz, an der wir auch teilhaben. Wenn wir diese Idee als Grundlage unseres Übens überdenken, verstärken wir unsere Einsicht, Intuition und Hellsicht.
3. Ihr Unterbewußtsein wird genau wissen, wann die günstigste Zeit zur Kontaktaufnahme mit der wichtigen Person ist. Vielleicht sieht diese sich einen späten Film im Fernsehen an, vielleicht trinkt sie etwas, vielleicht schläft sie tief... Ihr Unterbewußtsein wird Ihnen verläßlich zeigen, wann das Unterbewußtsein des anderen offen ist, Ihre Vorschläge aufzunehmen und zu erwägen.
4. Gebrauchen Sie wieder das Zählen für besondere Anlässe, um dem Unterbewußtsein verstärkt die Wichtigkeit des Vorhabens zu signalisieren.
5. Ihr Experte, der hier die Höhere Intelligenz symbolisiert, soll Sie vor Fehlern bewahren. Durch Mind-Control lassen sich nur Vor-

haben verwirklichen, die für *alle Beteiligten* positiv sind. Ein Gesprächsausgang, der ihnen zwar nützlich ist, Ihrem Gesprächspartner jedoch in der Konsequenz Schaden zufügt, ist durch subjektive Methoden nicht zu programmieren. Das Gespräch *muß* stets einer Lösung zustreben, die für beide Seiten auf Dauer günstig ist. Hier kann Ihr Experte helfend eingreifen: Nur was fair ist, wird auch wirksam sein.

6. Lassen Sie die drei imaginierten Szenen im Ausklingen nach links laufen, bevor das jeweilige Bild verschwindet. Jahrelange Forschung hat uns gezeigt, daß dies die Wirksamkeit unterstützt, obwohl wir bislang noch keine wissenschaftliche Erklärung dafür gefunden haben. Vielleicht erfährt die rechte Hirnhälfte, die die linke Seite unseres Körpers kontrolliert und steuert, hierdurch eine besondere Aktivierung.
7. Es gibt während des nächtlichen Programmierens keinen Grund, wieder zum Zustand völliger Wachheit zurückzukehren, wenn Sie nicht nach dem Programmieren eine Beta-Tätigkeit vorhaben.
8. Wenn Sie am Tag das nächtlich Programmierte wiederholen, verstärken Sie dessen Wirkung erheblich.
9. Wenn Sie während der tatsächlichen Begegnung Ihren Experten neben sich visualisieren oder imaginieren, wird dadurch Ihre Verbindung zur Höheren Intelligenz aufgebaut.

Prinzipien subjektiver Kommunikation

Vielleicht haben Sie sich gewundert, wie nahe wir an religiöse Vorstellungen gelangt sind, indem wir die Fragen subjektiver Kommunikation behandelten. Doch die Kluft, die lange Zeit zwischen Religion und Wissenschaft bestand, existiert heute nicht mehr.

Zunehmend bedienen sich Wissenschaftler heute der Begriffe aus dem religiösen Sprachgebrauch, wenn sie Beobachtungen beschreiben möchten, die den Rahmen des bisherigen engen wissenschaftlichen Weltbildes sprengen. Andererseits läßt auch die Religion veraltete Konzepte hinter sich und wird wissenschaftlicher.

C. Thomas Sikking, der Kurse für Führungskräfte am Olympic College in Bremerton (Washington) abhielt, führte ein Seminar mit dem Titel »Schöpferische Verantwortlichkeit« durch, dessen Grundaussage in unserem Zusammenhang interessant ist: Thomas Sikking, der nicht nur im Geschäftsleben zu Hause ist, sondern auch als Geistlicher an der Portland Unity Church (Oregon) wirkt, bewegt sich mit der gleichen Wendigkeit in der spirituellen wie in der materiellen Welt. Sein Konzept von »schöpferischer Verantwortlichkeit« hat nichts damit zu tun, daß man die Dogmen einer bestimmten Religion akzeptieren muß. Er geht vielmehr davon aus, daß unserem individuellen Leben *(im Inneren)* und dem gesamten Universum *(im Äußeren)* eine schöpferische Kraft zugrunde liegt. Wirkliches Schöpfertum erlangt der Mensch dann, wenn er die *inneren* und die *äußeren* Manifestationen dieser Kraft miteinander in Einklang bringt.

Die Silva-Methode ermöglicht diesen Einklang! Sie strebt *Ganzheit* und nicht Absonderung an. In der grundlegenden Einheit des inneren Universums in unserem Geiste und des äußeren materiellen Universums wird subjektive Kommunikation zwischen getrennten Persönlichkeiten möglich. Doch nur was Harmonie erzeugt und im Interesse aller Beteiligten ist, taugt zur subjektiven Kommunikation. Unser Erleben der Ganzheit wird sofort zerstört, wenn wir durch negative Gedanken des Schädigens die Harmonie stören und uns in Gegensatz zu den positiven setzen.

Der Alpha-Rhythmus, der uns durch das Harmonisieren der Arbeit der beiden Hirnhälften zur Ganzheit unserer Persönlichkeit führt, ist zugleich auch der Schlüssel zu unserer Einheit mit dem Universum und der ihm zugrundeliegenden Höheren Intelligenz.

Einheit statt Absonderung

Es ist eine Tatsache: Sie sind Teil eines großen Universums, eines ständigen und intelligenten Entwicklungsprozesses, der letztlich alles umfaßt. Somit steht Ihnen auch die ganze Fülle unseres Universums zur Verfügung. Wenn Sie sich trotzdem abgesondert fühlen, ist nicht die Ganzheit von Ihnen abgerückt. Das wäre nicht möglich! Vielmehr verschlossen Sie Ihre Augen vor der Tatsache der universellen Zusammengehörigkeit.

Nehmen Sie zuweilen während Ihrer Meditationsübungen im Alpha-Rhythmus die folgende Betrachtung vor:

- *Vergegenwärtigen Sie sich die unendlichen Weiten des Universums. Stellen Sie sich die unendliche Zahl von Milchstraßen und Sonnensystemen vor. Und nun vergegenwärtigen Sie sich, daß es in dieser Unermeßlichkeit ungezählte Planeten wie unsere Erde gibt, auf denen organisches Leben möglich ist. Welche Fülle im gesamten Kosmos!*
- *Stellen Sie sich nun unsere Erde mit ihren unermeßlichen Lebensformen vor: eine reiche Pflanzenwelt, die verschiedensten Tierarten auf dem Land, im Wasser und in der Luft. Welcher Reichtum und welche Fülle des Lebens auf der Erde!*
- *Nun vergegenwärtigen Sie sich das unendlich Kleine, aus dem Ihr Organismus zusammengesetzt ist. Doch Eiweiß-, Fett- und Kohlehydratmoleküle machen noch keine lebendigen Zellen. Und Zellen alleine machen noch keine lebendigen Organe. Und Organe alleine machen noch keinen lebendigen Organismus.*
- *Erwägen Sie: ein Organ ohne Bewußtsein ist kein Organismus. Doch Sie sind ein lebendiger menschlicher Organismus, ausgerüstet mit Wille, Kraft, Denkvermögen und Bewußtsein. In Ihrem Bewußtsein können sich die Unendlichkeiten des Universums spiegeln. In dieser Spiegelung erfahren Sie, wie Sie aus der Ganzheit dieses Universums mit unendlich großen und unendlich kleinen Dimensionen entstanden sind. Empfinden Sie sich als ein Teil des Ganzen, als das Ganze im kleinen.*

Wenn Sie sich so von Zeit zu Zeit während Ihrer Meditationen die großen Zusammenhänge unseres Lebens vergegenwärtigen, die wir in der Hektik und unter den beschränkten Zielen des Alltags so häufig vergessen, wird das Empfinden der Absonderung in Ihnen nicht aufkommen können. Sie werden an Kraft und Stärke gewinnen und die Dinge des gewöhnlichen Lebens automatisch unter einem weiteren Blickwinkel betrachten. Ein unendliches Universum trägt Sie! Unendliche Fülle wartet darauf, von Ihnen genutzt zu werden! Die subjektive Kommunikation ist eine der großen Möglichkeiten, die sich durch die Erkenntnis der Ganzheit bieten.

Gelegenheiten zur subjektiven Kommunikation

Sie sind gerade, wenn Sie diese meditative Betrachtung praktizierten, in eine neue Phase Ihrer Persönlichkeitsentwicklung eingetreten! Sie halten nun einen Schlüssel in Händen, der Ihnen den Zugang zu tief in Ihrem Inneren verborgenen Potentialen verschafft. Sie werden diese Krafte durch subjektive Kommunikation so formen und ausrichten, daß sie Tag und Nacht für Ihre Interessen arbeiten.

Sie haben zunächst durch das Harmonisieren der Arbeit Ihrer beiden Hirnhälften eine *persönliche Ganzheit* verwirklicht. Nun treten Sie durch weiteres Üben in das Bewußtsein einer größeren, *universellen Ganzheit* ein. Doch Vorsicht! All dies soll und darf nichts mit weltfremden Träumereien zu tun haben. Wenn Sie nur schwärmen, nützt dies überhaupt nichts! Sie müssen die Kraft, die aus der Ganzheit kommt, *spüren!* Die Kraft muß in Ihnen nach Umsetzung drängen! Ihre Vitalität und Begeisterung muß zunehmen! Ist dies alles nicht der Fall, dann *erleben* Sie keine Ganzheit, sondern Sie schwärmen nur. Doch davor sollten sich verantwortungsbewußte Führungskräfte hüten.

Die beste Möglichkeit, den eigenen Fortschritt zu testen, ist und bleibt die praktische Anwendung. Bedienen Sie sich also der subjektiven Kommunikation. Gelegenheiten dazu finden sich im Alltag immer:

- ☐ Einstellungsgespräche,
- ☐ Verkaufsangelegenheiten,
- ☐ Schwierigkeiten in der Arbeitsorganisation,
- ☐ Gerichtstermine,
- ☐ Probleme mit Mitarbeitern,
- ☐ Schwierigkeiten mit Behörden ...

Diese Liste wäre endlos. Wo ist die nächste Möglichkeit zur Anwendung in Ihrem Leben?

8. Kapitel

Der Umgang mit schwierigen Menschen und Disziplinproblemen

Als Grundlage der subjektiven Kommunikation haben wir in den vergangenen Kapiteln die in ihren Grundlagen noch unerforschte, jedoch einwandfrei bewiesene Tatsache kennengelernt, daß die Gedanken und Bilder in unserem Geiste auch auf andere Menschen wirken und sogar Pflanzen und Tiere meßbar beeinflussen.

Obgleich jeder Mensch in seinem täglichen Leben durch gewisse »Zufälle« immer wieder damit konfrontiert wird, wie er in einem wortlosen und direkten Kontakt mit anderen steht, neigt doch gerade die Führungskraft, die in vielen Schulungen gelernt hat, auf dem Boden der Tatsachen zu stehen, in diesem Punkte zu Zweifeln. Da gibt es einmal jene Zweifel, ob denn Verbindungen von Unterbewußtsein zu Unterbewußtsein überhaupt möglich sind. Und dann solche, die zwar zufällige Kontakte für möglich halten, aber nicht glauben, daß man sich derartiger Dinge durch systematische Schulung willentlich bedienen kann.

Eines ist wichtig: Daß Sie die Möglichkeit eines Kontaktes von Geist zu Geist akzeptieren, gehört zu den Grundvoraussetzungen einer erfolgreichen subjektiven Kommunikation. Wer nicht davon ausgeht, daß sein Streben zu etwas führt, setzt auch nicht alle ihm zur Verfügung stehenden Kräfte ein. Alles bleibt beim vagen, halbherzigen Versuch.

Gehören Sie tatsächlich noch zu den Zweiflern? Sehen Sie sich die Meldungen in den Tageszeitungen an! Nehmen Sie psychologische Fachzeitschriften in die Hand! Ja lesen Sie von modernen Physikern geschriebene Bücher! Die Wissenschaft hat heute die Möglichkeit der Telepathie *klar bewiesen.* Und sie bewies, daß die Entfernungen bei der Verbindung von Geist zu Geist keinerlei Rolle spielen.

Ich möchte in diesem Zusammenhang nur auf zwei besonders beweiskräftige Beispiele aus der letzten Zeit hinweisen. Doch gerade gegenwärtig bemüht sich die Forschung derart um Erkenntnisse auf diesem Gebiet, daß ich sicher bin, daß es schon neue und spektakulärere Entdeckungen geben wird, wenn Sie dieses Buch in Händen halten.

Das Gehirn kennt keine Entfernungen

Die unter der Leitung von Dr. Stanley Krippner durchgeführten Experimente lesen sich wie ein geschmackloser Scherz. Doch sie führten zu wertvollen Einsichten.

Man brachte einige Ehepaare in Krankenhäusern unter. Die Partner wurden dabei getrennt und lagen in Kliniken, die sich einige Kilometer voneinander entfernt befanden. Männer und Frauen waren dabei an die verschiedensten Meßinstrumente angeschlossen.

Nun sagte man den Männern: »Ihre Frau schwebt in Lebensgefahr (ist gerade gestorben) ... Nein es geht Ihr gut, wir testen Sie nur!«

Kaum war diese Aussage getan, trat eine meßbare Veränderung in der körperlichen Verfassung der Männer ein: Blutdruck, Herzrhythmus und Hirnströme zeigten den Schock an, den die Nachricht verursacht hatte. Doch die Sensation: in allen Fällen zeigte sich zu genau der gleichen Zeit bei den Frauen die entsprechende meßbare Veränderung, obwohl diese nicht wußten, was man ihren Ehemännern gesagt hatte.

Noch größere Entfernungen waren bei aufsehenerregenden sowjetischen Tierversuchen im Spiel: Man nahm eine Kaninchenmutter, die gerade Junge hatte, mit einem U-Boot auf Tauchstation. Tausende Kilometer entfernt tötete man dann in unregelmäßigen Abständen ihre Kinder. Die Messungen der Hirnströme der Kaninchenmutter erbrachten den eindeutigen Beweis ihrer geistigen Verbindung mit den Jungen: Genau zu den Zeiten, als diese getötet wurden, reagierte das Gehirn!

Alle diese Verbindungen zwischen den Lebewesen sind für uns Menschen im Normalfall unbewußt. Durch die Entwicklung von

Vernunft und Logik (linke Hirnhälfte) wurden diese natürlichsten Funktionen unseres Geistes (rechte Hirnhälfte) vergessen oder verdrängt. Doch wir können uns diese Fähigkeiten zum aktiven Gebrauch zurückerobern. Ein grundlegender Schritt in diese Richtung besteht darin, daß wir uns zunächst ihrer tatsächlichen Existenz bewußt werden.

Die Führungskraft als Rundfunkstation

Sie besitzen eine eigene Rundfunkstation. Ihr Kopf *ist* diese Station. Es handelt sich um ein »Ein-Mann-Unternehmen«. Sie sind der Programmgestalter und zugleich der Sendetechniker. Ihr Publikum ist ein besonders ausgewähltes. Sie erreichen jeden, an den Sie denken.

Ihre Station rentiert sich: Sie können sie einsetzen, um mit schwierigen Leuten fertig zu werden, um disziplinäre Probleme zu lösen, um Streitigkeiten zu schlichten oder Mitarbeitern bei der Überwindung toter Punkte zu helfen.

Sie wollen Ihre Station gleich in Betrieb nehmen? Ich muß Sie enttäuschen! Wenn Sie nicht zunächst die in den vorangehenden Kapiteln dargelegten Grundlagen erwarben, wird Ihre Rundfunkstation zwar senden, doch Sie werden Ihre Funktion als Programmgestalter nicht richtig wahrnehmen können.

Die vorangehenden Wochen regelmäßigen Trainings in Mind-Control sind unerläßlich, wenn Sie hier zu guten Ergebnissen kommen wollen. Die natürlichen Anlagen zum Gebrauch der Station liegen in jedem Menschen, ebenso wie die Anlage zum Schreibmaschinengebrauch. Wie die objektiven Fertigkeiten müssen auch die subjektiven zunächst trainiert werden, wenn man es zur Meisterschaft bringen will.

Der einfache Weg: Subjektive Kommunikation

Zwischen dem Erlernen subjektiver und objektiver Methoden besteht jedoch ein großer Unterschied: Der subjektive Weg ist erheblich natürlicher und einfacher. Sie glauben es nicht?

Nachfolgend lesen Sie die Prospektbeschreibung eines Universitätskurses »Kommunikation für Führungskräfte«:

»Dieser Kurs verhilft Ihnen zu einem besseren Verständnis der Kommunikation zwischen den einzelnen Menschen, in Gruppen und in Massenmedien, immer vom Standpunkt der Führungskraft. Sie werden lernen, wie es geht, wie es nicht geht und wie Sie anderen dazu verhelfen können, erfolgreicher zu kommunizieren.«

Schaut man sich nun die Themen dieses Kurses an, dann steht man vor einer überwältigenden Fülle von Inhalten. Da geht es zunächst um die Kommunikation im Gespräch: Es gibt Lektionen über das rechte Formulieren, den richtigen Ton, Höflichkeitsformen, die angebrachte »Verpackung« der Gesprächsinhalte und so weiter... Dann geht es um die schriftliche Kommunikation: Ausführlich wird das Abfassen von Briefen und Berichten behandelt und geübt. Schließlich steht noch der Umgang mit den Werbe- und Massenkommunikationsmitteln auf dem Programm: Presse, Rundfunk und Fernsehen mit ihren jeweils unterschiedlichen Erfordernissen. Der Kurs ist an Detailreichtum wohl nicht zu überbieten.

Nun eine Prospektbeschreibung für einen Kurs in Mind-Control mit dem Titel »Subjektive Kommunikation für Führungskräfte«: »Dieser Kurs vermittelt ein Training zur Kommunikation im Alpha-Rhythmus durch Visualisation und Imagination.« Was sind nun die Themen des zweiten Kurses? Nur Entspannung, Visualisieren und Imaginieren. Das ist alles!

Der Universitäts-Kurs richtet sich an die linke Hirnhälfte: Logisch argumentierend muß er eine Fülle an Stoff bieten, den die linke Hirnhälfte aufnimmt. Stets ist diese an Einzelheiten interessiert, die sie speichert, um im rechten Moment damit umzugehen. Der Kurs in Mind-Control richtet sich dagegen an die rechte Hirnhälfte: Diese ist an Einzelheiten weniger interessiert; sie überblickt das Ganze. Aus der

Vogelperspektive überblickt sie die größeren Zusammenhänge und läßt uns dadurch intuitiv auf die richtige Lösung zusteuern.

Wenn die geistigen Prozesse in Ihrem Unterbewußtsein erst in Gang gekommen sind, werden Sie es selbst erleben: Erfolge durch subjektive Kommunikation sind keine Wunder. Subjektive Kommunikation ist der einfachste und natürlichste Weg für Verständnis und Verständigung: Die Wahrheit wird auf direktem Wege vermittelt.

Drei Fallstudien

Sie haben schon einige Möglichkeiten der subjektiven Kommunikation kennengelernt. Nachfolgend finden Sie drei Problemfälle dargestellt. Überlegen Sie nach dem Lesen jeden Falles, nach welcher der im Buch bisher beschriebenen Methoden Sie vorgehen würden. Erst nachdem Sie sich Ihren Lösungsweg vorgestellt haben, sehen Sie sich meine Vorschläge an.

Wenn meine Vorschläge nicht mit dem von Ihnen gewählten Weg übereinstimmen, kann und wird wahrscheinlich auch Ihr Weg der richtige sein, weil er Ihrem Wesen entspricht. Doch sollten Sie sich stets vor Augen halten: Nie ist ein Lösungsvorschlag alleine der einzig richtige! Mind-Control bietet eine Vielfalt an Möglichkeiten! Nicht immer und in jedem Falle wirkt eine Art des Herangehens sofort. Der geübte Praktiker hat dann die Wahl, einen anderen Weg subjektiven Kommunizierens einzuschlagen. So gehen Sie an die folgenden Beispiele heran.

Der nachsichtige Abteilungsleiter

Fallstudie 1: Nathan J. ist kürzlich auf Ihren Vorschlag hin Leiter einer Abteilung geworden, in der er zuvor eine lange Zeit gearbeitet hatte. Seine Kollegen mögen Nathan, er hat den Interessen des Unternehmens stets treu gedient und war immer zur Stelle, wenn man ihn brauchte. Für Sie war klar, ihm die Leitung zu übertragen, nachdem der frühere Abteilungsleiter in den Ruhestand getreten war. Doch nun gibt es ernste Schwierigkeiten: Als Abteilungsleiter ist Nathan zu nachsichtig. Er läßt den Leuten alles durchgehen. Er leitet sie nicht zu disziplinierter Arbeit an und schweigt meist, wo er regelnd eingreifen müßte. Dreimal haben Sie mit ihm darüber gesprochen. Zunächst sagten Sie ihm ganz ruhig, daß er sich als Chef einer Abteilung mehr durchsetzen müßte. Dann sind Sie mit ihm einzelne Fehler durchgegangen. Schließlich haben Sie ihm nach allen Regeln der Kunst die Leviten gelesen. Er hat Ihnen zwar stets recht gegeben. Doch geändert hat sich nichts. Die Arbeitsmoral in der Abteilung sinkt weiter. Die Produktivität läßt sehr zu wünschen übrig. Wenn sich nicht bald etwas tut, werden Sie als Nathans Vorgesetzter Ärger mit der Geschäftsleitung bekommen. Im Grunde ist Nathan ein guter Mann. Eine Entlassung kommt nicht in Frage. Die Mitarbeiter würden es nicht verstehen, und es würde zudem ein seltsames Licht auf Sie werfen, wenn Sie den heute hochgelobten Mann morgen entlassen. Was ist zu tun? Mit welchen Übungen der Silva-Methode beseitigen Sie dieses Problem?

Zwischen den Stühlen

Fallstudie 2: Sie sind leitender Angestellter einer Lebensmittelfirma. Ein mit Aufgaben der Qualitätskontrolle beauftragter Mitarbeiter hat einen folgenschweren Fehler begangen: Er übersah verdorbene Grundstoffe, die fast verarbeitet worden wären, wenn nicht eine andere Angestellte sie in letzter Minute bemerkt hätte. Die Verbraucher wurden so von den Folgen einer möglichen Vergiftung bewahrt.

Natürlich können Sie einen Mitarbeiter, der so etwas übersieht, nicht länger in der Qualitätskontrolle einsetzen. Sie suspendieren ihn vom Dienst, um zu überlegen, welche künftige Verwendung er finden soll. Dies ruft die Gewerkschaft auf den Plan. Sie fordert, daß der Mitarbeiter auf seinem Posten bleiben soll. Schließlich hätte er die verdorbene Ware nicht mit Absicht übersehen.

Doch Sie lehnen eine Wiederverwendung in der Qualitätskontrolle ohne Zugeständnisse ab. Weil die Gewerkschaftsfunktionäre ihren Protest nicht aufgeben, wird die Gesundheitsbehörde auf Ihre Firma aufmerksam. Vertreter der Behörde erwägen, Ihr Produkt nicht mehr im Handel zuzulassen, bevor die Kontrollmaßnahmen Ihrer Firma nicht staatlich überprüft wurden. Vielleicht lag es nicht am Arbeiter, sondern doch an der grundsätzlichen Organisation Ihrer Fabrik.

Geben Sie nun der Gewerkschaft nach und setzen den unachtsamen Kontrolleur wieder ein, wirkt dies wie ein Schuldeingeständnis gegenüber der Behörde: Der Fehler lag nicht bei ihm, sondern am Betrieb selbst. Lassen Sie jedoch den ehemaligen Kontrolleur nicht mehr zu, steht Ihnen ein Konflikt mit der Gewerkschaft ins Haus, der den gesamten Produktionsbereich lahmlegen kann. Kann die Silva-Methode hier helfen?

Der heimliche Trinker

Fallstudie 3: Ralf P. ist Ihr ältester und bewährtester Mitarbeiter im Verkaufsbereich. Oft hatte er potentielle Kunden zum Mittagessen eingeladen, um mit ihnen über die geschäftlichen Dinge zu reden und danach Verträge abzuschließen. Natürlich wurden bei diesen Mittagessen auch einige Gläser getrunken. Weil Ralf P. mit dieser Verkaufsmethode außergewöhnliche Erfolge hatte, wurden die Rechnungen dieser Essen von der Firma nicht nur bezuschußt, sondern ganz bezahlt. Sie selbst haben die Belege stets abgezeichnet.

Im letzten halben Jahr hatte Ralf nun kaum noch positive Abschlüsse, während jüngere und unerfahrenere Mitarbeiter ein Geschäft nach dem anderen an Land zogen. Bei einer morgendlichen Konferenz riechen Sie nun, daß Ralf eine Alkoholfahne hat. Nur widerwillig entschließen Sie sich dazu, sich in seinem Büro umzusehen. Im Aktenschrank sehen Sie eine Flasche Schnaps. Auf dem Schreibtisch steht eine weitere. Als Sie ihn darauf ansprechen, lacht er und nimmt es auf die leichte Schulter. Der Augenblick der Wahrheit ist gekommen: Werden Sie diesen alten Mitstreiter hinauswerfen?

Oder können Sie ihn dazu bringen, das Trinken zu lassen oder Hilfe aufzusuchen? Eignet sich die Silva-Methode? Wenn ja, wie?

Die Silva-Methode in Fall 1

Vorschlag: Nathan J. ist als Abteilungsleiter unsicher. Er hat zwar den neuen Titel und die höhere Bezahlung akzeptiert, doch nicht die neuen und größeren Verantwortlichkeiten. Ob seine Unsicherheit darin besteht, daß er nicht die richtigen Anweisungen geben kann, oder vielmehr im Umstand, daß er das Befolgen seiner Anweisungen nicht korrekt überwacht, spielt eine untergeordnete Rolle. In jedem Falle macht ihn diese Unsicherheit für eine Kritik von Ihrer Seite unzugänglich. Die objektive Kommunikation ist hierdurch schwer gestört. So bietet sich die subjektive Kommunikation als wirksames Gegenmittel an: Werden Sie passiv, indem Sie nach der Methode des »5-bis-1-Zählens« den Alpha-Rhythmus verwirklichen. Visualisieren Sie nun Nathan vor sich, und reden Sie mit ihm. Erklären Sie ihm in einer freundlichen und verständnisvollen Weise, wie etwas mehr Wachsamkeit von seiner Seite dem ganzen Unternehmen großen Nutzen bringen könne. Erzählen Sie ihm unter Hinweis auf praktische Beispiele, was Sie von ihm erwarten. Zeigen Sie ihm dabei auch auf, welche negativen Folgen diese Disziplinprobleme für die gesamte Abteilung haben: Sinkt die Produktivität, sind die Arbeitsplätze sämtlicher Mitarbeiter in Gefahr. Motivieren Sie ihn durch das Gespräch, sich in positiver Weise mit dem Unternehmen zu identifizieren. Als Abteilungsleiter vertritt er die Interessen des Betriebes! Dieser Verantwortung muß er sich stellen. Wenn Sie Nathan J. Ihren Standpunkt auf diese Weise nahegebracht haben, lassen Sie das visualisierte Bild abklingen. Imaginieren Sie nun ein Bild der Zukunft: Nathan J. hat verstanden, was Sie ihm sagten. Er hat seine neuen Verantwortlichkeiten akzeptiert. Sehen Sie, wie er voller Selbstvertrauen seine Pflichten wahrnimmt und andere sicher anleitet.

Andere Möglichkeiten: Wenn Sie dieses Problem für besonders schwerwiegend halten, können Sie sich auch programmieren, während der Nacht zur günstigsten Zeit zu erwachen, um mit Nathan J. subjektiv zu kommunizieren. Sie können dann einen Psychologen als Ratgeber neben sich imaginieren. – Wenn Sie diesen Fall nicht für besonders wichtig halten, dann sprechen Sie mit Nathan während der Arbeitszeit, indem Sie dabei Ihre drei Fingerspitzen aneinanderlegen, um in einer angemessenen Geistesverfassung zu sein, ihn positiv zu beeinflussen.

Die Silva-Methode in Fall 2

Vorschlag: Setzen Sie ein Treffen an, zu dem alle Beteiligten eingeladen werden. Dieses Treffen wird ebenso prekär wie bedeutend sein: weder darf die Firmenleitung gegenüber der Gesundheitsbehörde das Gesicht verlieren, noch darf man sich gegenüber den Gewerkschaftsvertretern völlig kompromißlos verhalten, wenn man den Frieden im Betrieb nicht stören möchte. Die Lösung liegt hier, wie in vielen vergleichbaren Fällen, darin, eine Frontstellung zu vermeiden: Es geht nicht darum, *wer* recht hat, sondern darum, *was* richtig ist. Sie könnten sich nun auf folgenden weisen Standpunkt stellen: In der Lebensmittelbranche ist immer das richtig, was im Interesse des Kunden und Käufers liegt. Es kann jedoch nicht im Sinne des Verbrauchers sein, wenn der entsprechende Mitarbeiter Kontrolleur bleibt. Das Vertrauen der Kunden könnte erschüttert werden. Um jedoch auch den Mitarbeiter nicht zu schädigen, wird sich ein entsprechend bezahlter anderer Posten in der Firma finden. Indem Sie derart nur mit dem Interesse des Kunden und der Firma argumentieren und jede Schuldzuweisung vermeiden, wird es möglich sein, dieses Problem in einer für die Gesundheitsbehörde, die Gewerkschaft und die Firmenleitung gleichermaßen akzeptablen Weise zu bewältigen.

Werden Sie am Vorabend des Treffens durch das »3-bis-1-, 10-bis-1-Zählen« passiv. Visualisieren oder imaginieren Sie einen Experten für Arbeitsrecht zu Ihrer Unterstützung. Programmieren Sie zum günstigsten Zeitpunkt aufzuwachen, um mit den Beteiligten subjektiv zu kommunizieren. Dann schlafen Sie im passiven Zustand ein. Wenn

Sie während der Nacht oder am frühen Morgen erwachen, werden Sie durch den gleichen Zählvorgang erneut passiv. Begrüßen Sie Ihren Experten neben sich. Nun sehen Sie die Vertreter der Gewerkschaft und der Firmenleitung sowie einen Vertreter der Gesundheitsbehörde den Sitzungssaal betreten. Alle sind freundlich zueinander. In aufgeschlossener Weise begrüßt man sich und gibt sich die Hand. Sodann imaginieren Sie eine zweite Szene: Sie legen ohne jede Schuldzuweisung Ihren positiven Lösungsvorschlag dar, der nicht fragt, *wer* hat recht, sondern *was* richtig ist. Sehen Sie, wie man Ihnen allseits zustimmt. Sehen Sie dann, wie die näheren Einzelheiten in freundschaftlicher Weise besprochen werden. Nun imaginieren Sie eine dritte Szene: Zufrieden arbeitet der umstrittene Mitarbeiter in einem neuen Bereich. Die Firmenleitung kann die Gesundheitsbehörde beruhigen. Die Funktionäre der Gewerkschaft sind über den Ausgang des Konfliktes ebenfalls befriedigt. Wiederholen Sie diese Übung zur Verstärkung nochmals am Tage der Sitzung.

Andere Möglichkeit: Wenn Sie die Situation anders einschätzen, könnten Sie auch programmieren, daß der betreffende Mitarbeiter von einem anderen Unternehmen eingestellt wird. Würde dies Ihr Problem lösen und dem anderen Unternehmen keine Schwierigkeiten schaffen, könnte es durch die Silva-Methode angestrebt werden. Es müßte jedoch rechtzeitig vor dem wichtigen Treffen programmiert werden. Imaginieren Sie einige Nächte hintereinander, daß die von Ihnen gewünschte Einstellung stattfindet. Sehen Sie das Einstellungsgespräch! Sehen Sie, wie der Arbeitsvertrag unterzeichnet wird. Wenn Sie nicht eine bestimmte Firma als neuen Arbeitgeber imaginieren, lassen Sie der Vielfalt der Möglichkeiten einen größeren Spielraum.

Die Silva-Methode in Fall 3

Vorschlag: Ralf ist ein Opfer seiner eigenen Ängste. Vielleicht hat er Angst vor der Pensionierung, vielleicht Angst vor der Entlassung, vielleicht Angst vor dem Versagen, dem Alter oder dem Tod. Worin seine Ängste auch bestehen mögen, er hat sie durch das Mittel seiner erfolgreichen Verkaufsgespräche betäubt: den Alkohol. Um Ralf dazu zu bringen, Hilfe aufzusuchen, muß seinem Unterbewußtsein der Ernst der Lage verdeutlicht werden: das Unterbewußtsein arbeitet *immer* im Interesse der Menschen. Es will Leben und nicht Tod, Gesundheit und nicht Krankheit. Werden Sie also passiv: Sehen Sie Ralf vor sich, und reden Sie mit ihm. Sagen Sie ihm ohne Umschweife, daß der Alkohol ihn gesundheitlich zerstört und schließlich tötet. Erklären Sie ihm, daß er auf Erden ist, um zu schaffen, nicht um zu zerstören. Alkoholismus ist eine Krankheit. Ralf braucht Hilfe. Imaginieren Sie, wie er sich an eine Selbsthilfeorganisation wie die Anonymen Alkoholiker wendet. Imaginieren Sie, wie er eine Flasche in den Ausguß schüttet. Und sehen Sie schließlich die Zukunft: Ralf ist wieder der Alte. Mit einer Flasche Mineralwasser sitzt er beim Mittagessen.

Andere Möglichkeiten zum Lösen derartiger Probleme werden auf den folgenden Seiten noch ausführlich geschildert.

Ist subjektive Kommunikation eine mysteriöse Angelegenheit?

Wenn Sie sich der subjektiven Kommunikation bedienen und dann sehen, wie der nachsichtige Abteilungsleiter an Autorität gewinnt, wie Gewerkschaft und Firmenleitung einen harmonischen Kompromiß finden und wie der Alkoholiker einer Hilfsorganisation beitritt, werden Sie das am Anfang vielleicht für Zufälligkeiten halten. Doch wenn Sie immer wieder vor solchen Erfolgen stehen, merken Sie langsam, daß es funktioniert!

Doch selbst wenn Sie die offensichtlichen Wirkungen akzeptieren, muß das noch nicht das Gefühl beseitigen, daß diese ganze Sache doch eine höchst mysteriöse Angelegenheit ist. Ein Leben lang haben wir uns auf die linke Hirnhälfte verlassen, und diese fordert immer eine logische Erklärung.

Nach den logischen Erklärungen für diese geheimnisvolle Fähigkeit des Menschen wird heute mehr als jemals zuvor gesucht. Große Fortschritte wurden inzwischen auf diesem Weg gemacht. Wir verdanken

Sie nicht nur idealistischen Pionieren der Forschung. Auch von ganz offizieller Seite werden die großartigen Möglichkeiten der bislang als mysteriös erachteten Fähigkeiten des menschlichen Geistes untersucht:

1. Das Verteidigungsministerium der Vereinigten Staaten von Amerika hat große Summen für die Erforschung außergewöhnlicher Phänomene des Geistes zur Verfügung gestellt und möchte testen, ob diese für militärische Strategien von Nutzen sein können.
2. Die Sowjetunion betreibt seit vielen Jahren intensive Untersuchungen über die Möglichkeiten des menschlichen Geistes, und man hält diese vielfach für fortgeschrittener als jene des Westens.

Parapsychologie, Außersinnliche Wahrnehmung, Psychokinese, all dies sind heute keine Themen mehr, über die man schamhaft hinter vorgehaltener Hand reden muß. Zahlreiche Wissenschaftler und auch die Regierungen der Großmächte unserer Erde haben die Zeichen der Zeit erkannt. Es besteht kein Grund dafür, daß Sie als Führungskraft daran vorbeigehen. Akzeptieren Sie Ihre subjektiven Fähigkeiten ebenso, wie Sie Ihre objektiven Fähigkeiten akzeptieren!

Für welches Teufelswerk hätte man vor Jahrhunderten eine Schreibmaschine gehalten? Und was hätte man wohl mit dem getan, der sie benutzte? Heute sind die Zeiten um einiges anders. Wir dürfen auch mit Gegebenheiten umgehen, welche die Masse der Menschen noch nicht und wir selbst kaum verstehen. Was verstehen wir überhaupt? Begreifen wir das Wesen Elektrizität, mit der wir täglich ganz selbstverständlich umgehen? Begreifen wir das Wesen des Lichtes, in dem wir uns ganz natürlich bewegen? Machen wir uns nichts vor: auch in der objektiven Welt wissen wir oft wenig über die Dinge, die wir doch *zu unserem Nutzen* gebrauchen. Hätte der Mensch die Gegebenheiten der Welt zuerst erklären und dann verwenden wollen, hätte er es heute noch nicht zu Kultur und Zivilisation gebracht. Wir verstehen Dinge, indem wir uns ihrer bedienen!

Die beidseitig entwickelte Führungskraft

Sind Sie ein gutes Beispiel für Ihre Mitarbeiter? Vielleicht sind Sie es nur in *objektiver* Hinsicht. Man hat Ihnen eine Führungsposition gegeben, weil Sie sich durch ein umfangreiches Wissen auszeichneten und mehr als andere überblicken können. Als Führungskraft werden Sie deswegen von anderen geachtet. Man ist beeindruckt von dem, was Sie tun und was Sie sagen. All dies sind objektive Dinge. Und darum machen sie nur die Hälfte des Möglichen aus.

Wie beeindrucken Sie andere? Objektiv tun Sie es, indem Sie Ihre Arbeit vorbildlich wie immer erledigen. Subjektiv jedoch tun Sie es, indem Sie passiv werden (Alpha-Rhythmus) und imaginieren, daß auch alle Ihre Mitarbeiter ihre Arbeit in vorbildlicher Weise erledigen.

Wenn Sie Ihren Geist unter Kontrolle haben, dann wirken Sie nicht nur durch Ihre äußere Erscheinung und Ihre äußeren Taten positiv auf Ihre Mitarbeiter und Ihre Umgebung. Sie sind eine beidseitig entwikkelte Führungskraft! Durch Ihr Programmieren einer positiven Zukunft mit subjektiven Methoden helfen Sie anderen *unbemerkt* mindestens ebenso, wie Sie es durch Ihr sichtbares Wirken tun.

Andere Menschen programmieren?

An dieser Stelle taucht wieder die schon wiederholt gestellte Frage nach der Moral auf. Ist es nicht unsittlich, andere Menschen zu programmieren? Zwingen wir ihnen damit nicht unseren Willen auf?

Grundsätzlich ist festzustellen: Jeder Mensch besitzt einen freien Willen, und niemand hat das Recht, ihm diesen streitig zu machen! Versuchen wir, einen anderen gegen dessen Willen zu beeinflussen, schaffen wir uns selbst dadurch immer neue Probleme. Doch die subjektiven Methoden sollen nicht dazu dienen, neue Probleme heraufzubeschwören, sie sollen vielmehr die bestehenden beseitigen!

Was andere Menschen betrifft, können wir für sie nur das programmieren, was in deren innerstem Interesse liegt. Andere Vorschläge, die wir in subjektiver Kommunikation an sie herantragen würden, könnte ihr Unterbewußtsein auf keinen Fall aufnehmen. Das Unterbewußtsein vertritt immer das Interesse der entsprechenden Persönlichkeit, auch wenn jener Mensch im täglichen Leben selbst gegen seine Interessen handelt.

Wenn jemand alkoholabhängig ist, sich nicht zur Arbeit aufraffen kann, anderen gegenüber aggressiv und bösartig ist, dann sind alle diese Dinge sicher nicht im Interesse des Betreffenden. Kurzsichtig denkt er nicht daran, daß er sich damit früher oder später sicheren Schaden einhandeln wird. Aber sein Unterbewußtsein weiß es! Dennoch kann er nicht auf dessen innere Stimme hören. Wenn Sie nun programmierend »eingreifen«, unterstützen Sie den positiven Willen dieses Menschen, der in seinem Unterbewußtsein lebendig ist. Sie stabilisieren *seine* ureigensten Interessen.

Genau darum muß es Ihnen beim Anwenden der subjektiven Kommunikation gehen! Es ist notwendig, daß Sie die beste Lösung für alle Beteiligten anstreben! Nur so können Ihre persönlichen Lebens- und Arbeitsbedingungen zu einem Abbild der schöpferischen Harmonie in der Ganzheit dieses unendlichen Universums werden.

Ein harmonischer Tag für alle!

So können Sie für alle Ihre Mitarbeiter einen harmonischen Arbeitstag programmieren:

1. *Werden Sie am Morgen durch die Methode des »5-bis-1-Zählens« passiv. Drehen Sie die Augen leicht nach oben, und visualisieren Ihr Büro, Ihr Werk oder Ihren Betrieb. Sehen Sie vor Ihrem inneren Auge eine Situation, in der Sie mit der Arbeitsmoral Ihrer Mitarbeiter und der Harmonie im Betrieb einmal besonders zufrieden waren. Ist dies tatsächlich noch nie der Fall gewesen, imaginieren Sie, wie das ausgesehen hätte.*
2. *Imaginieren Sie nun die gleiche Harmonie und Arbeitsdisziplin unter heutigen und morgigen Arbeitsbedingungen. Sehen Sie vor sich, wie jeder bemüht ist, die gerade anstehenden Aufgaben in bester Weise zu erledigen. Bleiben Sie dabei nicht vage! Sehen Sie wirklich die Erledigung jener Aufgaben, mit denen Sie und Ihre Mitarbeiter augenblicklich und in naher*

Zukunft befaßt sind. Imaginieren Sie einen Teamgeist, wie Sie ihn sich wünschen.

3. *Dehnen Sie Ihre Visualisation auf jeden anderen Aspekt der Arbeit aus: Qualität, Schnelligkeit, Terminbewältigung usw. Schließen Sie die Übung ab, indem Sie Ihr Unterbewußtsein mit positiven Gedanken über die erreichten Ziele füttern. Dann zählen Sie in der üblichen Weise von 1 bis 5, um sich nachher besser als zuvor zu fühlen.*

Natürlich kann es besondere Schwierigkeiten geben, die sich Ihrem Programmieren eines harmonischen Tages entgegenstellen. Nehmen wir an, ein Kettenraucher und ein Nichtraucher sitzen im gleichen Büro, so können Sie deren täglichem Streiten (»Machen Sie die Zigarette aus!« – »Ich habe sie mir gerade erst angesteckt!«) mit dieser Methode kein Ende bereiten.

In solchen Fällen müssen Sie sich in der subjektiven Kommunikation des speziellen Problemes und der betroffenen Person annehmen. Über Suchtprobleme haben wir bereits im Zusammenhang mit dem Alkohol gesprochen. Auch beim Rauchen gilt: Es ist ganz im Interesse des Betroffenen, seine Gesundheit nicht zu ruinieren. Sie unterstützen sein eigenes Unterbewußtsein, wenn Sie ihm in der subjektiven Kommunikation eine Einschränkung vorschlagen. Und Sie werden sehen: Es wirkt. Die schöpferische Imagination ist immer ein mächtiges Werkzeug.

Alles gelingt besser!

Richard Bach, der Autor des bekannten Bestsellers *Die Möwe Jonathan,* praktiziert ebenfalls die Silva-Methode. Er erklärte diesbezüglich: »Schöpferische Visualisation ist der wahre Schlüssel zur Silva-Methode: Was du dir vorstellen kannst, kann auch Wirklichkeit werden.« Damit hat er kurz und bündig gesagt, worum es geht.

Alles gelingt besser, wenn Sie besser funktionieren. Doch objektive Arbeit, so wichtig diese auch ist, ist nicht die einzige Arbeit, die Sie zu leisten haben. Sie müssen dazu ebenso passiv werden können, sich mit anderen in der subjektiven Dimension abstimmen und eine bessere Zukunft programmieren.

Wie ein Versicherungsbüro die Silva-Methode auf sensationelle Weise einsetzte, konnte man einmal in der Tageszeitung *Pawtucket Times* lesen: Drei Angestellte besuchten einen Kurs über Mind-Control und entschlossen sich daraufhin, probeweise ein paar Wochen gemeinsam zu üben. In dieser Zeit steigerten Sie den Umsatz der Versicherungsagentur um 490 Prozent!

Ein Journalist einer anderen Zeitung schrieb: »Das Erstaunliche und fast Unglaubliche an dieser Methode ist, daß sie tatsächlich funktioniert! Die Übenden werden in die Lage versetzt, nach Ihrem freien Willen eine positive Zukunft für sich und Ihre Umgebung zu gestalten.«

Alles gelingt besser! In diesem Kapitel haben wir schwerpunktmäßig den Umgang mit schwierigen Menschen und Disziplinproblemen behandelt. Doch wir konnten dabei nur ein paar Beispiele für ausführliche Besprechungen berücksichtigen. Damit Sie sehen, wie weitgefächert das Gebiet der möglichen Anwendung ist, finden Sie nachfolgend eine Liste mit Problemsituationen und den jeweils helfenden positiven Bildern.

Zehn Problemsituationen und deren Bewältigung durch subjektive Methoden

PROBLEMSITUATION	POSITIVES BILD
• *Ihr Assistent hat das Empfinden, daß Sie ihm nicht genug Aufmerksamkeit schenken.*	• *Loben Sie ihn in der subjektiven Kommunikation, und veranstalten Sie im Geiste ihm zu Ehren ein Gastmahl.*
• *Ein alter Angestellter ärgert sich darüber, daß ein junger Mann eingestellt wurde.*	• *Erinnern Sie ihn subjektiv daran, daß der neue Mann sein Sohn sein könnte. Sehen Sie beide im Geiste harmonisch zusammenarbeiten.*

PROBLEMSITUATION	*POSITIVES BILD*
• *Ein Techniker beschwert sich darüber, zuviel Verwaltungsarbeit leisten zu müssen.*	• *Sehen Sie im Geiste, wie die Zeit für ihn während der notwendigen Verwaltungsarbeit schneller vergeht.*
• *Ein unzufriedener Arbeiter spricht ständig über die Vorzüge seines früheren Arbeitsplatzes.*	• *Sagen Sie ihm in der subjektiven Kommunikation, daß es überall Vorteile und Nachteile gibt. Sehen Sie ihn aus den Vorteilen das Beste machen.*
• *Ein Angestellter hat das Empfinden, ungerecht bezahlt zu werden.*	• *Sagen Sie ihm subjektiv, daß auch derartige zeitweilige Ungerechtigkeiten immer nur vorübergehend sind. Er wird erhalten, was ihm zusteht, sobald man seine Qualitäten erkennt.*
• *Ein Arbeiter fehlt häufig, weil er eine labile Gesundheit hat.*	• *Sehen Sie ihn im Geiste in bester Gesundheit und spannkräftig vor sich.*
• *Zwei Mitarbeiter kommen überhaupt nicht miteinander aus, sie streiten täglich.*	• *Vergeben Sie beiden, und bitten Sie sie sodann, sich gegenseitig zu vergeben. Sehen Sie gutes Verständnis eintreffen.*
• *Ein Arbeiter mag die ihm zugewiesene Tätigkeit nicht.*	• *Machen Sie ihm in subjektiver Kommunikation Mut. Dann sehen Sie ihn voller Schaffensfreude am Werk.*
• *Ein Angestellter spricht im Betrieb pausenlos über seine familiären Probleme.*	• *Sagen Sie ihm in der subjektiven Kommunikation, er soll sich vorstellen, daß er am Morgen seine privaten Probleme in einen Sack steckt, den er vor der Haustür stehen läßt. Sehen Sie, wie er dies tut.*

PROBLEMSITUATION	*POSITIVES BILD*
• *Die Frau eines Angestellten entmutigt ihren Mann in beruflicher Hinsicht.*	• *Weisen Sie sie in einem subjektiven Gespräch darauf hin, wie förderlich ihre positive Haltung für ihren Mann sein könnte. Ermutigen Sie sie, ihm als echter Partner zur Seite zu stehen.*

Wie man selbst hartnäckige Probleme besiegt

Immer wenn im Umgang mit Menschen Schwierigkeiten auftauchen, die sich durch objektive Maßnahmen nicht meistern lassen, hilft nur noch die subjektive Methode. Doch auch hier mag es sehr hartnäckige Fälle geben. Es gibt eine erfolgversprechende Strategie, mit Mind-Control auch bei solchen Problemen ans Ziel zu gelangen:

1. *Programmieren Sie sich vor dem Einschlafen, genau dann aufzuwachen, wenn die Zeit für ein Programmieren der Problemlösung günstig ist.*
2. *Wenn Sie erwachen, werden Sie passiv, und visualisieren die Person, mit der es Schwierigkeiten gibt, genau.*
3. *Sprechen Sie mit ihr im Geiste, indem Sie ihr alle wesentlichen Aspekte mitteilen, die nach Ihrer Auffassung zu einer Lösung der anstehenden Probleme beitragen.* (Die Fortsetzung der Übung folgt weiter unten).

Wenn Sie in dieser Weise geistig mit der entsprechenden Person reden, wenden Sie sich an deren innerste Natur. Das Unterbewußtsein ist stets einsichtiger und verständnisvoller als der kritische Verstand, der unser normales Alltagsbewußtsein bestimmt. Das innerste Wesen des Menschen ist immer offen für Vorschläge, die im Interesse aller Beteiligten sind.

4. *Wählen Sie nun ein Wort aus (z. B. »gut«), das Sie unauffällig in einen normalen Gesprächsverlauf einfügen können. Sagen Sie Ihrem Gesprächspartner in der subjektiven Kommunikation: »Immer dann, wenn ich dieses Wort in unseren Unterredungen am Arbeitsplatz gebrauche, ist das für Sie ein Signal an das Unterbewußtsein, das entsprechende problematische Verhalten (Sagen Sie genau, worum es geht! Und vor allem, wie es besser gehen soll!) zu korrigieren.*
5. *Sehen Sie nun vor sich, daß der Betreffende einverstanden ist. Imaginieren Sie, wie Sie das gewählte Wort sagen, worauf eine Besserung eintritt.*
6. *Schließlich imaginieren Sie ein Bild der Zukunft: Das Problem ist beseitigt. Der Mensch, mit dem es zuvor Schwierigkeiten gab, sieht glücklich und zufrieden aus. Für jeden wurde die beste Lösung gefunden.*
7. *Lassen Sie alle Bilder abklingen, und schlafen Sie im passiven Zustand ein.*

Wenn sie in dieser Weise subjektiv mit einem anderen sprechen, spielen Sie sich ihm gegenüber nicht als der große Weise und Alleskönner auf! Mind-Control ist nicht dazu da, damit wir selbst vormachen, wie wunderbar wir sind. Es geht um die echte Absicht, Probleme zu lösen. Sprechen Sie darum mit dem anderen in subjektiver Kommunikation von *Herz zu Herz*. Bemühen Sie sich um Verständnis für seine Lage und seine Probleme. Nur so wird sein Unterbewußtsein aufgeschlossen für Sie sein.

Wenn Sie dann das gewählte Wort am nächsten Tag in eine Unterredung einfließen lassen, können Sie oft schon unmittelbar die Ergebnisse sehen. Der undisziplinierte Mensch wird disziplinierter; der Süchtige sucht nach Hilfe; der Nervöse findet Ruhe.

Vom geübten Praktiker in rechter Weise ausgeführt, wirkt die subjektive Kommunikation immer!

9. Kapitel

Optimale Zeitnutzung durch Mind-Control

Zeit ist einer der wichtigsten Faktoren im Leben jedes Menschen. Zeit ist immer begrenzt, Zeit läßt sich nicht zurückdrehen. Besonders Führungskräfte spüren die mit der Zeit verbundenen Probleme: Zahl reiche Termine sollen eingehalten werden, Aufträge müssen zu einer bestimmten Zeit erledigt sein, tausend Dinge wollen gleichzeitig erledigt werden ...

Mancher tritt hier eine Flucht nach vorwärts an: Mechanisch und hektisch erledigt er dann seine gegenwärtigen Aufgaben so rasch es geht, als wolle er die Zeit möglichst schnell hinter sich bringen. Vielleicht hofft er auch, daß in der Zukunft, wenn all dies erledigt ist, er etwas freier atmen kann. Doch diese Zukunft kommt nicht! Stets neue Aufgaben treten an ihn heran, die augenblicklich bewältigt sein wollen.

Da nützt kein Träumen von einer ruhigeren Vergangenheit und kein Hoffen auf eine ruhigere Zukunft. Orison Swett Marden hat in diesem Zusammenhang einmal gesagt: »Es gibt immer noch Menschen, die der Meinung sind, in jeder anderen Zeit lebe es sich besser als gerade in der gegenwärtigen. Wer aber die Welt vorwärtsbringen will, muß selbst ein Teil von ihr sein. Er muß mit dem Leben der Gegenwart in inniger Berührung stehen und den Pulsschlag der Zeit in seinen eigenen Adern spüren. Nicht die Welt von gestern oder die Welt von morgen, nein, die Welt von heute ist es, in der wir leben müssen! Diese müssen wir kennen und mit ihren großen Strömungen in stetem Zusammenhang bleiben! Wieviel der besten Kraft geht der Welt verloren, wenn man nur in der Vergangenheit lebt oder nur von der Zukunft träumt.

Wer in der Gegenwart lebt und sie nach besten Kräften ausnutzt, wer keine Zeit darüber verliert, seinen Fehlern oder Versäumnissen von gestern nachzutrauern, wer seine Kraft nicht in müßigen Träumen über die Wahrscheinlichkeit der Zukunft vergeudet, der hat viel mehr Erfolg und gewinnt dem Leben weit mehr ab als die, deren Blick stets nur auf das Vergangene oder Zukünftige gerichtet ist.«*

In Mind-Control visualisieren wir die Vergangenheit und imaginieren wir die Zukunft. Doch ganz im Sinne obiger Worte ist dies keine Flucht vor der Gegenwart. Es geht hier nicht um sentimentales Träumen oder vages Hoffen. Ganz im Gegenteil! Wir sehen schöpferische Bilder der Vergangenheit und Zukunft, um die Gegenwart positiv zu gestalten. Dies wirkt sich zugleich äußerst hilfreich auf unsere Nutzung der Zeit aus.

Zeitersparnis – objektiv und subjektiv

Schon durch zahlreiche objektive Methoden weiß die geschickte Führungskraft besser mit ihrer Zeit umzugehen. Sie wird klar zwischen wichtigeren und weniger wichtigen Erfordernissen unterscheiden können und ihre Zeit entsprechend einteilen. Auch delegiert sie, wo immer es möglich ist, Aufgaben an andere Mitarbeiter, um selbst entlastet zu sein.

Zu diesen objektiven Methoden können nun subjektive treten, die uns eine wahrhaft optimale Zeitnutzung ermöglichen. Hier wieder eine Geschichte, die uns ein ehemaliger Kursteilnehmer, ein Grundstücksmakler, berichtete:

Immer dann, wenn er ein besonders großes und teures Anwesen zu verkaufen hatte, stand er vor schwerwiegenden Entscheidungsproblemen bezüglich der Werbung. Sollte er das Anwesen in Zeitungsanzeigen anbieten, durch direktes Anschreiben potentieller Käufer, durch eine Werbesendung im Rundfunk oder im Regionalfernsehen. Wer-

---

* Genau auf diesen Gedanken beruht übrigens auch Alfred R. Stielau-Pallas' Buch »Märchenhafte Freiheit«, erschienen ebenfalls im Verlag PETER ERD.

bung ist teuer! Er konnte deswegen nicht alle zur Verfügung stehenden Möglichkeiten ausnutzen. Um die Verdienstspanne für seinen Betrieb optimal zu halten, mußte jene Werbeart gewählt werden, die in kürzester Zeit zum Erfolg führt. Da sich immer wieder ein anderes Medium als erfolgbringend erwies, gab es regelmäßig diesbezügliche Entscheidungsprobleme. Alles wollte wohl bedacht sein, und das kostete Zeit.

Hier ist die Methode, zu der wir dem Grundstücksmakler rieten:

Mind-Control als Entscheidungshilfe

1. *Wenn es um ein schwieriges Problem geht, gebrauchen Sie das »3 bis 1, 10 bis 1 Zählen«, um vor dem Einschlafen passiv zu werden.*
2. *Visualisieren Sie das zu verkaufende Anwesen, und laden Sie Ihren imaginären Ratgeber zu einer Besichtigung ein.*
3. *Weisen Sie Ihr Unterbewußtsein an, Sie genau zu dem Zeitpunkt aufwachen zu lassen, der für ein Programmieren des Verkaufes am günstigsten ist. Dann schlafen Sie im passiven Zustand ein.*
4. *Wenn Sie nachts aufwachen, begrüßen Sie Ihren imaginären Ratgeber. Visualisieren Sie erneut das betreffende Grundstück oder Anwesen. Dann stellen Sie die entscheidende Frage: »Welche Werbemaßnahme soll ich ergreifen? Zeitungsanzeigen, direkte Anschreiben, Rundfunkdurchsagen oder was . . .?«*
5. *Dann verwenden Sie das anschließend näher beschriebene »Auswahlverfahren«, um das geeignete Werbemittel zu finden.*
6. *Nun wählen Sie nach diesem Verfahren unter den verschiedenen möglichen Zeitungen genau diejenige aus, die sich für Ihre Zwecke am besten eignet.*
7. *Wählen Sie nach dem gleichen Verfahren auch den bestimmten Teil der Zeitung aus, der sich zum Plazieren Ihrer Anzeige als erfolgversprechend anbietet.*
8. *Entscheiden Sie sich schließlich auf dieselbe Weise für den günstigsten Wochentag zum Annoncieren.*
9. *Danken Sie Ihrem imaginären Experten für seine Hilfe, und schlafen Sie in diesem passiven Zustande ein.*

Hier nun die Beschreibung des oben angesprochenen *»Auswahlverfahrens«:*

Wählen Sie zunächst zwei Möglichkeiten, z. B. Zeitungsanzeigen und direkte Anschreiben, aus. Fragen Sie nun im Geiste: »Was soll ich tun, Zeitungsanzeigen aufgeben oder mögliche Interessenten direkt brieflich anschreiben?« Lassen Sie nun mit Ihrem Geist dieses Problem los, und denken Sie einige Minuten an etwas völlig anderes. Kehren Sie dann zu dieser Angelegenheit zurück, und stellen Sie Ihre Frage erneut. Die Antwort wird in Ihrem Geiste erscheinen! Vielleicht lautet sie: »Anzeigen.« Fragen Sie nun auf die beschriebene Weise weiter, indem Sie die nächste Möglichkeit den Anzeigen gegenüberstellen: Anzeigen oder Rundfunkdurchsagen? Stellen Sie die hierauf erscheinende Antwort der nächsten Möglichkeit gegenüber, und fahren Sie damit so lange fort, bis zuletzt eine Antwort in Ihrem Geist übrigbleibt.

Einige fortgeschrittene Praktizierende stellen sich bei dieser Übung im Geiste einen Bildschirm vor. Zunächst lassen sie den Bildschirm flimmern und stellen ihre Frage. Dann imaginieren sie, sie würden ein Programm einschalten, und die Antwort erscheint auf dem Bildschirm!

Möglichkeiten der Anwendung

Es gibt in Ihrem täglichen Leben Entscheidungen, die völlig selbstverständlich sind. Wenn Sie vor entsprechenden Wahlmöglichkeiten stehen, brauchen Sie nicht nachzudenken und keinen Rat einzuholen. Automatisch und selbstverständlich kommt Ihnen die Antwort. Für derartige Entscheidungen brauchen Sie das eben geschilderte *subjektive Auswahlverfahren* sicher nicht.

Dann gibt es aber auch solche Entscheidungen, die ein großes Faktenwissen voraussetzen. Berichte müssen sorgfältig geprüft werden, Experten müssen zu Wort kommen, und schließlich sind noch genaue Berechnungen anzustellen, bevor an eine Entscheidungsfindung gedacht werden kann. In bestimmten Punkten kann das subjektive

Auswahlverfahren hier sinnvoll und hilfreich sein, es ersetzt jedoch keinesfalls das Studium der objektiven Fakten und ein exaktes Kalkulieren.

Doch es gibt noch eine Gruppe von Entscheidungen, in der einerseits das menschliche Ermessen eine große Rolle spielt, andererseits aber niemals absolut gesagt werden kann, welche Lösung hier im voraus *objektiv* als zum Ziel führend anzusehen ist. Wen sollen Sie mit einer bestimmten Verhandlung betrauen, Herrn A oder Frau B? Wem sollen Sie zuerst das günstige Angebot bekanntgeben, dem Kunden X oder dem Kunden Y?

Es ist gut, wenn Antworten auf derartige Fragen ohnehin von vornherein feststehen oder sich aus den vorliegenden Fakten ergeben. Aber oft ist dies nicht der Fall. Zeitraubende Überlegungen führen dann schließlich zu einer halbherzigen Entscheidung, an der stets einige Zweifel haften bleiben. Was Sie jedoch mit Zweifeln beginnen, läßt sich nur schwer zu einem guten Abschluß bringen. Hier ist das *subjektive Auswahlverfahren* oftmals die einzige mögliche Lösung. Was objektiv nicht zweifelsfrei zu ermitteln ist, erfahren Sie subjektiv. Subjektive Erfahrung jedoch bedeutet immer auch Sicherheit: Intuitiv *wissen* Sie, daß es *so* sein muß.

Es ist nie zu spät!

Wenn sich auf diese Weise so wunderbar alle schwierigen Entscheidungen treffen lassen, warum lehrt man die Methode dann nicht schon in der Grundschule? Oder zumindest im Gymnasium? Oder wenigstens an der Universität? Die Antwort ist einfach: Man müßte es erst den Lehrern und Professoren selbst beibringen, bevor diese es weitergeben können.

Erst seit kurzer Zeit beschäftigen sich die Pädagogen systematisch mit den Fragen subjektiven Lernens und den Funktionsweisen unserer beiden Hirnhälften.

In einem Artikel in der Fachzeitschrift *American Psychologist* forderte Ann Dirkes vom Institut für Erziehungswissenschaften der Universität von Indiana (Purdue), daß einer akademischen Ausbildung künftig das Erlernen von Methoden kreativen Denkens hinzugefügt werden sollte. Der Artikel zeigt deutlich auf, wie man nach dem heutigen Wissensstand bei der Ausbildung die Möglichkeiten beider Hirnhälften mehr berücksichtigen könnte. Ann Dirkes forderte dabei (1979), verstärkt nach Methoden zu forschen, die der linken Hirnhälfte das Wissen und Können der rechten zugänglich machen.

Mind-Control ist eine solche Methode! Der Übende erschließt dabei seiner linken Hirnhälfte die Schatzkammer der rechten. Was zuvor im Unterbewußtsein verborgen war und höchstens durch Zufall auf der objektiven Ebene nutzbar werden konnte, wird nun in einem kontrollierten Vorgang ans Tageslicht gefördert.

Mind-Control ist dabei nicht die erste Methode, die versucht, Inhalte der rechten Hirnhälfte der linken zu vermitteln. Die Kristallkugeln der Wahrsager dienten jahrhundertelang als Hilfsmittel einer solchen Vermittlung. Auch das Pendel oder die Wünschelrute sind äußere Geräte, die als Medien den unbewußten Botschaften der rechten Hirnhälfte zur Mitteilung verhalfen. In der Silva-Methode brauchen wir jedoch keine Hilfsmittel. Im passiven Zustande des Alpha-Rhythmus wird eine direkte Kontaktnahme der beiden Seiten unseres Wesens ermöglicht.

Auch wenn man diese Methode bislang *nicht in der Schule* lernte, *jeder kann sie für sich erlernen*. Es ist nie zu spät, ein ganzer Mensch zu werden! Seien Sie Ihr eigener Lehrer, und setzen Sie die Übungen dieses Buches in Praxis um!

Die Verbindung mit einer größeren Intelligenz

Der Atomphysiker Niels Bohr sprach einmal von einer ungewöhnlichen *Verbindung* aller materiellen Phänomene, »von der wir nur in Bildern und Gleichnissen reden können«. Bohr deutet damit eine kosmische Gegebenheit an, von der auch der Physiker Heisenberg überzeugt war, als er von der »fast furchterregenden Einfachheit und Ganzheit« sprach, die sich in der gesamten Natur spiegelt.

Wenn wir im Alpha-Rhythmus imaginieren, machen wir uns die grundsätzliche Ganzheit des Universums bewußt. Wir treten in Verbindung mit ihr. Gebrauchen wir dagegen im Beta-Rhythmus unsere physischen Sinne in normaler Weise, um sie auf bestimmte Wahrnehmungen der materiellen Welt zu konzentrieren, ist uns diese Verbindung mit der Ganzheit nicht bewußt. Wir wirken dann in der Vereinzelung.

Beides ist aber notwendig. Wir müssen unsere Aufgaben in der materiellen Welt erfüllen, und wir müssen uns täglich der Ganzheit alles Seienden bewußt werden. Erst beides macht uns zu ganzen Menschen! Aus der Fülle der universellen Ganzheit empfangen wir dann die Kraft, die uns individuell auf der Ebene der materiellen Welt nach bestem Vermögen wirken läßt.

Wir selbst werden dadurch zu einer schöpferischen Brücke zwischen dem Universellen und dem Individuellen. Indem wir im Alpha-Rhythmus eine Frage formulieren, wenden wir uns von der individuellen Dimension an die universelle. Indem wir durch den imaginierten Experten eine Antwort empfangen, wirkt die universelle Dimension in unser individuelles Leben hinein. Unser Experte ist das Symbol der Ganzheit, die ich selbst gerne als die *Höhere Intelligenz* bezeichne.

Wenn Sie mit der Praxis von Mind-Control beginnen, wird die Verbindung mit der Ganzheit nur während gelungener Übungen bestehen. Doch je länger Sie die Silva-Methoden praktizieren, je weiter Sie fortschreiten, um so mehr wird Ihre Verbindung mit der Höheren Intelligenz auch im täglichen Leben spürbar. Intuitiv werden Sie bei immer mehr Gelegenheiten das Richtige tun, Ihr Leben wird zu einem Ausdruck spontaner Natürlichkeit. Mit der Energie der allumfassenden Ganzheit wirkt dann durch Sie auch im Alltag jene Höhere Intelligenz.

Vielleicht klingt das heute noch befremdend für Sie. Dies mag daher kommen, daß diese Aussagen sehr an religiöse Inhalte erinnern, mit denen Sie vielleicht nichts anfangen können. Doch es geht hier nicht um jene Art der Religion, bei der mit unverständlichen Worten von höheren Wirklichkeiten gesprochen wird, an die Sie glauben müssen. Bei Mind-Control geht es um persönliche Erfahrung! Sie sollen an die

Ganzeit oder Höhere Intelligenz nicht glauben, sondern Sie werden sie durch das Praktizieren selbst erfahren!

Die Passivität und Offenheit Ihres Wesens im Alpha-Rhythmus läßt Sie automatisch über bisherige Beschränkungen hinausblicken. Wenn Sie ganz entspannt sind und die Dinge geschehen lassen, wird sich Ihnen eine neue Wirklichkeit erschließen.

Doch kann eine nicht kontrollierte Entspannung auch mißbraucht werden, wie das folgende Beispiel zeigt.

Die Offenheit in der Entspannung

Sie kommen nach Hause. Es war ein schwerer Arbeitstag, und Sie wünschen sich nun etwas Ruhe und Erholung. Weil Sie selbst nichts mehr aktiv leisten möchten, machen Sie es sich bequem. Sie holen sich etwas Erfrischendes, schalten das Fernsehgerät ein und nehmen entspannt in einem Sessel davor Platz.

Ohne viel dabei nachzudenken, nehmen Sie die Bilder und Worte aus dem Fernsehgerät auf: herrliche Sonne über einer tropischen Insel. Im Schatten der Palmen liegen schöne Menschen mit braungebrannten Körpern. Das wäre genau richtig für Sie nach der anstrengenden Arbeit. Gerne schauen Sie dahin und fühlen sich fast schon dabei. Die Menschen im Palmenschatten halten Gläser in den Händen. Darin klirren Eiswürfel, die eine farbige Flüssigkeit kühlen. Eine angenehme Musik läßt Sie noch tiefer entspannen. Und nun nennt eine sympathische und verführerische Stimme den Namen einer Whiskymarke und fügt vielversprechend hinzu: »Exotisch, prickelnd und erregend, wie ein Abenteuer der Südsee.«

Vorsicht! Hier will man Sie mit ganz objektiven Mitteln programmieren! Ihre entspannte körperliche und geistige Haltung vor dem Fernsehgerät soll ausgenutzt werden, indem man Ihrem Unterbewußtsein signalisiert, daß jeder Schluck von diesem Whisky erholsam ist wie ein Urlaubstag auf der Südseeinsel. Sie wissen, daß das nicht stimmt, und selbstverständlich weiß es auch Ihr Unterbewußtsein. Sie wissen sogar, daß einige Schlucke zuviel von diesem Whisky statt des

Zaubers der Südsee vielmehr Krankenhaus oder Friedhof bedeuten können. Sie wissen das zwar, doch Sie denken nicht darüber nach. Sie sind entspannt und nehmen nur auf.

Weil hier kluge Köpfe am Werke sind, die sehr wohl wissen, daß Wiederholungen verstärkend auf das Unterbewußtsein wirken, führt man Ihnen nach einem Kurzfilm die Inselidylle noch ein zweites Mal vor Augen. Vielleicht greifen *Sie* dann schon bei Ihrem nächsten entspannten Fernsehabend zu diesem Getränk. Unmöglich? Dann sind Sie eine große Ausnahme. In der unkontrollierten Entspannung ist der Mensch beeinflußbar, und nicht nur die Werbung versucht, diesen Umstand für ein Programmieren in ihrem Interesse auszunutzen. Achten Sie einmal darauf!

Mind-Control ist, wie der Name schon sagt, *kontrollierte* geistige Entspannung. Sie *wissen* genau, welchen Einflüssen Sie sich aussetzen und welche Wirkungen *Sie* wünschen. Sie können sich dabei der gleichen Mittel wie die Werbung bedienen, nämlich der Möglichkeiten der Technik.

Acht Minunten, die den ganzen Tag verwandeln

Über die Möglichkeiten, mit Tonband oder Kassetten zu arbeiten, habe ich bereits in einem früheren Kapitel gesprochen. Nachfolgend möchte ich Ihnen einen Text mitteilen, den Sie auf Band sprechen können, um ihn am frühen Morgen nach dem Aufwachen abzuhören. Es wird dies etwa acht Minuten in Anspruch nehmen. Doch es sind acht Minuten, die sich lohnen! Es ist eine positive »Werbesendung« für Sie selbst, besonders dafür, daß *Zeit* von nun an kein Problem mehr für Sie sein soll.

Hier ist der Text für Ihr Band. Sprechen Sie ihn langsam und deutlich oder lassen Sie ihn von einem Familienmitglied oder Freund sprechen:

»Mache es dir nun in deinem Bett bequem. Schließe die Augen, und drehe Sie leicht nach oben. Zähle langsam rückwärts von 5 bis 1 – 5 . . . 4 . . . 3 . . . 2 . . . 1 . . .

Deine Entspannung vertieft sich jetzt, indem du friedliche Szenen visualisierst. Du siehst vor deinem inneren Auge eine satte grüne Wiese. Weiße Wolken ziehen am tiefblauen Himmel. Du hörst die Vögel singen ... (Mache hier eine Sprechpause, um dir Zeit zu geben, das Bild wirklich zu entfalten!) ... *Nun visualisierst du einen weißen Sandstrand am blauen Meer. Höre, wie sich die Wellen am Ufer brechen ...* (Sprechpause) ... *Jetzt siehst du einen Blumengarten. Du bist von einem Meer farbiger Blüten umgeben. Pflücke eine Blume, und halte sie in der Hand. Spüre, wie sie sich anfühlt. Rieche ihren Duft. Sieh einen Tautropfen am Stengel. Wie ein Diamant reflektiert er im Sonnenlicht alle Farben des Regenbogens ...* (Sprechpause)

Lasse das Bild abklingen. Du hörst nun positive Gedanken, deren Aufnehmen dir nützt. Wiederhole sie im Geiste. ›Jedesmal, wenn ich mich in dieser Weise entspanne, ist es tiefer und angenehmer‹ ... (Sprechpause) ... *›Jeder positive Gedanke, den ich in diesem entspannten Zustand aufnehme, schafft heilsame Wirkungen‹ ...* (Sprechpause) ... *›Jeden Tag bin ich einen Schritt weiter auf meinem Wege, eine hellsichtige Führungskraft zu werden‹ ...* (Sprechpause) ... *›Stets empfinde ich in der Tiefe meines Wesens einen angenehmen Frieden, denn ich weiß um die Verbindung meines Geistes mit der universellen Ganzheit‹ ...* (Sprechpause) ... *›Wenn ich die Spitzen der drei ersten Finger einer Hand aneinanderlege, werde ich genau den Bewußtseinszustand verwirklichen, der der jeweiligen Situation angemessen ist‹ ...* (Sprechpause)

Entspanne dich nun noch tiefer, indem du langsam von 25 bis 1 rückwärts zählst. Sprich jede Zahl im Geiste mit und empfinde, wie du dich immer tiefer und tiefer entspannst. Bei der Zahl 1 wirst du vollkommen entspannt sein. 25 ... 24 ... 23 ... 22 ... 21 ... 20 ... 19 ... 18 ... 17 ... 16 ... 15 ... 14 ... 13 ... 12 ... 11 ... 10 ... 9 ... 8 ... 7 ... 6 ... 5 ... 4 ... 3 ... 2 ... 1 ...

Du wirst nun die Aktivitäten des gerade angebrochenen Tages imaginieren. Du wirst dabei sehen, wie alles genauso ist, wie es sein sollte. Ein harmonischer, produktiver und reibungsloser Ablauf deiner täglichen Angelegenheiten erspart dir unnötige Zeitverluste und hält dich frisch. Sieh jedes der folgenden Bilder gerade vor dir. Vor dem Erscheinen des nächsten lasse es nach links wandern und sich auflösen.

Es ist (hier die entsprechende Zeit einsetzen!) *Uhr. Du frühstückst im Kreise deiner* (Familie, Freunde etc.). *Du fühlst dich voller Spannkraft und Begeisterung. Mit Tatkraft möchtest du den Pflichten des Tages entgegengehen. Sieh, wie andere von deinem Elan angesteckt werden ...* (Sprechpause) *... Lasse das Bild nun abklingen.*

Es ist nun (eine oder zwei Stunden später; genaue Zeit einsetzen!) *Uhr. Du bist an deinem Arbeitsplatz angelangt. Alle Vorbereitungen laufen rasch und unkompliziert ab. Du hast alles im Griff. Du spürst ein positives Einvernehmen mit deinen Mitarbeitern. Alles hat prächtig begonnen ...* (Sprechpause) *... Lasse das Bild nun abklingen.*

Es ist nun (eine oder zwei Stunden später; Zeit einsetzen!) *Uhr. Alles läuft bestens:* (Fügen Sie nun mit Ihren eigenen Worten an, wie die Situation zu jener Zeit im Rahmen Ihrer Tätigkeit aussehen sollte. Lassen Sie das Bild dann abklingen, und fahren Sie in der gleichen Weise fort, jeweils im imaginären Rhythmus von ein bis zwei Stunden Bilder zu sehen, die zeigen, daß alles genau nach Plan abläuft und Sie das Beste aus Ihrer Zeit machen.)

Es ist nun Geschäftsschluß. Du fühlst dich ausgeglichen und voller Kraft. Es war ein guter Tag! Die Ziele, die du dir gesteckt hast, hast du erreicht. Die Fortschritte, die du gemacht hast, sind sichtbar. Du dankst deinen Mitarbeitern für das konstruktive Zusammenwirken ... (Sprechpause) *... Lasse das Bild nun abklingen.*

Du wirst deine Übung nun gleich beenden. Du weißt, daß du eine fähige Führungskraft bist, die nun einem neuen Tag entgegengeht, an dem es Probleme zu bewältigen, Hindernisse zu überwinden und Ziele zu erreichen gibt. Du wirst es schaffen!

Du zählst nun von 1 bis 5, öffnest bei der Zahl 5 die Augen, und du fühlst dich vollkommen wach, gesund und besser als je zuvor. 1... 2... 3... Wenn du gleich bei 5 die Augen öffnest, fühlst du dich wach, gesund und besser, 4 ... 5 ... Du öffnest die Augen und spürst deine Munterkeit, Gesundheit und Frische.«

Subjektives Lernen und Programmieren

Dieses Band hat einen doppelten Nutzen. Einmal lernen Sie damit, wie der Vorgang des Programmierens abläuft, und Sie bekommen ihn dadurch unter Kontrolle. Darüber hinaus programmieren Sie noch einen erfolgreichen Tag mit optimaler Zeitnutzung.

Nach einiger Zeit brauchen Sie das Band nicht mehr! Der Ablauf ist Ihnen dann vertraut geworden, und Sie können schöpferischer mit der Methode umgehen. Frei formulieren Sie dann im Geiste die speziellen Erfordernisse des jeweiligen Tages, ohne dadurch aus dem Alpha-Rhythmus herausgerissen zu werden. Ergänzend werden Sie sich dazu der in den vorherigen und folgenden Kapiteln mitgeteilten Methoden bedienen. Und Sie werden sehen: Ihr Leben wird Tag für Tag ein wahrer Erfolg sein!

Die systematische Ausbildung der rechten Hirnhälfte in Theorie und Praxis

Wäre jeder Mensch in diesen Methoden ausgebildet, gäbe es für alle nur noch erfolgreiche Tage. Welche großartigen Zukunftsaussichten! Auf einer Hochschule der Zukunft wird es Vorlesungen wie die folgenden geben:

- »Grundlagen des Entspannens und Visualisierens«
- »Eine Einführung in die Methoden der Meditation«
- »Dynamisches Meditieren«
- »Grundlagen der kreativen Imagination«
- »Visualisieren und Imaginieren für Fortgeschrittene«
- »Zur Funktion der beiden Hirnhälften«
- »Über das Verständnis der Hirnströme«
- »Ganzheitliches Denken im Alpha-Rhythmus«
- »Das Wahrnehmen über große Entfernungen«
- »Gedächtnis und Vorausschau«
- »Die kreativen Aspekte des Denkens«
- »Die Entwicklung von Intuition, Instinkt und Inspiration«

Vielleicht kommen Ihnen die Titel dieser Vorlesungen allzu akademisch vor. Die Vorlesungen auf dieser Hochschule der Zukunft werden ebenso *praktisch* sein, wie sie auch Theorie beinhalten müssen. Alle Theorie hat dabei nur einen Sinn: zur nutzbringenden Anwendung hinzuführen.

Wir leben in einer Wendezeit! Tatsächlich gibt es bereits Keimzellen solcher Hochschulen der Zukunft. In South Passadena (Kalifornien) gibt es eine private *New Age*-Schule, die auf Grundlage der neuen Erkenntnisse über die subjektive Dimension arbeitet. Der Tag beginnt in dieser Schule mit Entspannungsübungen. Beim Erlernen von Inhalten bedient man sich schöpferischer Imagination. Gegebenheiten werden dabei nicht als abstrakte Begriffe auswendig gelernt, sondern in ganzheitlichen Zusammenhängen bildhaft gesehen. Spezielle Übungen sollen spielerisch die Fähigkeiten des Hellsehens und außersinnlichen Wahrnehmens schulen.

Noch steht man am Anfang. Doch eines ist, wie die an diesem Institut wirkende Professorin Barbara feststellt, ganz sicher: »Je mehr die Intuition gefördert wird, um so mehr nimmt sie zu. Die Schüler machen zunehmend Gebrauch von Wissen und Fähigkeiten, die sie nach vernünftigen Erwägungen eigentlich gar nicht besitzen könnten.«

Die Schulen und Hochschulen der Zukunft beginnen also schon zu wachsen. Wollen Sie warten, bis das hier dargelegte Wissen Allgemeingut geworden ist? Oder wollen Sie nicht schon heute anfangen?

Verborgene Quellen des Wissens

Ein Fall aus unserer Praxis: man fand einen Mann erschossen neben seinem Jagdgewehr. Es wurde mit Sicherheit festgestellt, daß der Todesschuß aus dem Gewehr stammte. Die Lebensversicherung des toten Mannes weigerte sich nun, Geld an die Hinterbliebenen auszuzahlen, indem sie sich auf den Standpunkt stellte, es handle sich hier um einen Freitod.

Der Rechtsanwalt der Familie glaubte nicht daran, daß sein Klient sich selbst erschossen haben sollte. Glücklicherweise war er in der Silva-Methode geübt. Er wurde passiv und imaginierte, er wäre im Augenblick des Todesschusses dabei gewesen. Er wollte den Vorfall »sehen«. Und er sah: Es war kein Freitod, es war ein Unfall. Der Schuß hatte sich von selbst gelöst. Als der Anwalt sich noch im passiven Zustande fragte, wie das denn möglich sei, wurde seine Aufmerksamkeit auf ein bestimmtes Teil des Jagdgewehres gelenkt. Nun beantragte er bei Gericht eine Untersuchung des Gewehrs. Tatsächlich stellten daraufhin die Sachverständigen einen Defekt fest: Immer wenn das Gewehr in einer bestimmten Weise gehalten wurde, löste sich von selbst ein Schuß. Der Defekt lag genau an jenem Teil, den der Anwalt im passiven Zustand gesehen hatte. Die Lebensversicherung mußte bezahlen!

Klingt das geheimnisvoll oder gar beunruhigend? Wer mit der Ganzheit alles Seienden in Berührung kommt, dem werden Quellen des Wissens zugänglich, die anderen Menschen verborgen bleiben. Er ist mit seinen Informationen nicht nur auf das angewiesen, was offensichtlich ist. Die Fähigkeiten, sich dieses erweiterten Wissens zu bedienen, schlummert in jedem Menschen, auch in Ihnen!

Die Mind-Control-Übungen führen konsequent zur Möglichkeit, sich umfassenderer Quellen zu bedienen. Man braucht diese Fähigkeiten nicht anzustreben oder sich nicht dafür anzustrengen. Sie kommen automatisch, wenn man Mind-Control zunächst für ganz naheliegende Ziele einsetzt, etwa den optimalen Umgang mit der Zeit.

Termindruck!

Welche Führungskraft kennt nicht die Situation: Ein vertraglich vereinbarter Termin rückt näher. Doch die zur Erfüllung der Aufgaben notwendigen Arbeiten konnten wegen widriger Umstände noch kaum anlaufen. Nun ist der Stichtag bald da, und die Sache *muß* bis dahin zu einem positiven Abschluß gebracht sein.

Man fühlt sich unter einem starken Druck. Hochspannung! Man

nimmt sich vor, die Arbeit termingerecht zu bewältigen, plant die Zeit genau, gönnt sich keine freie Minute, doch es geht nicht voran.

Obwohl die widrigen Umstände vom Anfang nicht mehr bestehen und Sie vom frühen Morgen bis in die späte Nacht an der Sache sitzen, will sie nicht vorwärts kommen. Kennen Sie das?

Die Erklärung ist ebenso einfach wie die Lösung:

- Arbeit unter Druck ist anstrengender, also auch ermüdender. Selbst wenn Sie zeitweilig das Gefühl haben, besser voranzukommen, dauert es doch länger. Sie sind angespannter, Ihre Aufmerksamkeit wird stärker in Anspruch genommen, also läßt sie auch, ohne daß Sie es merken, schneller nach.
- Wer unter Streß einen Termin erreichen möchte, braucht für die gleiche Tätigkeit erwiesenermaßen *länger,* als es unter normalen Umständen der Fall wäre.
- Die Lösung: auch wenn die Zeit drängt, gönnen Sie sich in regelmäßigen Abständen nur zwei Minuten der Entspannung. Sie werden sehen: Diese zwei Minuten rauben Ihnen keine Zeit, sie helfen Ihnen vielmehr bei der Zeitersparnis, indem Sie Druck von Ihnen nehmen.

In zwei Minuten Streß abbauen

Die folgende Übung können Sie auch vornehmen, wenn sie die grundlegenden Tage des Trainings in Mind-Control noch nicht abgeschlossen haben oder erst noch damit beginnen wollen. Auch wenn sie mit fortgeschrittenem Üben leichter und besser wirkt, ist sie doch in jeder Situation von Streß und Druck auch ohne Vorkenntnisse hilfreich.

Sie können diese Übung überall vornehmen, wo Sie ungestört sind: im Büro, im parkenden Auto, im Waschraum oder an jedem anderen Ort, an dem Sie alleine sein können. Nehmen Sie diese Übung ernst, so ernst, als würde Ihr Leben davon abhängen (Tatsächlich kann diese Übung Ihr Leben retten!):

Sitzen Sie bequem auf Ihrem Sessel. Wenn Sie durch einen Gürtel oder Schuhe beengt werden, dann lösen Sie den Gürtel, und ziehen Sie die Schuhe aus. Ballen Sie eine Faust. Lassen Sie diese ganz fest werden. Und nun lassen Sie sie gehen, indem Sie sie langsam öffnen. Halten Sie das Empfinden dieses Gehenlassens fest. Jetzt pressen Sie Zähne und Lippen aufeinander. Machen Sie sich innerlich bereit, erneut das Gefühl des Loslassens zu empfinden. Nun lassen Sie auch die Mundpartie gehen, entspannen Sie sie. Machen Sie sodann das gleiche mit den Zehen. Dann lassen Sie Ihren ganzen Körper gehen.

Schließen Sie die Augen. Nehmen Sie einen tiefen Atemzug, und atmen Sie langsam aus. Drehen Sie die Augen leicht nach oben. Rufen Sie sich jetzt das Gefühl des Gehenlassens ins Bewußtsein zurück, und durchwandern Sie dann mit dem Geiste Ihren ganzen Körper, und lassen Sie überall die Spannungen los: Gesicht, Stirn, Hinterkopf, Ohren, Nacken, Schultern, Oberarme, Unterarme, Hände, Brust, Bauch, Rücken, Kreuz, Becken, Oberschenkel, Knie, Unterschenkel, Fußgelenke, Fersen, Sohlen, Zehen. Ob von oben nach unten oder von unten nach oben, die Reihenfolge spielt keine Rolle. Wichtig ist, daß Sie die Spannungen des ganzen Körpers bewußt loslassen. Nehmen Sie sich dafür eine ganze Minute.

Nun zählen Sie langsam rückwärts von 25 bis 1. Dann stellen Sie sich den friedlichsten Ort vor, den Sie kennen, einen Ort, mit dem Sie angenehme Erinnerungen der Erholung verbinden. Es kann dies Ihr Garten sein, Ihr Bett, ein Urlaubsort, an den Sie gerne denken. Sehen Sie diesen Ort nun vor sich, und empfinden Sie die Ruhe, die er für Sie ausstrahlt. Halten Sie ihn einen Augenblick in Ihrem Geiste fest.

Dann sagen Sie sich in Ihrem Inneren: »Jedesmal, wenn ich so übe, fühle ich mich entspannter. Die Zeit ist mein Freund. Sie arbeitet für mich.

Ich zähle nun bis 5. Wenn ich dann die Augen öffne, fühle ich mich gut, voller Selbstvertrauen und tatkräftig ... 1, 2, 3 ... Wenn ich bei der Zahl fünf anlange und die Augen öffne, fühle ich mich gut, voller Selbstvertrauen und tatkräftig ... 4, 5 ... Ich öffne meine Augen. Ich fühle mich gut, voller Vertrauen und Tatkraft.«

Diese Übung *nimmt nicht* zwei Minuten in Anspruch. Sie schenkt uns in Streßsituationen tatsächlich weitere Zeit hinzu! Wir können mehr aus unserer Zeit machen, wenn der Druck weg ist!

Mind-Control kann die Uhren nicht anhalten. Doch Sie können dadurch in die Lage versetzt werden, mit der Zeit und nicht gegen die Zeit zu arbeiten. Dann arbeitet die Zeit auch für Sie!

Wenn der Druck verschwindet . . .

Eine Doktorarbeit ist eine anstrengende Angelegenheit. Die Tatsache, daß man sie innerhalb einer begrenzten Zeit abzugeben hat, läßt sie noch dazu zu einer stressigen Sache werden. Mary K. wollte mit dem Formulieren ihrer Doktorarbeit warten, bis sie ihre Forschungen vollständig abgeschlossen hatte. Das zog sich länger hin, als sie erwartet hatte. Nun schien die Zeit zu kurz, die Arbeit in der geforderten Zeit aufs Papier zu bringen. Je mehr sie sich unter Druck fühlte, um so langsamer kam sie weiter. Wir empfahlen ihr die eben geschilderte zweiminütige Übung. Das Resultat: zwei Tage vor dem Termin, den ihr Professor festgesetzt hatte, war sie fertig.

Obwohl die Zeit nach festen Rhythmen abläuft, hängt unser Befinden in Streßsituationen wesentlich davon ab, wie wir uns unseren Aufgaben oder den Umständen gegenüber verhalten. Die Einstellung, mit der wir der Zeit gegenübertreten, ist entscheidend. Unsere Erwartungshaltung beeinflußt den Lauf der Dinge. Glauben wir, etwas sei lang, dann erscheint es uns endlos. Glauben wir dagegen, etwas ist rasch vorbei, dann empfinden wir es auch als schneller vergehend.

In einem Krankenhaus wurde kürzlich ein Versuch gemacht: Unter Hypnose sagte man einer Frau, die kurz vor der Geburt stand, daß die Zeit der Wehen extrem kurz wäre, während die Phasen dazwischen sehr lang dauerten. Die Frau hatte fast keine Schmerzen!

Unsere Überzeugungen tragen wesentlich zum Zeitempfinden bei. Das Zeitempfinden seinerseits bestimmt unseren tatsächlichen Umgang mit dem Faktor *Zeit*. Stellen Sie sich positiv zur Zeit, und sie wird in Ihrem Sinne vergehen.

Wenn Sie auf längere Sicht eine drückende Terminarbeit zu leisten haben, dann fügen Sie Ihrer zweiminütigen Entspannungsübung folgendes Element an, bevor Sie von 1 bis 5 zählen:

– *Sehen Sie einen Kalender, der das Datum der Halbzeit vor Ihrem Termin anzeigt. Sehen Sie Ihre Arbeit halb ausgeführt. Sodann imaginieren Sie auf dem Kalender das Datum Ihres Termins, und sehen Sie die Arbeit vollendet. Lassen Sie sodann das Bild abklingen, und beenden Sie die Übung wie angegeben.*

Zeitgewinn bei fortgeschrittener Praxis

Wenn Sie Ihr grundlegendes Training in Mind-Control absolviert haben, wie es in diesem Buch beschrieben wurde, können Sie bei auftretenden Zeitproblemen folgendermaßen verfahren.

1. *Werden Sie vor dem Einschlafen passiv, um sich zu programmieren, zur günstigsten Zeit zu erwachen.*
2. *Wenn Sie während der Nacht aufwachen, werden Sie erneut passiv. Sehen Sie nun im Geiste vor sich, wie Sie am nächsten Tag an der rechtzeitigen Erfüllung Ihres Termines arbeiten und wie Sie mit ungeahnter Schnelligkeit vorankommen, indem Sie keine Ablenkungen zulassen und das Beste aus Ihrer Zeit machen.*
3. *Programmieren Sie, daß im Falle des Auftretens irgendwelcher Schwierigkeiten, die den Fortgang der Arbeit hemmen, Sie lediglich die drei Fingerspitzen einer Hand aneinanderlegen müssen. Dies ist ein Signal an Ihr Unterbewußtsein: Sie werden sich genau in der Geistesverfassung befinden, die ein Beseitigen der hemmenden Schwierigkeiten ermöglicht.*
4. *Schlafen Sie nun im passiven Zustande ein.*

Wenn Sie am nächsten Morgen am Schreibtisch sitzen, erarbeiten Sie sich einen genauen Plan für die anstehende Terminangelegenheit. Teilen Sie sich dabei die zur Verfügung stehende Zeit realistisch ein. Bei kürzeren Terminspannen nach Stunden oder Tagen, bei längeren nach Wochen oder Monaten.

Versuchen Sie dann mit allen möglichen objektiven Mitteln Ihr jeweiliges »Plansoll« zu erreichen. Ein solcher genauer Zeitplan ist aber nicht nur vom objektiven Standpunkt nützlich. Er versichert Sie auch der Unterstützung Ihres Unterbewußtseins. Die kleineren Spannen sind genau zu überblicken. Treten Verzögerungen ein, wird Ihr Unterbewußtsein aktiviert, Sie durch verstärkte Aktivität dem nächsten Etappenziel nahezubringen.

Um diesen unterstützenden Prozeß des Unterbewußtseins zu einem automatischen Vorgang zu machen, programmieren Sie nach dem Aufstellen Ihres genauen Zeitplanes in folgender Weise:

1. *Werden Sie vor dem Einschlafen passiv. Programmieren Sie, zum günstigsten Augenblick zu erwachen, um mit Zeitproblemen umzugehen.*
2. *Werden Sie nach dem Aufwachen in der Nacht erneut passiv.*
3. *Denken Sie an Ihren Zeitplan und halten Sie sich vor Augen, welche Spanne Sie für welche Aufgaben vorgesehen haben.*
4. *Schlafen Sie nun im passiven Zustande wieder ein.*

Ihr Unterbewußtsein wird nun mit Ihnen sein. Es wird über die Einhaltung der Etappen wachen, und es wird Sie warnen, wenn Sie in Gefahr sind, Ihre Zeit zu vertun.

Üben Sie?

An dieser Stelle möchte ich Sie, meinen Leser, ganz unvermittelt fragen: Üben Sie eigentlich, was hier beschrieben wird?

Vielleicht wäre der Augenblick gekommen, an dem es Zeit ist, das Buch aus der Hand zu legen und mit dem Training zu beginnen. Sie wissen doch: Etwa fünfzig Tage lang ist am Morgen zunächst die Entspannungsmeditation zu üben. Dann müssen Erfahrungen mit der Visualisation und Imagination gesammelt werden. Schließlich sind Sie in der Lage, durch kreative Meditationsübungen Ihre Zukunft zu gestalten.

Haben Sie begonnen? Jedes Weiterlesen ist sinnlos, wenn Sie nicht anfangen. Was nützt es Ihnen, von den Erfolgen anderer zu lesen, wenn Sie sich nicht selbst auf den Weg machen. Was ich geschrieben habe, damit Sie zum Sieger werden können, verwenden Sie dann zur seichten Unterhaltung. Dafür gibt es sicher Besseres. Hier geht es um die Praxis! Und um den tatsächlichen Erfolg! Träumen alleine genügt nicht!

Vielleicht haben Sie auch mit dem Üben begonnen, doch die Erfolge kamen nicht so schnell, wie Sie es erwarteten, und Sie haben es wieder gelassen. Doch in den subjektiven Belangen ist es ebenso wie in den objektiven. Nur Übung führt zum Erfolg! Wer sich nach ersten Fehlschlägen entmutigen läßt, wird es sicher zu nichts bringen. In allem gibt es Durststrecken. Die, die sie überstehen, sind die Gewinner.

Wenn Sie keine Resultate sehen, dann denken Sie nicht darüber nach. Konzentrieren Sie sich auf die Erfolge, auch wenn diese im Anfang spärlich sind. Nur das Erwägen der Erfolge kann Erfolge bringen.

Schreiten Sie voran. Akzeptieren Sie *jeden auch noch so kleinen* Erfolg. Denken Sie daran: In den ersten drei Kapiteln beschrieb ich schwierige Probleme und die entsprechenden Lösungsmöglichkeiten. Nach fünfzig Tagen grundlegenden Trainings können auch Sie die schöpferischen Strategien zur Problemlösung anwenden.

Ich kann den Weg nur beschreiben, gehen müssen *Sie* ihn selbst.

Also: Üben Sie?

10. Kapitel

Richtiger Ausdruck in Wort und Schrift

Die Erforschung der wunderbaren Möglichkeiten des menschlichen Geistes nimmt weltweit immer größere Ausmaße an. Meine Organisation *(Silva-Mind-Control International Incorporation)* nimmt nach Kräften an der Forschung teil, und wir versuchen, stets den Überblick über die neuesten Ergebnisse anderer Institute und Wissenschaftler zu behalten. Doch *glücklicherweise* wird das immer schwieriger, denn die Fülle des Stoffes ist heute fast schon unübersehbar. Mit voller Absicht sage ich in diesem Zusammenhang *»glücklicherweise«*. Würden wir auf diesem Gebiet nicht mit solchen Riesenschritten vorankommen, käme auch die Höherentwicklung der Menschheit zu kurz. Alles müßte bleiben, wie es ist: Kriege, Wirtschaftskrisen, volle Gefängnisse und belegte Krankenhäuser.

Doch Behörden, Einrichtungen des Gesundheitswesens, Bildungsinstitute und die Industrie erkennen die verborgenen Fähigkeiten unseres Geistes als wesentliche Mittel zur Problemlösung. Die Erforschung dieses Bereiches wird gefördert, und wir kommen dadurch der Verwirklichung unserer Hoffnung auf eine bessere Welt näher.

Ein wesentliches Ergebnis der neuen Forschungen besteht in einer vollkommenen Verwandlung unseres Weltbildes. Ein wesentliches Beispiel ist hierfür der *Weltraum*. Früher sah man den Weltraum als ein »Nichts« an, in dem es vereinzelte Körper gibt. Heute erkennt man dieses »Nichts« als *Fülle, als Alles* (haben Sie schon einmal darüber nachgedacht, warum es All heißt?) Ein unerschöpfliches Kontinuum, durchdrungen von Licht, kosmischen Strahlen und anderen Energieformen, die sich zu festen Körpern verdichten.

Professor J. Grinberg-Zylberbaum von der *Universidad Nacional* in

Mexiko schrieb 1982 in der Zeitschrift *Psychoenergetics:* »Was wir den Weltraum nennen, ist in Wahrheit ein energetisches Feld, angefüllt mit Informationen.« Wie er weiter ausführt, ist das menschliche Gehirn ein Kristallisationspunkt auf diesem energetischen Feld. Es steht in einer dauernden Wechselbeziehung mit der es umgebenden Ganzheit. Wird es dieser Tatsache vollkommen gewahr, dann *erfährt* der Mensch, daß er Teil hat am universellen Sein. Es werden ihm Informationen, Energien und Fähigkeiten zugänglich, die er zuvor nicht wahrnehmen konnte, obwohl sie doch vorhanden waren.

Die grundsätzliche Ganzheit

Wenn eine Führungskraft nach der von mir beschriebenen Methode passiv wird (Alpha-Rhythmus), um telepathisch (oder *subjektiv*) zu kommunizieren, nimmt sie bewußt an der größeren Ganzheit des Universums teil.

Die Idee dieser grundsätzlichen Ganzheit ist nicht für jedermann einfach zu begreifen. Wir sind unterschiedliche Menschen, besitzen ein unterschiedliches Bewußtsein, arbeiten für verschiedene Firmen, wirken getrennt und in Konkurrenz zueinander, gehen unterschiedliche Wege und erreichen verschiedene Ziele. Es gibt da keine Ganzheit, die wir mit unseren Sinnen wahrnehmen könnten.

Wenn wir jedoch passiv werden und unseren entspannten Geist visualisieren und imaginieren lassen, erlangen wir dadurch Ergebnisse, die unserer Getrenntheit widersprechen und eindeutig auf eine zugrundeliegende Einheit hindeuten.

Glenn P. wird passiv, um seinem Vorgesetzten zu sagen, daß er unbedingt von der Nachtschicht in den Tagdienst versetzt werden müßte. Es geht darum, seine Ehe zu retten. Objektiv hat er mit dem Chef bereits darüber gesprochen. Doch dieser zeigte sich vollkommen ablehnend. Am Tag nach seinem nächtlichen Imaginieren wird Glenn ins Personalbüro bestellt: seine Versetzung in die Tagschicht ist genehmigt!

Was ermöglicht es der subjektiven Kommunikation, dort erfolgreich zu sein, wo alle objektiven Mittel versagten? Die Antwort darauf kann mit vielen unterschiedlichen Worten gegeben werden, die alle auf das gleiche hindeuten. Einige dieser Worte lauten: Einheit, Höheres Selbst*, Ganzheit, Höhere Intelligenz, Gott.

Welches dieser Worte Sie persönlich bevorzugen, spielt keine Rolle, wenn Sie sich der Silva-Methode bedienen wollen. Doch es ist wichtig, daß Sie die Tatsache akzeptieren, daß aller Verschiedenheit der Welt eine umfassende Ganzheit zugrundeliegt.

Die Ganzheit existiert, ob Sie diese anerkennen oder nicht. Doch wenn Sie sich in *Einklang* mit der Menschheit befinden, nimmt Ihre Hellsicht zu.

Hindernisse für die subjektive Kommunikation

Eine Führungskraft, die meist aggressiv ist, wird es im Umgang mit Kollegen schwer haben. Man hört ihr nicht gerne zu, und sie isoliert sich selbst von wesentlichen Abläufen.

Ebenso wird es ihr in der subjektiven Kommunikation ergehen. Die aggressive Haltung gegenüber dem anderen läßt einen echten Kontakt nicht entstehen. Das Gefühl der Absonderung verstärkt die Absonderung. Das Gefühl der Gemeinsamkeit verstärkt die Gemeinsamkeit. Man muß die Sprache des anderen sprechen.

Sprechen Ihre Mitarbeiter die gleiche Sprache wie Sie? Und wie steht es mit Ihren Vorgesetzten, Lieferanten und Kunden? Stimmt es nicht, daß jeder von ihnen seine eigene Sprache spricht? Die Worte unterscheiden sich zwar nicht, doch jeder gibt ihnen den Inhalt, der seinen Erfahrungen entspricht. Die Indianer haben ein schönes Sprichwort: »Bevor du mit einem Menschen wahrhaft reden kannst, mußt du in seinen Mokassins gelaufen sein.« Das heißt, man hat zu lernen, die Dinge vom Standpunkt des anderen zu betrachten.

Das bedeutet nicht, daß Sie seinen Standpunkt auf Dauer einnehmen

---

* So nennt es Dr. Joseph Murphy in seinem Buch »Finde Dein höheres Selbst, Dein wahres Ich«, erschienen im Verlag PETER ERD.

oder gar vertreten. Als Führungskraft haben Sie bestimmte Interessen wahrzunehmen. Sind Sie in der Leitung einer Gewerkschaft, vertreten Sie natürlicherweise andere Positionen, als Sie es als Führungskraft in der Betriebsleitung tun müßten. Dies ist richtig und wichtig, denn nur aus dem lebendigen Wechselspiel der Interessen kann eine fruchtbare Harmonie entstehen.

Aber auch wenn Sie den Standpunkt des anderen nicht teilen, Sie können sich bemühen, zu ergründen, warum er die Dinge auf seine Weise sehen muß. Dieses objektive Bemühen ist die erste Stufe einer optimalen Kommunikation.

Auf einer zweiten Stufe sollten Sie so weit kommen, sachliche Probleme losgelöst von der persönlichen Ebene zu betrachten. Es geht Ihnen dann nicht darum, *wer recht hat,* sondern vielmehr *was richtig ist.* Solange Sie unbedingt recht behalten wollen oder sich wünschen, daß der andere unrecht hat, sind Ihre Führungsqualitäten beschränkt. In leitender Position zu sein heißt den Überblick behalten und Probleme lösen. Es heißt nicht, um jeden Preis glänzen zu wollen. Am meisten glänzen Sie ohnehin dann, wenn Sie stets der *besten* Lösung zum Durchbruch verhelfen, auch wenn diese nicht von Ihnen stammt!

Um die Dinge derart sachlich zu betrachten, müssen persönliche Abneigungen überwunden werden. In Sachfragen spielt es keine Rolle, ob Ihnen jemand sympathisch ist oder nicht, ob Sie jemand leiden mögen oder nicht. In Sachfragen geht's um die Sache.

Wenn Sie voranschreiten wollen, müssen Sie nun von Ihren feindseligen und ablehnenden Gefühlen anderen gegenüber Abschied nehmen. Jedes Gefühl der Feindschaft und Ablehnung wirkt der Möglichkeit unserer Ganzheitserfahrung entgegen. Es treibt uns in die Absonderung. Negative Empfindungen dieser Art sind daher die größten Hinternisse für die subjektive Kommunikation.

Aber ist es überhaupt möglich, Neid, Eifersucht, Antipathie oder gar Haß zu überwinden? Die Antwort ist ein klares *Ja.* Hier die Methode.

Wie man Feindseligkeiten abbaut

Keine Angst! Ich werde Ihnen nicht vorschlagen, auf die Menschen, die Sie nicht mögen, zuzugehen, Ihnen lächelnd die Hand zu reichen, um dabei freundlich zu sagen: »Ich mag dich ja so!« Das wäre naiv, wahrscheinlich eine große Heuchelei, und selbst wenn Sie es ehrlich dabei meinten, vermutlich würde der andere es nicht verstehen.

Wenn Sie jemanden nicht mögen und ihm gegenüber feindselige Gefühle hegen, so ist dies allein Ihr ganz subjektives Problem. Selbst wenn der andere sich im Umgang mit Ihnen unmöglich verhält und Ihnen sogar Schaden zufügt, es ist *Ihr* persönliches Problem, wenn Sie dem auch noch negatives Denken hinzugesellen, das den Schaden verschlimmert.

Lernen Sie, das Problem sachlich zu sehen. Dies schließt auch die Erkenntnis ein, was Sie selbst zur negativen Situation beigetragen haben, und weshalb der andere vielleicht aus seinen Beschränkungen heraus so handeln mußte.

Um Ihr subjektives Problem mit dem anderen zu überwinden, um in Sachfragen von der persönlichen Ebene auf die sachliche zu gelangen, bedienen Sie sich der subjektiven Kommunikation.

So wird es gemacht: Erstellen Sie eine Liste all jener Menschen, mit denen Sie wichtigen Umgang pflegen, wobei jedoch durch Antipathie, Neid, Haß, Eifersucht oder ähnliche Haltungen von Ihrer Seite eine objektive und subjektive Kommunikation erschwert wird. Auf dieser Liste müssen nicht nur Mitarbeiter stehen. Sie können auch Familienangehörige oder Nachbarn aufnehmen. Jedermann, der Ihnen zum persönlichen Ärgernis wird, sollte hier berücksichtigt werden.

Wenn Sie dann passiv werden und die Augen leicht nach oben drehen, »sehen« Sie vor dem geistigen Auge die erste Person auf Ihrer Liste. Berichten Sie ihr von den Schwierigkeiten, die Sie mit ihr haben. Entschuldigen Sie sich *(auch wenn es schwerfällt!)* für den Anteil, den Sie selbst an der Situation haben. Schlagen Sie vor, in Zukunft innerlich und äußerlich reif miteinander umzugehen. Imaginieren Sie, wie der andere zustimmt. Sehen Sie dann einen Handschlag oder eine andere symbolische Geste, die das neue Verständnis besiegelt. Sie können sich dann im gleichen Verfahren den anderen Personen auf Ihrer Liste zuwenden.

Beobachten Sie in den folgenden Tagen Ihre Beziehung zu diesen Menschen. Sie werden erfahren, wie nicht nur Sie selbst mehr Wärme in Ihrer Haltung zu ihnen spüren lassen, auch diese begegnen Ihnen offener und wärmer.

Wirkt diese Methode nicht spürbar, dann sollten Sie sie wiederholen und dabei Ihrem Unterbewußtsein durch das »3-bis-1-, 10-bis-1-Zählen« das Signal zu geben, daß es sich hier um einen zähen Fall handelt. Nachfolgend fasse ich den Übungsverlauf übersichtlich zusammen.

Übungsanweisung für das Ausräumen von Kommunikationshindernissen

1. *Erstellen Sie eine Liste der problematischen Persönlichkeiten.*
2. *Werden Sie am Morgen nach dem Erwachen passiv.*
3. *Sprechen Sie subjektiv mit jeder Person, indem Sie Ihren Standpunkt darlegen, sich für Ihre eigenen Fehler entschuldigen und für die Zukunft gegenseitigen Respekt und Einvernehmen vorschlagen.*
4. *Imaginieren Sie die Zustimmung des jeweils anderen, und besiegeln Sie das Übereinkommen mit einer symbolischen Geste.*
5. *Beobachten Sie die betreffenden Beziehungen. Entwickelt sich eine davon nicht in befriedigender Weise, wiederholen Sie die Übung.*
6. Unterstützende Maßnahmen: *Werden Sie am Abend vor dem Einschlafen passiv, und weisen Sie Ihr Unterbewußtsein an, sie zur günstigsten Zeit zum Programmieren aufwachen zu lassen.*
7. *Wenn Sie in der Nacht aufwachen, werden Sie erneut passiv. Imaginieren Sie die betreffende Persönlichkeit, um ausführlich mit ihr über die Angelegenheit zu sprechen. Bringen Sie Verständnis für ihre Lage auf. Spüren Sie, wie eine Lösung gefunden wird!*
8. *Schlafen Sie dann im passiven Zustand wieder ein.*

Wenn Sie auf diese Weise subjektiv die Hindernisse für eine positive Kommunikation ausräumen, werden sich Ihre Gespräche auf der objektiven Ebene vollkommen verwandeln. Sie werden Ihnen Mitgeteiltes besser aufnehmen und verstehen. Gleichzeitig wächst Ihre Fähigkeit, im rechten Augenblick die richtigen Worte zu finden. Doch ergibt sich dabei noch eine wichtige *»Nebenwirkung«:* wenn Sie anderen gegenüber keine Feindseligkeiten mehr empfinden, steht einer lebendigen Erfahrung der Ganzheit und dem damit verbundenen Zuwachs an Fähigkeiten nichts mehr im Wege.

Der richtige Stil

Nicht nur im Gespräch, auch in schriftlichen Arbeiten wirken sich subjetive Methoden förderlich aus.

Stellen Sie sich vor, Sie sitzen an Ihrem Schreibtisch, um einen Bericht abzufassen. Ihr Gehirn arbeitet dabei im Beta-Rhythmus: Sie wissen, *was* Sie sagen wollen. Nun denken Sie angestrengt darüber nach, *wie* Sie es sagen sollen. Sie erwägen die Reihenfolge der Fakten, stellen sich die Empfänger des Berichtes vor und suchen nach einer diesen angemessenen Ausdrucksweise. Sie entwerfen einige Sätze, dann verbessern Sie, wiederholen diesen Vorgang, bis schließlich nach einigen Stunden der fertige Bericht auf dem Papier steht.

Dies ist die objektive Methode des Schreibens. Sie ist wichtig und gut. Doch es fehlt etwas dabei. Dieses »Etwas« würde den Bericht eindrucks- und wirkungsvoller machen. Es handelt sich dabei um einen über die bloßen Fakten hinausgehenden *Stil,* der den Bericht anschaulich macht, ihm Farbe verleiht und ihn für seine Empfänger wahrhaft ansprechend macht.

Formulierungen, die solchermaßen über die bloße Sachmitteilung hinausgehen, ohne jedoch unsachlich zu werden, entspringen der Intuition. Sie sind ein Beitrag unserer rechten Hirnhälfte, der dem logischen Bemühen der linken Seite die rechte Würze verleiht.

Besitzt man diese Gabe der Intuition oder hat man sie durch Mind-Control entwickelt, findet man automatisch die richtigen Worte, stellt diese automatisch in den richtigen Zusammenhang. Was zuvor eine zähe Schweißarbeit war, wird zur Freude. Spontan weiß man jene Worte, die den Lesern das anschaulich machen, was man mitteilen möchte.

Den richtigen Stil programmieren

Wer noch nicht so lange praktiziert, daß seine Intuition schon voll entwickelt ist, kann die Unterstützung seines Unterbewußtseins vor einer schriftlichen Arbeit nach den schon bekannten Methoden programmieren.

Eine Möglichkeit:

1. *Werden Sie vor dem Einschlafen in der Nacht passiv, und weisen Sie Ihr Unterbewußtsein an, Sie zu der günstigsten Zeit zum Programmieren eines erfolgreichen Textes erwachen zu lassen.*
2. *Sobald Sie in der Nacht erwachen, werden Sie erneut passiv. Nun halten Sie sich die Erfordernisse Ihres Textes vor Augen: An wen richtet er sich? Was ist sein Zweck? Wie wollen Sie ihn gliedern? usw.*
3. *Wenn Sie diese Fragen in sich bewegen, treten vielleicht im Geiste spontan Antworten auf. Manche dieser Antworten haben Sie vielleicht bereits zuvor gefunden, andere mögen neu sein. Doch suchen Sie nicht grübelnd nach Antworten! Überdenken Sie das Projekt vielmehr so weit, wie Sie es in seinem Sinn und Zweck bereits kennen.*
4. *Dann programmieren Sie sich für die »Drei-Finger-Technik«, indem Sie im Geiste sagen: »Wenn ich morgen an diese schriftliche Arbeit herangehe, brauche ich nur am Anfang die drei Fingerspitzen aneinanderzulegen, und mein Geist wird in der richtigen Verfassung sein. Ich werde die beste Gliederung, die besten Worte und die besten Formulierungen finden. Ich werde meine Gedanken verständlich ausdrücken. Treten Probleme auf, lege ich erneut die drei Fingerspitzen aneinander, um einen geeigneten Bewußtseinszustand einzunehmen. Es wird mir auch bei offenen Augen gelingen.«*

Der hellsichtige Verfasser

Mein Mitarbeiter an diesem Buch, Dr. Robert B. Stone, ist ein erfahrener Autor. Fast siebzig Bücher hat er selbst verfaßt oder entscheidend daran mitgewirkt. Und er schreibt weiter! Für die meisten Autoren ist eine derart große Anzahl von Buchveröffentlichungen ein unerreichbarer Traum. Doch die schöpferische Leistung von Dr. Stone erscheint uns noch größer, wenn wir wissen, daß er über seine schriftstellerische Arbeit hinaus noch weitere Verpflichtungen hat. Er lehrt an der Universität von Hawaii, ist in führender Funktion in der Wirtschaft tätig, arbeitet als Forscher und hält weltweit Mind-Control-Seminare für Führungskräfte ab.

Für uns ist es nun aufschlußreich, wie ein Mann wie Dr. Stone die richtigen Worte findet. Im folgenden erzählt er es uns selbst:

»Ich bin in meinem Leben so oft passiv geworden, um mich zu programmieren, daß es mir heute auch mit offenen Augen gelingt, wenn ich nur etwas entspanne. Dies tue ich stets am Abend, bevor ich zu Bett gehe. In einer Art Tagtraum sehe ich, wie weit ich mit meinem Manuskript gekommen bin, und wie es weitergehen soll. Tagträumend nehme ich die Arbeit des nächsten Tages vorweg. Ich stelle mir vor, wie ich die erste Stunden des frühen Morgens beim Schreiben sitze. Ich sehe, daß ich zwischen ein- und zweitausend Worte aufs Papier brachte. Dann lasse ich das Bild los und denke nicht länger darüber nach. Am nächsten Morgen bewältige ich dann stets das vorgenommene Pensum. Die Grundlage dafür wurde in einer entspannten und produktiven Weise gelegt.

Vielleicht kennen Sie aus Filmen im Fernsehen den ›typischen Schriftsteller‹. Frustriert, angespannt und nervös sitzt er an der Schreibmaschine. Ein Blatt Papier nach dem anderen reißt er aus der Maschine, zerknüllt es und wirft es in den Papierkorb. Dieses Bild hat keinerlei Ähnlichkeit mit mir. Wenn ich schreibe, dann fließen die rechten Worte mit Leichtigkeit dahin. Selten nur habe ich etwas zu verbessern. Stets bin ich bei der Arbeit ruhig und konzentriert.

Eine andere Sache: wenn ich mit der Arbeit an einem Buch beginne, stelle ich stets einige Nachschlagwerke auf meinen Schreibtisch, die für das Projekt nützlich sein könnten. Aus symbolischen Gründen stelle ich sie auf die linke Seite: Die rechte Hirnhälfte steuert die linke Seite unseres Körpers. Nach zwei Monaten, wenn das Manuskript abgeschlossen ist, merke ich meist, daß ich die Nachschlagewerke kein einziges Mal verwendete. Sie dienten mir wie imaginäre Experten, die ich in meinen Geist eingeladen habe, denn ganz automatisch wußte ich stets die Antwort, wenn eine Frage auftauchte. Manchmal kann ich plötzlich nicht mehr schreiben. Ich muß dann die Arbeit eine oder zwei Stunden früher als geplant abbrechen. Ich sehe dann meine Post durch, und ein Brief bringt mir genau jene Information, die ich zum Weitermachen brauche. Oder es erreicht mich dann ein Anruf, und während des Telefongespräches erhalte ich wie zufällig Hinweise für die weitere Arbeit. Oder mein Blick fällt auf die Zeitung, und da steht dann auf Seite genau ... Brauche ich noch mehr zu sagen?«

Eine hellsichtige Führungskraft kann auch ein hellsichtiger Verfasser werden. Dies kommt daher, daß sie im Alpha-Rhythmus denken kann.

Machen Sie den einfachen Test: Nehmen Sie jetzt gleich Stift und Papier zu Hand, und schreiben Sie ein paar Sätze zu irgendeinem Thema, das Sie gerade beschäftigt.

Dann werden Sie passiv, entspannen Sie kurz und öffnen nach einer Minute wieder die Augen. Schreiben Sie erneut ein paar Sätze, die Ihnen gerade einfallen.

Nun vergleichen Sie die Sätze, die Sie zuerst schrieben, mit den anderen, denen eine Entspannung im Alpha-Rhythmus voranging. Wahrscheinlich werden die später geschriebenen Sätze besser, tiefer und sinnvoller sein. Manchmal ist der Unterschied nur gering, doch meist ist er erheblich und überzeugend.

Damit soll natürlich nicht gesagt werden, daß Sie sich bemühen müßten, im Alpha-Rhythmus zu schreiben. Dies wäre völlig unmöglich! Schreiben ist ein aktiver Vorgang, der den Beta-Rhythmus erfordert. Doch wenn Sie zwischen den aktiven Phasen des Schreibens zum Nachdenken im Alpha-Rhythmus sind, werden Ihre Texte merklich an Qualität gewinnen.

Wie man aufnahmebereiter wird

Zur Kommunikation gehört es auch, Botschaften aufzunehmen. Ein Großteil des täglichen Stresses einer Führungskraft besteht darin, der Informationsflut auf ihrem Schreibtisch Herr zu werden. Viele Seiten schriftlichen Materials wollen gelesen werden. Einiges davon muß im Gedächtnis bleiben. Wenn Sie sich viele Einzelheiten aus einem schwierigen Bericht merken sollen, dann gehen Sie folgendermaßen vor:

1. *Sprechen Sie den Bericht langsam auf Band.*
2. *Werden Sie dann passiv, um sich den Bericht vom Band anzuhören.*
3. *Legen Sie bei jeder schwierigen Stelle, die Sie genau im Gedächtnis behalten wollen, die Spitzen von Daumen, Zeigefinger und Mittelfinger einer Hand aneinander.*
4. *Wenn das Band abgelaufen ist, sagen Sie sich im Geiste, daß Sie künftig nur die drei Fingerspitzen aneinanderlegen müssen, sobald Sie sich an Details aus diesem Bericht erinnern wollen.*
5. *Schließen Sie die Übung in der gewohnten Weise ab.*
6. *Handelt es sich bei dem Bericht um die Unterlage für eine Sitzung oder Unterredung, lesen Sie ihn vor dem Ereignis nochmals.*

Es ist selbstverständlich, daß diese Methode *nicht* für Berichte aller Art notwendig ist. Doch in bestimmten Fällen, bei denen ein rein objektives Herangehen sehr zeitraubend wäre, bewährt sie sich hervorragend:

- ☐ wenn der Bericht von außerordentlicher Länge ist,
- ☐ wenn er kompliziertes statistisches Material, viele Zahlen und Daten enthält,
- ☐ wenn er Sie mit grundlegend neuen Informationen bekannt macht, mit denen Sie erstmals konfrontiert werden.

Insgesamt wird Ihnen der Text durch diese Methode viermal präsentiert: (1.) Sie lesen ihn, wenn Sie ihn bekommen. (2.) Dann sprechen Sie ihn auf Band. (3.) Nun hören Sie ihn an. (4.) Sie lesen ihn nochmals vor der entsprechenden Sitzung. Doch obwohl Sie ihn nur viermal zur Kenntnis nehmen, ist die Wirkung doch ungleich stärker. Allein das bewußte Hören im Alpha-Rhythmus hat mindestens die vierfache Wirkung des normalen Hörens. Im Alpha-Rhythmus wird unsere Gedächtnisleistung vervielfacht.

Wenn Sie dann während der Sitzung Ihre drei Fingerspitzen aneinanderlegen, werden Sie wissen, wovon Sie reden.

Die »Drei-Finger-Technik« im Gespräch

Immer dann, wenn Sie den Verlauf eines Gespräches durch die »Drei-Finger-Technik« vorprogrammierten, wird dies klare Auswirkungen haben. Durch das Zusammenlegen der drei Fingerspitzen erhält Ihr Unterbewußtsein ein Signal: Beide Hirnhälften sollen harmonisch zusammenarbeiten!

Das harmonische Zusammenwirken beider Hirnhälften läßt Sie im Gespräch offener und umgänglicher werden, denn das Einbeziehen der rechten Hälfte führt zu einem Abbau schädlicher Kommunikationshindernisse. Diese werden von mir gerne als die »fünf Todsünden der Führungskraft« bezeichnet:

Arroganz. Dies ist die Tendenz, sich selbst viele Verdienste zuzuschreiben, während man anderen nur wenige zugesteht.

Stolz. Dabei haben wir es mit einer übertriebenen Wertschätzung der eigenen Bedeutung zu tun.

Überheblichkeit. Man hat eine hohe Einschätzung von sich selbst, doch schätzt die anderen gering.

Eitelkeit. Man sehnt sich danach, anerkannt und bewundert zu werden.

Verachtung. Man sieht nur die Fehler und Schwächen der anderen und blickt daher auf sie herab.

Selten gibt es eine Führungskraft, die vollkommen frei von diesen Eigenschaften ist. Eine führende Stellung in Wirtschaft, Politik, Verwaltung oder Medien scheint diese »Todsünden« geradezu zu fördern. Doch denken Sie daran: Jede dieser Eigenschaften schwächt Ihre Kommunikationsfähigkeit. Und geschwächte Kommunikationsfähigkeit bedeutet gleichzeitig *geschwächter Erfolg.*

Durch das Zusammenlegen Ihrer drei Fingerspitzen geben Sie

Ihrem Unterbewußtsein das Signal, die »fünf Todsünden« aufzuspüren und lahmzulegen.

Sehr schwierig wäre es, die schlechten Eigenschaften durch Willensanstrengung zu überwinden. Unserem wachen Bewußtsein bleiben sie meist verborgen, weil wir vor uns selbst einen guten Eindruck machen wollen. Doch das Unterbewußtsein weiß alles über uns, und es unterstützt uns, wenn wir es nur lassen.

Beherrschen Arroganz, Stolz, Überheblichkeit, Eitelkeit und Verachtung nicht mehr den Verlauf eines Gespräches, können wir erst wahrhaft kommunizieren. Wir sind dann wirklich offen für das, was uns der andere mitteilen möchte, und sagen selbst das, was im Interesse aller Beteiligten ist.

Wie man eine Rede hält

Ihre Organisation hat Sie auf einen teuren Fortbildungskurs geschickt. Dort konnten Sie wertvolle Erkenntnisse gewinnen und neue Informationen sammeln. Der Präsident bat Sie nach Ihrer Rückkehr, Ihre Eindrücke zusammenzufassen und diese in einem Vortrag vor den führenden Vertretern der Organisation zu schildern.

Der Tag der Versammlung ist gekommen. Der Augenblick, an dem Ihre Rede beginnen soll rückt näher. Aber Ihre Hände schwitzen, das Herz trommelt in der Brust, und Sie haben weiche Knie.

Wie läßt sich das vermeiden?

Schon in der Nacht vor der Rede hätten Sie drei Maßnahmen ergreifen können:

1. *Vorprogrammieren, daß ein bewußtes Lächeln, das Zusammenlegen der drei Fingerspitzen und ein Tippen gegen die Brust (bei der Thymusdrüse) Ihnen Selbstvertrauen und Sicherheit schenkt.*
2. *Vorprogrammieren, daß Sie beim Aneinanderlegen der drei Fingerspitzen sofort wissen, was Sie sagen wollen.*
3. *Vorprogrammieren, daß Sie nach einem tiefen Atemzug und langsamem Ausatmen ruhig werden und Ihre geistigen Fähigkeiten unter Kontrolle haben.*

Professor Lauren Ekroth, der an der Universität von Hawaii Rednerschulungen durchführt und selbst in der Silva-Methode ausgebildet wurde, empfiehlt als zusätzliche Maßnahme, das Unterbewußtsein vor und nach der Rede mit positiven Gedanken zu füttern. *Vor der Rede:* »Ich bin in der Lage, ein Konzept aufzustellen und danach vorzugehen.« – »Ich bin ganz entspannt und gelassen.« – »Mein Vorhaben wird zweifellos gelingen.« *Nach der Rede:* »Es ist gelungen. Es war gut.« – »Jedesmal, wenn ich künftig öffentlich spreche, werde ich besser sein.«

Die Verständigung mit Gruppen

Wenn Sie mehreren Menschen etwas nahezubringen haben, ist dies immer mit besonderen Schwierigkeiten verbunden. Nehmen wir an, Sie haben ein Verkaufsgespräch zu führen, bei dem Ihnen nicht nur ein Verhandlungspartner gegenübersitzt: Verschiedene Menschen haben unterschiedliche Erwartungshaltungen, eine unterschiedliche Auffassungsgabe und sprechen tatsächlich »verschiedene Sprachen«.

Verlassen Sie sich in solchen Fällen nur auf die objektiven Methoden der Kommunikation, ist die Wahrscheinlichkeit von Mißverständnissen relativ groß. Versuchen Sie jedoch neben dem objektiven auch den subjektiven Weg, verstärkt dies die Sicherheit, daß Ihre Botschaft auch zu den Zuhörern gelangt, und zwar zu allen!

Übungsanweisung für die subjektive Kommunikation mit einer Gruppe

1. *Bevor Sie abends einschlafen, programmieren Sie, zum günstigsten Zeitpunkt für die subjektive Kommunikation mit der Gruppe zu erwachen.*
2. *Werden Sie, sobald Sie in der Nacht aufwachen, erneut passiv. Sie befinden sich nun genau in der richtigen Geistesverfassung, um der Gruppe Ihre Botschaft zu »senden«, als würden Sie über einen Lautsprecher zu einer öffentlichen Versammlung sprechen.*

3. *Imaginieren Sie die Gruppe, mit der Sie am nächsten Tag sprechen sollen. Sehen Sie, wie die einzelnen Mitglieder aufmerksam Ihrer »Lautsprecherdurchsage« zuhören.*
4. *Legen Sie der Gruppe in Ihrer Vorstellung all das dar, was Sie ihr am nächsten Tag nahebringen möchten.*
5. *Schlafen Sie im passiven Zustand wieder ein.*

Sie können dieses Grundmuster der Übung noch nach in früheren Kapiteln gegebenen Antleitungen ergänzen: Sehen Sie z. B. wie das, was Sie sich durch das Gespräch mit der Gruppe erhoffen, tatsächlich eintrifft.

Sprechen Sie am folgenden Tag nach bestem objektiven Vermögen mit der Gruppe. Es wird wirksam sein! Jede Unterhaltung ist wirksamer, wenn Sie vor der objektiven Ausführung zunächst subjektiv vorgenommen wird.

Gespräche mit einzelnen

Sie sprechen mit einem Menschen. Er nickt Ihnen zu, bestätigt, was Sie ihm gesagt haben, gibt Ihnen recht. Sie freuen sich, daß man Sie verstanden hat.

Doch nach einiger Zeit folgt die Ernüchterung: Sie und der andere Mensch haben völlig aneinander vorbeigeredet. Er hat Sie gänzlich mißverstanden. Sie sagten das gleiche und meinten doch ganz unterschiedliche Dinge.

Haben Sie das schon erlebt? Es kommt häufig vor. Den Grund dafür haben wir zu Beginn dieses Kapitels bereits behandelt: die Menschen sprechen verschiedene Sprachen; je nach ihrem Standpunkt und Blickwinkel bewerten sie die Dinge anders als wir.

Wenn wichtige Dinge zu bereden sind, können Sie auch bei Gesprächen mit einzelnen die objektive Unterredung durch eine subjektive vorbereiten:

1. *Werden Sie am Abend vor dem Einschlafen passiv, um zu programmieren, daß Sie zum günstigsten Zeitpunkt für das Gespräch erwachen.*

2. *Sobald Sie während der Nacht erwachen, werden Sie erneut passiv. Visualisieren Sie den Menschen, mit dem Sie reden müssen. Wenn Sie ihn noch nicht kennen, imaginieren Sie ihn. Sie brauchen sich dabei nicht das Gesicht oder die äußere Erscheinung in allen Einzelheiten vorzustellen. Es reicht das bildhafte Empfinden, daß Sie diesen Menschen vor sich haben.*
3. *Sagen Sie nun der betreffenden Person all das, was Sie ihr im anstehenden Gespräch vermitteln wollen. Sprechen Sie dabei nicht von oben herab. Behandeln Sie in der subjektiven Kommunikation auch den »Untergebenen« als vollkommen gleichrangigen Menschen.*
4. *Lassen Sie dann das Bild des Gespräches abklingen, und werfen Sie einen Blick in die Zukunft: Sehen Sie eine Szene, aus der deutlich wird, daß Ihr Gespräch Früchte getragen hat.*
5. *Dann schlafen Sie im passiven Zustand ein.*

Wenn Sie am nächsten Tag mit dem betreffenden Menschen sprechen, wird sich Ihre vorangegange subjektive Kommunikation positiv auf den Verlauf des Zusammentreffens auswirken. Da können Sie ganz sicher sein!

Subjektive Kommunikation über große Distanzen

Ich muß nun für einen Augenblick mit Ihrer linken Hirnhälfte reden! Was ich nun sage, bedarf einer logischen Einleitung. Würde ich diese auslassen, könnte Ihre linke Hirnhälfte das, was jetzt kommt, ablehnen. Es würde Ihnen damit eines der wertvollsten Werkzeuge der Führungskraft aus der Hand nehmen.

Die Menschheit hat es seit den Tagen der Rauchsignale weit gebracht, wenn es um die Informationsvermittlung über weite Entfernungen geht. Satelliten im Weltraum ermöglichen uns heute, Wort und Bild an jeden gewünschten Punkt der Erde zu senden. Hätten Sie das vor zweihundert Jahren jemandem gesagt, hätte er Sie für verrückt erklärt.

Glauben Sie mir, auch mich halten heute einige Leute für verrückt, wenn ich sage: »Werden Sie passiv. Sehen Sie Ihren Freund auf der anderen Seite der Erdkugel, und sagen Sie ihm, was getan werden soll.« Die Menschheit ist heute noch nicht damit vertraut, die Energie des Bewußtseins als tatsächliche *Energie* anzusehen, durch welche zum Beispiel auch Informationen übermittelt werden können.

Doch denken Sie an die Telepathie-Experimente von Cleve Backster oder den Versuch der sowjetischen Wissenschaftler mit der Kanichenmutter. Daß subjektive Kommunikation über weite Distanzen möglich ist, darf als wissenschaftlich erwiesen gelten. Wie es genau möglich ist, harrt noch der Erforschung durch die Wissenschaftler.

Als japanische Forscher die Experimente Cleve Backsters kürzlich weiterführten, stellten sie fest, daß Pflanzen ganz offensichtlich Signale aus dem Weltraum aufnehmen. Die Forscher waren über diese Tatsache äußerst erstaunt. Wir in der Silva-Organisation staunten über ihren Bericht überhaupt nicht. Wir wissen, daß Menschen über weite Entfernungen kommunizieren können, wir tun es jeden Tag, weshalb also nicht auch Pflanzen?

Die Grenzen subjektiver Kommunikation

Unsere rechte Hirnhälfte kann uns mit einer nicht-materiellen Sphäre in Verbindung bringen. In dieser subjektiven Dimension lassen sich Raum und Zeit überwinden. Mit anderen Worten: In der subjektiven Kommunikation spielen Entfernungen keine Rolle. Können Sie also über tausende Kilometer hinweg mit Ihrem Vertreter in Peking sprechen? *Ja!* Können Sie mit Ihrem Geschäftspartner in Moskau subjektive Verbindung aufnehmen? *Ja!* Können Sie subjektive Kontakte mit Ihrem Verhandlungspartner in New York pflegen? *Ja!* Sie können mit diesen entfernten Menschen auf die gleiche Weise in subjektiven Kontakt treten, wie wir es in den bisherigen Beispielen dieses Buches für Menschen in unmittelbarer Nähe beschrieben haben.

Dennoch: subjektive Methoden sind kein Ersatz für die objektiven, sondern sie sind deren Ergänzung. Es ist nicht möglich, daß die Arbeit der linken Hirnhälfte von der rechten übernommen wird. Nur wo beide sich ergänzen und harmonisch zusammenwirken, wird der Erfolg vollkommen sein.

Werden Sie Ihrem Vertreter in Peking weiterhin ein Fernschreiben schicken? *Selbstverständlich!* Doch Sie werden, bevor Sie zum Fernschreiber gehen, passiv werden, um die Mitteilung auch in subjektiver Kommunikation zu geben. Ihr Vertreter im Fernen Osten wird auf diese Weise nach Empfang des Fernschreibens noch klarer sehen, worauf Sie hinauswollen und intuitiv in Ihrem Sinne handeln. Werden Sie Ihrem Geschäftspartner in Moskau ein Telegramm mit Ihrer Eilbestellung schicken? *Selbstverständlich!* Aber die subjektive Kommunikation wird helfen, die Abwicklung der Bestellung im Sinne und zum Nutzen aller Beteiligten zu beschleunigen. Werden Sie Ihren Verhandlungspartner in New York anrufen? *Selbstverständlich!* Doch die vorangehende subjektive Kommunikation im Alpha-Rhythmus wird das Ferngespräch erfolgreich machen: ein gutes Einvernehmen läßt sich rascher herstellen, und die Verhandlungen werden so positiv vorankommen.

Die subjektive Kommunikation gelingt dem geübten Praktiker immer! Doch es gibt einige Hindernisse. Sie kennen bereits die »fünf Todsünden der Führungskraft«, Haltungen, die einen Kontakt auf der geistigen Dimension unmöglich machen.

Darüber hinaus existiert eine weitere Schwierigkeit: der subjektive Kontakt kann abbrechen, wenn Sie die Mitteilungen im Alpha-Rhythmus zu sehr mit Zahlen, Daten, Fakten, statistischen Materialien belasten. Alle diese Dinge sind eigentlich Angelegenheiten der linken Hirnhälfte. Bereiten Sie durch die subjektive Kommunikation das *gute Einvernehmen* vor. Stellen Sie eine Verbindung auf der Ebene des Geistes her, die ein tiefes Verstehen ermöglicht. Doch vermitteln Sie die Fakten auf dem objektiven Weg des Redens, Schreibens oder durch die technischen Hilfsmittel unserer modernen Welt.

Umgekehrt ist es auch nicht klug, Inhalte der subjektiven Dimension unvermittelt auf der objektiven Ebene auszusprechen. Stellen Sie sich die Reaktion eines Ihrer Mitarbeiter vor, wenn Sie ihm sagten: »Wir müssen näher zusammenrücken, um diese Welt besser und glücklicher zu gestalten.« Vermutlich würde er danken, Sie wären überspannt und urlaubsreif. Der gleiche positive Gedanke in der subjektiven Kommunikation kann jedoch ein gutes Einvernehmen mit diesem Mitarbeiter herstellen, wodurch das objektive Gespräch erst erfolgreich wird.

Die subjektive und die objektive Kommunikation erfordern jeweils ihre besonderen Voraussetzungen. Obwohl diese beiden Wege unterschiedlich sind, bilden sie doch gemeinsam die Brücke, welche den Unterschied zwischen zwei Menschen überwinden hilft:

- Unterschiede in der Auffassung,
- verschiedene Aufenthaltsorte,
- unterschiedliche Interessen.

Die hellsichtige Führungskraft, die subjektiv *und* objektiv zu kommunizieren versteht, überwindet die Unterschiede. Sie findet stets den richtigen Ausdruck in Wort und Schrift, um dem anderen nahezukommen.

11. Kapitel

Wie stelle ich mich dar, wie setze ich mich durch?

John und Rita Donahue sind zwei talentierte junge Menschen, die ihr Hobby zum Beruf machen wollten. Sie bedienten sich dazu der Silva-Methode. Ihr Steckenpferd: sie basteln Glockenspiele, die im Wind liebliche Melodien erklingen lassen.

Das klingt zwar sehr romantisch, aber läßt sich daraus wirklich ein Beruf machen, der ein junges Ehepaar ernährt? Lesen Sie, wie es kam: John ist ein guter Handwerker, und Rita ist eine feinsinnige Künstlerin. Als sie zu ihrer eigenen Freude 1973 die ersten Glockenspiele gebastelt hatten, merkten sie, wie auch andere Freude daran fanden. Also bauten sie weitere und verkauften diese an Wochenenden.

Anfänglich lag ihr Jahresumsatz unter 1000 Dollar, doch 1975 hatte er schon 20 000 Dollar erreicht. 1978 lag der Umsatz bei 100 000 Dollar. 1979, als die beiden einen Umsatz von 200 000 Dollar erwarteten, beschlossen sie, von New York nach San Diego (Kalifornien) umzuziehen.

Durch ihre vorangegangenen Erfolge war das Ehepaar in Mind-Control geübt. Rita und John programmierten, daß ihnen durch den weiten Umzug mit Firma keine Umsatzeinbußen entstehen sollten. Der Umsatz stieg weiter! Nun ging es darum, neue schöpferische Ideen zu finden, um die Glockenspiele immer attraktiver zu machen.

Im Alpha-Rhythmus kamen die gewünschten Ideen: gefällige »Windmaschinen«, wunderbare Kunstwerke, die jedem kalifornischen Garten zur Zierde werden können. Beweglich Plastiken entstanden, die sich im Wind verändern. John und Rita erregten mit ihren Produkten viel Aufsehen. Es ging unaufhaltsam weiter mit ihrem Geschäft, das ihnen auch immer Freude bereitete.

Gegenwärtig programmieren sie, einen Jahresumsatz von einer Million Dollar zu erreichen. Hätte ich ein Wettbüro, würde ich mir nur Kunden wünschen, die wetten, daß die beiden es nicht schaffen. Denn ich bin mir sicher, daß sie es schaffen werden!

Vielfältige Möglichkeiten im Alpha-Rhythmus

Wenn während des entspannten Zustandes im Alpha-Rhythmus die beiden Hälften unseres Gehirns in harmonischem Einklang arbeiten, werden wir dadurch zu einer ganzheitlichen Persönlichkeit. Diese individuelle Ganzheit läßt uns darüber hinaus in Kontakt mit der grundlegenden universellen Einheit kommen, in der wir als abgesonderte Wesen immer geborgen sind.

Solange wir uns nur unserer Abgesondertheit bewußt sind, spüren wir nichts von der fundamentalen Geborgenheit, und der unermeßliche Reichtum ganzheitlicher Energie und schöpferischer Ideen ist uns nicht zugänglich. Werden wir jedoch der Einheit bewußt, dann überschreitet unser Geist die alltäglichen Beschränkungen. Er empfängt Intuitionen, die wie im Falle von John und Rita Donahue Kunstwerke hervorbringen, die viele Menschen bezaubern. Doch er empfängt auch Eingebungen, die Menschenleben retten können:

Dean Winkler, 27, aus Kansas City in Missouri kam mit seinem Sportwagen ins Schleudern. Der Wagen wurde gegen einen Baum geworfen, prallte ab und fiel in eine Schlucht, wo er dem Blick vollkommen entzogen war. Die Zeitschrift *Weekly World News* berichtete, was weiter geschah: Zwei Tage lang suchte Deans Familie nach ihm, während er bewußtlos im Autowrack eingeklemmt war. Die Suche blieb ergebnislos. In ihrer Verzweiflung suchte die Familie einen Mann auf, dessen Namen sie aus der Zeitung kannte, weil er schon häufig der Polizei beim Lösen schwieriger Kriminalfälle geholfen hatte, den Mind-Control-Lehrer Randy Youmans.

Randy Youmans wurde passiv, konzentrierte sich auf Dean Winkler, indem er ihn imaginierte und begann plötzlich den geschehenen Unfall zu beschreiben. Seine Angaben waren dabei so genau, daß es den Polizisten gelang, die Unfallstelle zu ermitteln. Die Rettungsmannschaften kamen noch rechtzeitig, um das Leben Dean Winklers zu retten.

Die Möglichkeiten, mit der Silva-Methode segensreich für sich und andere zu wirken, sind unerschöpflich. Beginnen Sie heute mit der egoistischen Frage »Wie stelle ich mich dar, wie setze ich mich durch?«, programmieren Sie Glück und Erfolg für sich selbst, und Sie werden doch in der Konsequenz zur Verbesserung unseres Planeten für alle Menschen beitragen.

Die Vorteile der Silva-Methode

Es gibt zahlreiche Methoden, um das Unterbewußtsein zu aktivieren und die schöpferischen Möglichkeiten unseres Geistes anzuregen. Doch weist die Silva-Mind-Control-Methode einige Besonderheiten auf, die sie für das Erreichen Ihrer Ziele geeignet macht:

- ☐ *Der Weg, den Alpha-Rhythmus zu verwirklichen, ist sehr einfach.*
- ☐ *Das Ausnutzen der Schlafphase, um den günstigsten Augenblick für das Programmieren des eigenen Unterbewußtseins und die subjektive Kommunikation herauszufinden, ist einzigartig.*
- ☐ *Das Imaginieren schöpferischer Bilder in der Gegenwart wird gezielt zur Gestaltung einer positiven Zukunft eingesetzt.*
- ☐ *Einfache Signale (etwa in der »Drei-Finger-Technik«) oder sanfte Maßnahmen (Stimulieren der Thymusdrüse, ein tiefer Atemzug, ein bewußtes Lächeln) führen zu großartigen Erfolgen.*
- ☐ *Es ist möglich, auch für andere Menschen Positives zu wirken, indem man auch für deren Unterbewußtsein ein Signalwort programmiert (um zum Beispiel den Griff zur Flasche zu vermeiden).*

Das *Vorprogrammieren* ist das wesentliche Element in der Silva-Methode. Müßten Sie während einer Besprechung passiv werden, um eine schöpferische Idee hervorzubringen, wäre das nicht sehr vorteilhaft: »Entschuldigen Sie, Herr Präsident, aber ich möchte erst kurz passiv werden, bevor ich Ihnen sage, worauf ich hinaus will ...«

Möglich wäre das schon. Aber praktisch wäre es nicht. Und einen guten Ruf könnten Sie so schon überhaupt nicht gewinnen. Doch durch die einfache Technik des Vorprogrammierens brauchen Sie lediglich die drei Fingerspitzen aneinanderzulegen oder einen tiefen Atemzug zu nehmen, und schon sagen Sie dem Präsidenten, worauf es Ihnen ankommt.

Wie stellen Sie sich bei Konferenzen dar?

Bleiben wir bei den wichtigen Besprechungen. Sie haben nun zehn Kapitel lang die Theorie der Silva-Methode studiert. Vielleicht (ich hoffe das für Sie!) haben Sie bereits auch mit dem praktischen Üben begonnen. Wissen Sie nun, wie Sie sich auf eine Konferenz vorbereiten? Können Sie von der Methode Gebrauch machen, um sich selbst und Ihre Ideen am günstigsten darzustellen?

Ja, Sie kennen nun das grundlegende Verfahren. Wenn Sie sich zum Schlafen niederlegen, werden Sie zunächst passiv (Alpha-Rhythmus) und programmieren, daß Sie zum günstigsten Augenblick in der Nacht automatisch erwachen werden. Dann werden Sie erneut passiv und fahren dann folgendermaßen weiter:

1. *Visualisieren Sie den Konferenzort und die Menschen, die an der Konferenz teilnehmen. Kennen Sie den Konferenzort und die Teilnehmer noch nicht, dann imaginieren Sie.*
2. *Halten Sie im Geiste eine kurze Rede. Sagen Sie den Versammelten, daß Sie am nächsten Tag der Konferenz beiwohnen werden. Erklären Sie Ihre Absicht, nach bestem Wissen und Können zu einem Erfolg im Sinne aller Beteiligten beizutragen.*
3. *Lassen Sie dann das erste Bild abklingen, und imaginieren Sie nun Ihre Teilnahme an der Konferenz. Alles läuft prächtig. Sie verstehen es, sich darzustellen und durchzusetzen. Sie finden ein gutes Einvernehmen mit den anderen Teilnehmern und spüren: Die anderen freuen sich, daß Sie dabei sind.*
4. *Jetzt lassen Sie auch dieses Bild abklingen. Sehen Sie eine dritte Szene: Die Konferenz ist beendet. Sie war ein großer Erfolg. Sämtliche Teilneh-*

mer sind mit Ablauf und Ergebnis zufrieden. Man gibt sich in zufriedener Atmosphäre die Hand und geht auseinander.

5. *Nachdem Sie auch dieses Bild wieder abklingen ließen, schlafen Sie im passiven Zustand wieder ein.*

Machen Sie schöpferischen Gebrauch von Mind-Control

Als Führungskraft müssen Sie improvisieren können! Immer wieder erweist sich, wie notwendig dies ist. Sie können noch so schön vorausplanen, immer wieder wird es vorkommen, daß widrige Umstände oder sogar böser Wille uns einen Strich durch die Rechnung machen. Dann gilt es jeweils, kurzfristig umzudisponieren: Termine müssen geändert werden, Einteilungen umgestellt und getroffene Entscheidungen rückgängig gemacht.

Sie kennen das? Ja, es ist zuweilen der Alltag einer Führungskraft. Auch wenn Sie Ihr Leben und Arbeiten durch Mind-Control immer besser unter Kontrolle bekommen, ganz lassen sich Querschüsse von anderer Seite nicht vermeiden.

So, wie Sie im objektiven Leben gelernt haben, kurzfristig Umstellungen vorzunehmen und sich einer geänderten Situation anzupassen, müssen Sie dies auch bei den subjektiven Methoden verwirklichen. Am Anfang werden Sie sich noch streng an die in diesem Buch gegebenen Anweisungen halten. Das ist wichtig und gut so. Die geistigen Prozesse müssen zunächst in Gang kommen. Sie brauchen einige Sicherheit, den Alpha-Rhythmus tatsächlich zu kontrollieren, und das Imaginieren und Visualisieren will gelernt sein. Die Methoden zum Erreichen der verschiedenen Ziele sollen Sie daher zunächst genau nach den von mir gegebenen Anleitungen vornehmen.

Doch wenn Sie wirklich beginnen, kommt bald ein gewisser Punkt, ab dem die Sache zu wirken beginnt. Vielleicht üben Sie bereits, dann wissen Sie, wovon ich rede. Doch auch wenn Sie erst noch am Anfang stehen, wissen Sie bald, was ich meine. Ab diesem Punkt können Sie die gegebenen Methoden frei verwenden. Formeln und Gedächtnisstützen werden nicht mehr nötig sein. Nach Belieben können Sie

Alpha-Rhythmus eine bessere Zukunft programmieren. Erinnern Sie sich an die Schilderungen von Dr. Stone im letzten Kapitel? Wer konsequent durch Mind-Control an sich arbeitet, kann mit Sicherheit ebensoweit kommen.

Dann wird ein wahrhaft schöpferischer Gebrauch von Mind-Control möglich. Doch vermeiden Sie einen Fehler: Verzichten Sie nicht auf die in diesem Buch angegebenen Formeln und Gedächtnisstützen, solange sie nicht wirklich sicher Fortschritte erfahren haben. Sobald Sie glauben, Sie wären weiter, als Sie sind, bleiben Sie stehen.

Geben Sie nicht auf!

Es kann vorkommen, daß ein Programmieren nicht wirkt. Dies kann verschiedene Ursachen haben, von denen die wichtigsten bereits in den vorangegangenen Kapiteln besprochen wurden. Eine jedoch bleibt mir noch zu erwähnen.

Wenn Sie Mind-Control für den besseren Verlauf eines Arbeitsprozesses anwenden wollen, der sich über eine längere Zeit hinzieht, dann wird in der Regel ein einmaliges Programmieren am Beginn der Arbeit nicht wirken. Immer wieder werden Sie während des Verlaufs der Arbeiten erneut programmieren müssen, weil die Situation sich dauernd ändert. Tun Sie es! Geben Sie nicht auf! Es lohnt sich.

Nehmen wir an, ein technischer Zeichner soll nach groben Skizzen und Beschreibungen von Ihnen genaue Pläne anfertigen. Die Aufgabe ist schwierig, denn es handelt sich um eine komplizierte technische Konstruktion, für die es bislang kein Vorbild gibt.

Es wird in diesem Fall nicht genügen, nur einmal kurz zu programmieren, die Sache möge einen guten Verlauf nehmen. Vielmehr müssen Sie diese schwierige Angelegenheit während der ganzen Zeit Nacht für Nacht begleiten.

Sehen Sie, wie der Zeichner Schritt um Schritt die Pläne Ihren Vorstellungen entsprechend verwirklicht. Danken Sie ihm im Geiste für die gemachten Fortschritte. Korrigieren Sie ihn durch subjektive Kommunikation, bevor Sie objektiv mit ihm diskutieren.

Wenn Sie ein schwieriges Problem so während seines ganzen Verlaufs begleiten, kann der Erfolg nicht ausbleiben.

Der Alpha-Rhythmus hilft in jedem Fall

Sie können Ihr nächtliches Programmieren für Schwierigkeiten aller Art einsetzen. Man braucht sich dabei nicht auf Probleme mit einzelnen Menschen oder Gruppen zu beschränken.

Ein ehemaliger Teilnehmer eines Mind-Control-Kurses ist Flugzeugmechaniker an der amerikanischen Westküste. Seine Aufgabe besteht darin, ankommende Maschinen während der Zwischenlandung zu warten, damit sie sicher für einen neuen Start freigegeben werden können. Wie verwendet er die Silva-Methode? Wenn eine Maschine landet, wird er passiv, um den Motor zu visualisieren. Oft erhält er dann intuitiv einen Hinweis, welche Teile des Motors besonders intensiv untersucht werden sollten. Und oft erweist sich dieser Hinweis dann als große Hilfe. Da er ein fortgeschrittener Übender ist, kann er mit offenen Augen passiv werden und die Visualisation in sehr kurzer Zeit durchführen.

Wenn Sie Ihr grundlegendes Training abgeschlossen haben, sich mit Visualisation und Imagination vertraut machten und die ersten Erfolge durch kreative Meditation verzeichneten, werden Sie die ganze Bandbreite der Möglichkeiten des Alpha-Rhythmus erfahren. Auf Menschen, Dinge und Gegebenheiten können Sie dann einen positiven Einfluß ausüben, und Sie erlangen Erkenntnisse, die jenseits der üblichen Grenzen der Wahrnehmung angesiedelt sind.

Die Möglichkeiten der »Drei-Finger-Technik«

Haben Sie einmal im Alpha-Rhythmus programmiert, daß das Zusammenlegen der Spitzen der drei ersten Finger einer Hand Sie in einen der jeweiligen Situation angemessenen Geisteszustand bringt, besitzen Sie ein jederzeit verwendbares Werkzeug für vielfältige Zwecke.

Sie brauchen die »Drei-Finger-Technik« nicht auf das Anwenden in Gesprächen oder Konferenzen zu beschränken. Sie kann Ihnen vielfachen Nutzen bringen. Andere werden das Zufall nennen, aber was steckt wahrhaft dahinter, wenn Sie nach dem Zusammenlegen der drei Fingerspitzen

→ eine umwerfende Entdeckung machen?
→ eine verlorene Sache wiederfinden?
→ genau rechtzeitig an einem Ort ankommen, um einen Unfall zu verhüten?
→ gerade noch einen Parkplatz bekommen?
→ unwillkürlich das sagen, worauf alle gewartet haben?

In all diesen Fällen bringt uns die »Drei-Finger-Technik« in Berührung mit dem, was ich *Höhere Intelligenz* nenne. Wer in der Ganzheit alles Seienden lebt, kann immer seinen Platz finden. Akzeptieren Sie das! Es mag verwunderlich klingen, vielleicht anfänglich sogar albern auf Sie wirken. Doch versuchen Sie es: Programmieren Sie sich für die »Drei-Finger-Technik«, sehen Sie die Erfolge, und gehen Sie voller Vertrauen und Zuversicht von Sieg zu Sieg.

Probleme oder Lösungen programmieren?

Durch Mind-Control programmieren wir uns im Alpha-Rhythmus bewußt. Wir wissen genau, was wir anstreben, welche Lösung wir uns wünschen, und wir imaginieren sie, damit sie in der Zukunft zur Wirklichkeit werden kann.

Leider programmieren wir uns jedoch auch häufig unbewußt im Beta-Rhythmus, und dieses unbewußte Programmieren kann tragische Auswirkungen haben. Gedanken, die wir oft denken, Aussprüche, die wir oft gebrauchen, und Bilder, die wir oft in uns bewegen, wirken auf unser Unterbewußtsein wie Programmierungen.

Erkennen Sie sich in derartigen Aussagen wieder:

☐ »Es hat doch alles keinen Sinn.«
☐ »Es interessiert sich ja doch niemand für mich.«
☐ »Man wird mich niemals verstehen.«

☐ »Man lauert nur darauf, daß ich einen Fehler begehe.«
☐ »Das macht mich alles noch krank.«
☐ »Das schaffen wir niemals.«
☐ »Es ist vollkommen unmöglich.«
☐ »Meine Arbeit bringt mich noch um.«
☐ »Ich kann das nicht.«
☐ »Ich bin nicht begabt dafür.«

Je häufiger Sie derartige Sprüche innerlich oder laut nach außen wiederholen, um so sicherer wird deren Inhalt ein Teil Ihres Wesens. Sie reden sich systematisch ein, ein Versager, ein Nichtskönner und ein Schwächling zu sein.

Dieses Vorgehen im Beta-Rhythmus wirkt Ihrem positiven Programmieren im passiven Zustande erheblich entgegen. Kontrollieren Sie nicht nur den Geist, wenn Sie die gegebenen Übungen vornehmen. Beobachten Sie sich auch im ganz normalen Alltag! Achten Sie einmal darauf, ob bei Ihnen die negativen Gedanken und Aussprüche gegenüber den positiven überwiegen.

Wenn das so ist, müssen Sie dringendst Gegenmaßnahmen einleiten: Bemühen Sie sich, hauptsächlich das Gute zu sehen. Beachten Sie das, was Sie können! Freuen Sie sich über das, was Ihnen gelingt! Sagen Sie sich dankbar, daß Ihnen etwas gelungen ist! Nehmen Sie Schritt für Schritt *(oder besser noch in einem einzigen bewußten Satz!)* Abschied vom negativen Denken, und nähren Sie Ihr Unterbewußtsein mit positiven Aussagen. Sie werden sich auf diese Weise in ungeahnter Weise fördern!

Sich selbst und die Mitarbeiter fördern

So, wie Sie sich durch systematisches positives Denken im Leben voranbringen, können Sie auch Ihre Mitarbeiter fördern. Dadurch wird das gesamte Klima Ihres Betriebes verbessert, was wiederum positiv auf Sie selbst zurückwirkt.

Viele Führungskräfte, die andere Mitarbeiter anzuleiten und einzusetzen haben, begehen den schweren Fehler, die Menschen ein für allemal auf ein bestimmtes Niveau festzulegen. Sie betrachten andere ebenso beschränkt wie sich selbst und kommen nicht auf die Idee, daß es jedem von Natur aus möglich ist, sich immer weiter und höher zu entwickeln.

Als weitblickende Führungskraft fördern Sie Ihre Mitarbeiter durch subjektive Kommunikation. Nehmen wir an, Sie sehen, daß eine Arbeitskraft sich in einem bestimmten Bereich mehr entfalten könnte, sich die Sache aber nicht zutraut, gehen Sie folgendermaßen vor:

1. *Programmieren Sie das Erwachen zur rechten Zeit.*
2. *Visualisieren Sie den Arbeiter, der Ihre Unterstützung für seine berufliche Weiterentwicklung braucht.*
3. *Sehen Sie in einer ersten Szene folgendes vor sich: Sie sprechen ruhig mit ihm und erklären, daß er es schaffen wird. Dann legen Sie ihm dar, wie und wo er sich verbessern könnte, und was Sie sich von ihm versprechen.*
4. *Nun lassen Sie das erste Bild abklingen und imaginieren eine weitere Szene: Der Arbeiter führt aus, was Sie ihm dargelegt haben. Er verbessert sich tatsächlich.*
5. *Und schließlich sehen Sie eine dritte Szene: Der Arbeiter hat sich in der von Ihnen vorhergesehenen Weise entwickelt. Er selbst ist äußerst zufrieden und glücklich darüber. Sie aber freuen sich mit ihm und für die Firma, die in ihm nun einen wertvolleren und dankbaren Mitarbeiter hat.*

Teilen Sie dann am nächsten Tag dem Arbeiter das in der subjektiven Kommunikation bereits Gesagte in objektiver Weise mit. Wahrscheinlich werden Sie in solchen Fällen auf der objektiven Ebene diplomatischer vorgehen müssen als auf der subjektiven. Subjektiv können Sie sagen: »Komm, ich zeige dir worum es geht.« Objektiv müssen Sie stets die Form wahren, um niemanden zu verschrecken. Doch Sie werden in diesem Fall wie in allen anderen sehen, daß die subjektive Kommunikation Ihr objektives Anliegen zum Ziel führt.

Alle Ziele können erreicht werden!

Ich habe dieses Buch geschrieben, um Führungskräften ein Training vorzustellen, das sie zur Hellsicht führen kann.

Um es diesem Zweck so gerecht wie möglich werden zu lassen, habe ich die meisten praktischen Beispiele aus dem Wirtschafts- und Geschäftsleben gewählt.

Doch ist die Methode nicht auf den beruflichen Bereich beschränkt. Auf allen Gebieten des Lebens können Sie sich in positiver Weise darstellen und Ihre guten Ziele durchsetzen. Die Silva-Methode hilft Ihnen in Beruf, Familie, Freizeit und im gesellschaftlichen Leben.

Programmieren Sie, daß die Dinge in Ihrem Heim zur Zufriedenheit aller ablaufen. Helfen Sie Ihrem Ehepartner, nicht nur Ihren Mitarbeitern! Programmieren Sie für sich und Ihre Familie Gesundheit, Glück und Wohlstand. Drücken Sie Ihre Liebe zu den Angehörigen subjektiv *und* objektiv aus.

Denken Sie immer daran: Sie stellen sich selbst die Fahrkarte durch Ihr Leben aus. Machen Sie nicht nur Ihren Erfolg als Führungskraft zu einem der Fahrtziele. Streben Sie auch stets ein glückliches und ausgeglichenes Privatleben voller Liebe und Geborgenheit an.

12. Kapitel

Die Führungskraft mit Mind-Control in unserer Wendezeit

Der Skiläufer Goeff Bruce aus Burlington (Vermont) hatte wiederholt bei Wettläufen versagt. Dann versuchte er es mit der Silva-Methode, und der Unterschied war aufsehenerregend. Am 19. Februar 1982 feierte er in Colorado seinen ersten großen Triumph und gewann den Großteil des ausgesetzten Preises von 60 000 Dollar. Bei einem Interview mit der Zeitschrift Ski Racing erklärte er:

»Alles, was ich tat, war, daß ich mich auf Sieg programmierte. Die Silva-Methode arbeitet mit geistigen Bildern, die jedes negative Denken ausschließen... Ich sagte mir einfach, daß ich gewinnen würde, und sah mich als Sieger.«

Vom amerikanischen Fernsehen stark beachtet wurde auch der Fall der Baseball-Mannschaft *Chicago White Sox*. Nachdem sich sämtliche Spieler einem Training in Mind-Control unterzogen hatten, stieg die Leistung der Mannschaft erheblich an. In einer Untersuchung wurden die Erfolge jedes einzelnen Spielers vor und nach dem geistigen Training über einen längeren Zeitraum genau analysiert. Das Ergebnis: jeder Spieler hatte sich verbessert, mancher sogar ganz enorm.

Das in den letzten Jahren erheblich gewachsene Interesse an Sport und Körpertraining hat die Aufmerksamkeit auch auf die damit verbundenen geistigen Prozesse gelenkt. Die Sportliteratur ist heute voller Ratschläge, wie eine positive Einstellung den Ausgang eines Wettkampfes maßgeblich beeinflussen kann.

Auch in diesem Buch habe ich schon das kleine Experiment beschrieben, mit einem Ball nach einem Korb zu zielen und sich dabei jeweils Bilder des Gelingens oder Nichtgelingens vorzustellen.

Doch dies ist nur der Anfang. Wenn Sie tatsächlich mit dem Üben der in diesem Buch beschriebenen Möglichkeiten konsequent begonnen haben, werden Sie mit der Zeit erkennen, wie Sie die wirkliche Herrschaft über Ihre geistigen Haltungen erlangen. Sie können die Bilder in Ihrem Inneren dann tatsächlich kontrollieren, um sicherzustellen, daß sich nur positive Impulse in Ihrem Geist befinden. Das *Resultat:* mehr Energie, erhöhte Konzentrationsfähigkeit, ein besseres Gedächtnis, gesteigerte Intelligenz, erhöhte Problemlösungs- und Führungsqualitäten. Und nicht zuletzt erreichen Sie Ihre Ziele. *Der Grund:* innere Bilder streben danach, äußere Wirklichkeit zu werden!

Wahrscheinlich werden die Zeitungen und das Fernsehen über *Ihre* Erfolge mit der Silva-Methode heute nicht mehr berichten. Zu selbstverständlich sind diese heute geworden. Schlagzeilen hatten wir in Amerika in den siebziger Jahren ununterbrochen. Heute arbeiten Millionen Menschen in über fünfzig Ländern der Erde mit Mind-Control. Man nimmt die Sache nun als selbstverständlich hin...

Doch diese Selbstverständlichkeit heißt noch lange nicht, daß auch jeder, der davon hörte, sich nun dieser Methoden bedient. Einige werden es tun und dadurch vorankommen. Andere werden nur davon hören und zurückbleiben.

Wenn die Intuition erwacht ist...

Philip L. hatte sich bei der Leitung seiner Wäscherei-Betriebe seit zwei Jahren auch der Silva-Methode bedient. Eines Tages war eine rasche Entscheidung gefordert: In einer idealen Lage hätte er ein Geschäftslokal kaufen können. Der Preis war gut, die Größe gerade richtig für eine Wäscherei und in der Nähe befand sich ein großer Parkplatz. Sein Makler konnte ihm das Angebot nur einen halben Tag reservieren, Philip L. mußte also zu einem raschen Entschluß kommen.

Am Schreibtisch sitzend trat er in den Alpha-Rhythmus ein. Er stellte sich das Gebäude und den entsprechenden Laden bildhaft vor.

Obwohl objektiv betrachtet alles bestens war, sagte seine Intuition ein klares Nein. Er sagte dem Makler ab. Kein Jahr verging, da war das Gebäude durch einen Großbrand zerstört...

Wenn Sie eine gewisse Zeit Erfahrung mit Mind-Control haben, dann ist es nicht mehr notwendig, sich spezielle Meditationszeiten für die Arbeit mit dem Alpha-Rhythmus zu reservieren. *Jederzeit* können Sie sich dann der großartigen Möglichkeiten des entspannten Zustandes bedienen. Natürlich werden Sie auch weiterhin die Übungen des nächtlichen Programmierens für bestimmte Probleme vornehmen. Doch wenn kurzfristig am Schreibtisch etwas anfällt, werden Sie bei fortschreitender Praxis keine Schwierigkeiten haben, sogleich in den Alpha-Rhythmus einzutreten.

Gleichgültig, welche Entscheidungen anstehen, Sie können Ihr Inneres darüber befragen. Durch Mind-Control haben Sie gelernt, die echte innere Stimme von Wunschvorstellungen oder bloßen Befürchtungen zu unterscheiden. All dies wird nur durch das Erreichen des Alpha-Rhythmus möglich. Es gibt keinen Ersatz dafür. Doch bei zunehmender Übung wird es immer leichter, in diesen Entspannungszustand zu kommen.

Ich kann Ihnen also keine andere Weise des Fortschreitens empfehlen als die eine: Sie müssen üben. Jene, die einen Intensivkurs in Mind-Control absolvieren, schaffen es in der Regel schneller. Doch wenn Sie konsequent die Methoden nach dem Studium dieses Buches praktizieren, werden auch Sie so weit kommen: An jedem beliebigen Ort, zu jeder gewünschten Zeit können Sie dann mit offenen Augen in den Alpha-Rhythmus eintreten.

Die spontanen Empfindungen und Wahrnehmungen, die dann auftreten, werden Ihnen verläßliche Hinweise sein. Die rechte Hirnhälfte trägt dann ihren Teil zu einem ganz neuartigen Denken bei.

Das Besondere zur Routine machen

Dieser Prozeß wird mit der Zeit ein automatischer werden. Zunächst treten Sie noch aus bestimmten Gründen in den Alpha-Rhythmus ein. Es geht um Probleme, Entscheidungen oder das Programmieren zukünftiger Gegebenheiten. Dieses Eintreten wird anfänglich immer eine gewisse Sonderstellung in Ihrem Alltag haben. Doch nach einiger Erfahrung damit wird das Besondere zur Routine. Sie gehen nun ganz nach Belieben in den Alpha-Rhythmus, wenn immer es in einer Situation förderlich sein kann.

Viele Dinge, die Ihnen vielleicht vorher schon recht leicht gefallen sind, werden nun noch einfacher. Ohne daß Sie sich dazu auffordern müssen, tritt Ihr Geist nun in den Entspannungszustand ein und läßt Sie mit Leichtigkeit das Richtige tun. So können Sie sich im Alpha-Rhythmus besser entscheiden, wenn es darum geht

- ☐ Preise festzusetzen,
- ☐ Rabatte zu gewähren,
- ☐ Kostenvoranschläge zu erstellen,
- ☐ Kreditrahmen festzulegen
- ☐ und alle Überlegungen anzustellen, bei denen ein gewisser Ermessensspielraum besteht.

Sie werden überrascht sein, wie Ihr Einschätzungsvermögen dafür durch Mind-Control zunimmt. Gerade dann, wenn Sie Mind-Control bei Tätigkeiten anwenden, die Ihnen schon zur alltäglichen Routine geworden sind, wird die Intuition rasch wachsen. Routinetätigkeiten gibt es ständig, Mind-Control ist somit auch kein Ausnahmezustand mehr. Der ganze Tag wird zur Übung. Das Ergebnis auf der Gewinnseite Ihrer Bilanz wird sich sehen lassen können.

Um diesen Prozeß zu beschleunigen, empfiehlt es sich, in der Nacht das bessere Lösen von Routineaufgaben vorzuprogrammieren, um dann bei Tag durch die »Drei-Finger-Technik« in den genau angemessenen Bewußtseinszustand zu gelangen, um zum Beispiel

- ☐ die richtigen Worte für einen Brief oder Bericht zu finden,
- ☐ eine optimale Gliederung für alle möglichen schriftlichen Arbeiten zu finden,

- ☐ in einem Gespräch geschickt und diplomatisch zu verhandeln,
- ☐ das richtige Gebiet für einen Testverkauf auszuwählen,
- ☐ die geeignetste Person für eine Aufgabe herauszufinden.

Schwierige Probleme und größere Projekte sollten auf jeden Fall durch die besprochenen Methoden des Vorprogrammierens und Problemlösens behandelt werden. Sie verdienen einen starken Einsatz. Darum wollen wir ihnen und nicht Routinefragen jene beste Zeit in der Nacht vorbehalten, in der unsere Hirnhälften harmonieren und wir aufnahmebereit sind für intuitive Lösungen.

Wir leben in der Veränderung

Für eine Führungskraft gibt es keine Garantien in der Welt. Letztlich kann man sich auf nichts verlassen. Alles Erlangte kann wieder verlorengehen: Stellungen, Marktanteile, Kursgewinne. Selbst bei optimaler Handhabung aller Einflußmöglichkeiten können internationale Verwicklungen, Kriege, Regierungskrisen oder Naturkatastrophen alles Aufgebaute zum Zusammenbruch bringen.

Glücklicherweise treten solche Katastrophen nicht alltäglich und auf einmal an uns heran. Doch wir leben in einer unsicheren Welt. Immer nur müssen wir uns auf den Wandel aller Dinge einstellen.

Schon immer war dies für den Menschen ein Problem. Gleichbleibende Sicherheit scheint ihm bequemer als das Ungewisse der Veränderung. So schrieb der römische Kaiser und Philosoph Marc Aurel: »Schreckt dich wirklich die Veränderung? Nichts in der Welt geschieht ohne Veränderung. Das Wesen der ganzen Natur besteht in der Veränderung. Man kann Wasser nicht wärmen, ohne daß mit dem Brennholz eine Veränderung vor sich geht. Das ganze Leben ist nichts anderes als Veränderung. Lerne einzusehen, daß die Veränderung, die auf dich wartet, genau denselben Sinn hat und nach der Natur der Dinge unbedingt notwendig ist. Man muß sich nur bemühen, nie etwas zu tun, was der wahren Natur des Menschen zuwiderläuft, und in allem so zu handeln, wie sie es vorschreibt.«

Das ganze Leben ist Veränderung, dagegen können wir nichts tun.

Doch wir können uns darauf einstellen. Für den nur auf die objektive und materielle Ebene konzentrierten Menschen wird der Wechsel der Dinge immer etwas Erschreckendes sein, denn er ist nicht darauf vorbereitet. Wenn er etwas verliert, so scheint es ihm, als verlöre er dadurch sein ganzes Dasein. Wer gelernt hat, nicht nur in der materiellen Welt verankert zu sein, sondern auch die subjektive Dimension eroberte, kann jedoch von den Wechselfällen des Lebens weniger erschüttert werden. Er kennt die Gesetze, nach denen sich ein Schicksal gestaltet, und vermag auch noch aus einem Tiefschlag das Beste zu machen. Die Führungskraft von heute braucht diese Einstellung. Wir leben in einer Zeit schnellster Veränderungen. Wer sich bewähren möchte, braucht seinen ruhenden Pol in der subjektiven Dimension.

Die hellsichtige Führungskraft von heute wird mit *beiden* Hirnhälften arbeiten, in *beiden* Welten leben. Sie muß das Wesen dieser zwei Welten *nicht* philosophisch oder wissenschaftlich *verstehen*. Sie muß es vielmehr praktisch anwenden können.

Die subjektive Dimension ist Wirklichkeit!

Oft schon konnte ich das Argument hören: »Der Wandel, die Veränderungen und der daraus entstehende Streß der materiellen Welt, das ist die Wirklichkeit. Was soll ich in angenehmen Tagträumen meine Zeit verschwenden. Ich fliehe damit nur vor meinen eigentlichen Problemen. Die harte Wirklichkeit zählt!«

In einem Punkt gebe ich diesem Einwand recht: *Nur die Wirklichkeit zählt!* Doch andererseits muß ich widersprechen: Die subjektive Dimension ist Wirklichkeit! Sie ist wirklicher als irgend etwas sonst auf der Welt!

Alles, was »Wirkung« hat, können wir als Wirklichkeit bezeichnen. Dinge, die es nicht gibt, haben keine Wirkung und sind daher auch nicht wirklich. Wie steht es aber mit der subjektiven Dimension, der Ebene des Geistes? Restlos alles, was der Mensch auf Erden geschaffen hat, war im Geiste, im Denken vorhanden, bevor es schließlich zur materiellen Ausführung kam.

Wir sehen das Haus. Wir sehen die Maurer, die es bauen. Wir sehen den Plan, nach dem es gebaut ist. Wir können auch sehen, wie der Architekt diesen Plan zeichnet. Doch bevor er aufs Papier kommt, entsteht und besteht er im Geiste. Wie leicht vergessen wir doch diese Selbstverständlichkeit! Nichts kann auf der sichtbaren Ebene Wirklichkeit werden, was nicht *zuvor* auf der unsichtbaren Ebene gedacht wurde.

Nun frage ich Sie: Was ist wirklicher, die Ebene, aus der eine Sache ursprünglich hervorgeht? Oder jene Ebene, auf die es durch einen Umwandlungsprozeß gelangt? Zweifellos sind beide Ebenen gleich wirklich. Doch die ursprünglichere ist die mächtigere. Was hier nicht entworfen wird, kann in der objektiven Welt nie zur Wirkung kommen.

Darum sind die geistigen Bilder so wichtig. Durch sie gestalten Sie auf der subjektiven Ebene heute schon die Wirklichkeit der objektiven Ebene von morgen.

Eines Nachts rief mich ein aufgeregter Mann sehr spät an. Er war äußerst wütend: »Herr Silva, ich habe nach Ihren Methoden gearbeitet und programmiert, daß ich eine Beförderung und Gehaltserhöhung bekomme. Was ist passiert: Heute hat man mich gefeuert!«

Ich habe Vertrauen in die Technik des Programmierens. Ich *weiß*, daß sie sich bewährt. So sagte ich jenem Mann: »Warum versteifen Sie sich darauf, daß nur die Tatsache Ihrer Entlassung Wirklichkeit ist? Auch das innere Bild Ihrer Beförderung und Gehaltserhöhung ist heute im Geiste wirklich und kann morgen materielle Wirklichkeit sein. Programmieren Sie weiter!«

Ein paar Tage später rief der Mann wieder an: »Es ist alles eingetroffen! Eine andere Firma hat mir eine bessere Stellung mit höherer Bezahlung gegeben. Ich wäre nie auf die Idee gekommen, mich dort zu bewerben, solange ich noch im anderen Betrieb war. Das hätte ich unfair gefunden.« Sein Rauswurf war also die einzige Möglichkeit, die erwünschte Beförderung zu verwirklichen.

Genialität ist gefragt

Allen Führungskräften sei es gesagt: Mittelmäßigkeit reicht heute nicht mehr! Was heute noch Durchschnitt ist, wird schon morgen unter dem Durchschnitt liegen. Was heute noch großartig ist, wird morgen schon zum Durchschnitt gehören. Wir befinden uns in einem ständigen Entwicklungsprozeß, materiell und bewußtseinsmäßig. Wer stillsteht, der bleibt zurück.

Am gegenwärtigen Punkt der Höherentwicklung unseres Bewußtseins kommt es darauf an, die Arbeit unserer beiden Hirnhälften in Einklang miteinander zu bringen. Die logischen und intellektuellen Funktionen unserer linken Hirnhälfte und die schöpferischen Fähigkeiten der rechten Hirnhälfte verschmelzen zu einer neuen Ganzheit des Menschseins. Diese Ganzheit bringt uns in Berührung mit dem, was ich die *Höhere Intelligenz* nenne: Der Mensch erfährt sich selbst in seiner Rolle als Schöpfer.

Wir konzentrieren unseren Geist durch den Weg nach innen. Wir visualisieren. Die Intuition zeigt uns, was getan werden muß. Wir tun es. Einige unserer Schöpfungen werden uns leichter fallen, andere schwerer. Einige werden sofort gelingen, andere brauchen Zeit. Doch in jedem Falle kann das geistige Bild dessen, was wir wollen, uns den Weg zur Verwirklichung zeigen. Wenn das Ziel klar ist, wirkt das Bild wie ein Samenkorn, das wir in die Erde stecken. Jede weitere Maßnahme nährt nun diesen Samen, bis die Frucht daraus entstehen wird.

Die Führungskraft, die heute bestehen möchte, muß hellsichtig und genial sein. Sonst wird sie nicht wissen, welche Maßnahmen in unserer Zeit rascher Veränderung die Frucht hervorbringen. Wer ist eine geniale Führungskraft? Jemand, der beide Hirnhälften gebraucht, der seine Intuition entwickelte, mit dem Visualisieren umzugehen versteht, der in der subjektiven und der objektiven Dimension lebt, jemand, der erst denkt und dann handelt.

Die Quelle der Genialität

Wirtschaftliche Schwierigkeiten haben manchen schon dazu veranlaßt, sich nach einem Nebenverdienst umzusehen. Plötzlich wird diese Nebeneinnahme zum Hauptverdienst und schließlich auch zum Hauptberuf.

Es scheint dann, als wäre eine größere Intelligenz als die eigene am Ablauf der Dinge beteiligt gewesen oder hätte alles gefügt. Vielleicht hat diese Intelligenz dafür gesorgt, daß der Mann von vorhin zunächst die alte Stellung verlor, um dann wunschgemäß die bessere zu finden; vielleicht hat die gleiche Intelligenz einen Buchprüfer aus Malaysia veranlaßt, scheinbar grundlos seine gut bezahlte Stellung aufzugeben, nur damit er eine Woche später auf ein Angebot von 250 000 Dollar stoßen konnte.

Ich habe in einem früheren Kapitel von meinem Traum erzählt, in dem mir fünf Ziffern erschienen, die mich dann zu einem damals bitter benötigten Lotteriegewinn führten. Dabei hatte ich das sichere Gefühl, daß all dies nicht meiner eigenen Genialität entspringt, sondern eine Höhere Intelligenz am Werke war.

Haben unsre Intuitionen ihre Wurzeln in uns selbst, oder liegt ihre Quelle außerhalb unseres Wesens? Sicher können wir uns unsere Ausbildung, unser Lernen, unsere Erfahrung zugutehalten, und unsere Fähigkeit, all dies auf bestimmte Probleme und Umstände anzuwenden. Doch wie steht es mit unerklärbaren Eingebungen, außersinnlicher Wahrnehmung, Hellsicht und wahren Vorahnungen? Hier ist eine Macht am Werk, die über unser Wesen hinausgeht, eine Höhere Intelligenz.

Vielleicht werden wir irgendwann einmal besser verstehen, warum uns der Eintritt in die subjektive Dimension in Kontakt mit jener Höheren Intelligenz bringt. Vielleicht werden wir bald klarer verstehen, auf welche geheimnisvolle Weise im Geiste die Ursachen zur Veränderung der Materie wurzeln... Große Entdeckungen und Abenteuer stehen der Menschheit bevor! Doch können wir heute schon *nutzen,* was wir morgen erst *begreifen.*

»Wozu muß ich mich mit einer Höheren Intelligenz beschäftigen?

Mir reicht, was ich habe.« So mag man es von Menschen hören, die sich selbstzufrieden mit dem einmal erreichten Status zufriedengeben. Doch das Gesetz des Lebens heißt *Veränderung*. Wer nicht stets an seiner Entwicklung arbeitet, fällt zurück. Das Leben kennt viele Möglichkeiten, uns das einmal Erlangte wieder zu nehmen.

Die Höhere Intelligenz steht uns aus einem ganz bestimmten Grund zur Verfügung: Der Grund kann nur der sein, daß wir sie brauchen.

Wendezeit!

Das Zeitalter der Elektronik. Die Computergesellschaft. Vollautomatisierte Industrie. Weltraumlabors. Schlagworte, die die großen Veränderungen der materiellen Welt in den vergangenen Jahren symbolisieren. Zu keiner Zeit in der Menschheitsgeschichte gab es so rasche und sprunghafte Veränderungen.

Keine Führungskraft kann sich heute mehr in den vier Wänden ihres Büros sicher fühlen. Auch wenn die eigene tägliche Routine darüber hinwegtäuscht: Draußen vollziehen sich gewaltige Revolutionen. Sollen diese technischen Revolutionen dem Menschen nicht entgleiten und in eine Katastrophe führen, dann brauchen wir auch eine Revolution des Geistes!

Wir müssen die Zeichen der Zeit erkennen: Zivilisationen, die sich nur auf objektive Methoden verlassen, werden ihre Probleme ebensowenig meistern, wie jene, die einzig auf subjektive Methoden setzen. Als Führungskräfte der westlichen Zivilisation sind wir objektiv in der Regel hervorragend ausgebildet. Wir beherrschen unser Fach. Nun müssen wir uns an das wagen, wo wir zuvor vielleicht Berührungsängste hatten:

Die Hellsicht, einst in obskure Hinterzimmer verbannt, ist ein Gebot der Stunde. Von namhaften Wissenschaftlern erforscht und durch die Silva-Methode allgemein zugänglich gemacht, steht ihr Nutzen heute jeder Führungskraft offen.

Ihre fundierte Ausbildung ist das objektive Werkzeug der Führungskraft. Ihre Hellsicht ist das subjektive Werkzeug. Die Ebene der täglichen Erfahrung ist die Werkbank, an der beide Werkzeuge miteinander zum Einsatz kommen.

Derart objektiv und subjektiv gerüstet, kann eine Führungskraft in unserer Wendezeit bestehen. Keine plötzliche Veränderung, kein unerwarteter Bruch, keine Welle der Neuerung vermag sie kopflos zu machen.

Wenn das Training abgeschlossen ist . . .

Ich spreche nun zu Ihnen so, als waren Sie bereits eine hellsichtige Führungskraft. Es ist mir klar, daß Sie wahrscheinlich zuerst dieses Buch ganz lesen, bevor Sie ein intensives Training aufnehmen. Doch stellen Sie sich jetzt schon bildhaft vor, Sie hätten das Ziel verwirklicht. So könnten einzelne Aspekte Ihres Lebens dann aussehen:

- *Sie kommen ins Büro und fühlen sich plötzlich elend. Sie legen drei Finger einer Hand aneinander, lächeln bewußt und klopfen in der Gegend der Thymusdrüse an die Brust. Nach etwa einer Minute fühlen Sie sich wie neugeboren.*
- *Man hat Sie zum Präsidenten Ihrer Organisation kommen lassen. Sie wissen, daß es um eine Anweisung von Ihnen geht, die nicht die Billigung des Präsidenten gefunden hat. Sie nehmen einen tiefen Atemzug, lösen Ihren Blick von jedem fixen Punkt und visualisieren nun die nahende Begegnung. Vor Ihrem inneren Auge sehen Sie den Präsidenten vor sich, und Sie legen ihm die Begründung Ihrer Handlungsweise dar. Sie sehen, daß der Präsident Verständnis für Ihren Standpunkt aufbringt. Dann gehen Sie tatsächlich zum Büro des Präsidenten. Bevor Sie eintreten, legen Sie Ihre drei Fingerspitzen kurz aneinander. Es wird ein gutes Gespräch. Der Präsident versteht Ihre Motive.*
- *Es gab Schwierigkeiten mit einem Abteilungsleiter, der seinen Arbeitsbereich nicht mehr fest im Griff hatte. In der Nacht vor dem Einschlafen programmierten Sie, zur rechten Zeit aufzuwachen. Sie konsultierten dann Ihren inneren Experten, der Ihnen eine klare Möglichkeit zur Bewältigung des Problems aufzeigte. Nach einem kurzen Gespräch mit dem Abteilungsleiter läuft nun der Betrieb in der Abteilung wieder reibungslos.*

Ein gewöhnlicher Tag

Das Anwenden Ihrer neuen Fähigkeiten wird dann wie eine ganz gewöhnliche Alltagserfahrung sein:

- *»Wie geht's heute?« Sie rufen diese Worte einem Arbeiter zu, und er nickt zurück. Sie gehen weiter. Wieder einmal haben Sie ein vorprogrammiertes Signal verwendet, um das Unterbewußtsein des Arbeiters zu unterstützen, einen toten Punkt zu überwinden.*
- *Sie gehen am Schreibtisch des Angestellten vorbei, der Alkoholprobleme hat. Vor ihm steht eine Flasche Cola. Sie haben programmiert, daß er mit jedem Schluck Cola seine Gier nach Schnaps etwas mehr abbaut. Es funktioniert.*
- *Ein leichter Kopfschmerz kommt auf. Sie lehnen sich am Schreibtisch zurück und treten in den Alpha-Rhythmus ein. Ganz entspannt überdenken Sie die noch anstehenden Pflichten. Nach einigen Minuten kehren Sie in den aktiven Zustand zurück. Von Kopfschmerzen keine Spur.*
- *Ihre Sekretärin kann einen Bericht nicht finden. Während sie noch sucht, treten Sie in den Alpha-Rhythmus ein. Vor Ihrem geistigen Auge erscheint nun eine völlig andere Akte. Sie bitten Ihre Sekretärin, diese zu bringen. Darin findet sich dann der versehentlich falsch abgelegte Bericht.*
- *Es ist Zeit zur Kaffeepause. Sie beschließen, diese auch zur Alpha-Pause zu machen. Sie entspannen sich und füttern Ihr Unterbewußtsein mit positiven Gedanken: »Ich fühle mich voller Kraft, wach und begeistert.« Sie öffnen die Augen und spüren den neuen Elan.*
- *Das wöchentliche Vorstandstreffen findet in ein paar Minuten statt. Sie haben programmiert, daß Ihre Vorstellungen gut aufgenommen werden. Es trifft ein.*
- *Die Strategie der Konkurrenz macht Gegenmaßnahmen notwendig. Niemand hat eine rettende Idee. In der Nacht visualisieren Sie Ihre inneren Experten. Verschiedene Vorschläge tauchen auf. Sie wägen diese im entspannten Zustand ab. Plötzlich: die Lösung ist gefunden. Am nächsten Tag schlagen Sie Ihre Idee in der Konferenz vor. Der Präsident ist begeistert.*

Solche Szenen sind nun selbstverständlich für Sie, eine hellsichtige Führungskraft. Es ist keine große Sache mehr – sondern Alltag!

Nutzen Sie die Veränderung!

Alles ändert sich. Doch die meisten Menschen fürchten sich davor. »Es ist sehr viel bequemer, wenn die Dinge bleiben wie sie sind«, so denkt man üblicherweise. Führungskräfte machen da keine Ausnahme. Auf jede Führungskraft, die mit den Methoden dieses Buches ernstmachen will, kommen zehn anderen, die es erschreckt aus der Hand legen.

Doch es gibt nur eine Veränderung, die einen Menschen auf *alle* anderen Veränderungen, die noch geschehen mögen, vorbereiten kann. Diese Veränderung ist der Weg von der ausschließlichen Orientierung an der linken Hirnhälfte zu einer harmonischen Arbeit mit dem ganzen Gehirn.

Die rechte Hirnhälfte akzeptiert stets die Veränderung. Jeder Wechsel erscheint ihr als eine Möglichkeit, Besseres zu verwirklichen. Dies kommt daher, weil die rechte Hirnhälfte die Quelle der Intuition, Kreativität, Inspiration und jeder neuen Idee ist.

Ist die rechte Hirnhälfte erst aktiviert, dann arbeitet die Veränderung für Sie. Sie fließen mit dem Wechsel, und jede Neuerung wird Ihnen zur Herausforderung, aus der Sie das Optimale machen. Andere, die weniger gut mit den Veränderungen zurechtkommen, werden dann von Ihnen abhängen. Sie werden auf Ihre Antworten warten. Sie steigen dann selbst in der Achtung solcher Kollegen, die ganz auf objektive Methoden eingeschworen sind. Im Zweifelsfalle wird man sich für Sie entscheiden.

Nutzen Sie die Hellsicht!

Ihre neuen Fähigkeiten zeigen Ihnen verläßlich, worin die beste Möglichkeit besteht. Die Menschheit hat stets die Wahl, ihre Errungenschaften konstruktiv oder destruktiv anzuwenden. Doch nur wenige scheinen in der Lage zu sein, wahrhaft zu erkennen, was letztendlich aufbaut und was zerstört. Hierzu bedarf es der hellsichtigen Führungskraft. Ihr Einsatz dient letztlich der ganzen Welt, auch wenn

Sie sich vorrangig darum bemühen, an Ihrem Platz die beste Lösung zu finden.

Nie sollten Sie aus den Augen verlieren, daß alles auf unserem Planeten zusammenhängt. Man kann nicht seine eigenen Interessen verfolgen, ohne zugleich zum Ganzen beizutragen. Wer sich nur eigennützig auf Kosten anderer durchschlagen will, manövriert sich also auf die Dauer selbst ins Abseits.

Natürlich müssen wir uns zuerst um uns selbst kümmern. Dann um unsere Familie, der wir gleichfalls positives Denken und Umgang mit geistigen Methoden vermitteln sollten. Doch wir nehmen auch vollen Anteil an unseren Mitarbeitern, unserer Firma und der ganzen Branche. Wir nehmen Anteil an unserem Heimatland und am Schicksal unseres Planeten.

Viele, die die Silva Mind-Control Methode praktizieren, beschließen darum ihr morgendliches Meditieren, indem sie vor dem Austreten aus dem Alpha-Rhythmus programmieren

- selbst einen guten Tag zu haben,
- daß es den Kindern wohl ergeht und sie schulische Erfolge haben,
- daß der Ehepartner glücklich und gesund ist,
- daß der Präsident der Firma klug handeln wird,
- daß das Parlament die rechten Beschlüsse fassen wird,
- daß der Bundespräsident, der Kanzler und seine Minister kraftvoll und umsichtig im Interesse des Landes handeln,
- daß die Führer der Weltpolitik den rechten Weg finden,
- daß sich unsere Erde in Liebe, Harmonie und Wohlstand entwickelt.

Wer so programmiert, macht sich bewußt, daß seine eigene Arbeit in einem größeren Zusammenhang steht. Jeder trägt an seinem Platz zum Wohlergehen der ganzen Menschheit bei, wenn er das Positive denkt und tut.

Ich programmiere derzeit, daß es bald ein Krankenhaus geben wird, an dem in Mind-Control geschulte Menschen Hand in Hand mit fähigen Ärzten wirken, um Menschen zu heilen. Es wird gelingen! Denken Sie daran, wenn Sie davon hören ...

Auch programmiere ich, daß es in Amerika bald Schulen geben wird, die Mind-Control zu einem Bestandteil der Ausbildung machen, um den Schülern zu ermöglichen, sich als ganzheitliche Menschen zu entwickeln. Auch davon werden Sie sicher noch hören ...

Wer sind Sie?

Mein lieber Kollege und Mitstreiter Harry McKnight versteht es in seinen Mind-Control-Kursen die Frage »Wer sind Sie?« in einer Weise aufzuwerfen, daß die Antwort bereits darin enthalten ist.

Nachdem die Übenden ihre ersten überwältigenden Erfahrungen mit den neuen Fähigkeiten sammeln durften, sagt er zu ihnen: »Wenn Sie in der Lage waren, mit Ihrem Bewußtsein weite Entfernungen zu überwinden, dann ist dieses Bewußtsein in einer gewissen Dimension *unendlich*. Wenn es fähig war, in der Zeit vor- oder zurückzugehen, muß es in gewisser Weise *ewig* sein. Wenn es etwas weiß, was Sie nach objektiven Maßstäben nicht wissen könnten, ist es auf eine bestimmte Art *allwissend*. Wenn es Sie dazu befähigt, Probleme aller Art zu lösen, dann ist es auch *allmächtig*.« Und dann kommt die Frage: »Wenn Ihr Bewußtsein unendlich, ewig, allwissend und allmächtig ist – wer sind Sie?«

Wenn Harry McKnight an diese Stelle kommt, würde man eine Stecknadel zu Boden fallen hören, so still ist es ...

Wer Sie auch sein mögen, Sie stehen in Beziehung zu einer Höheren Intelligenz. Dies war die Botschaft aller großen Weisen unserer Erde:

- Jesus Christus sprach: »Ich und der Vater sind eins. Das Reich Gottes ist in uns!«
- Im Buddhismus heißt es: »Jeder Mensch besitzt eine Buddha-Natur und könnte erwachen.«
- Die Hindus sagen: »Atman (das individuelle Bewußtsein) ist ein Teil von Brahman (das universelle Bewußtsein).«
- Mohammed sprach: »Wer sich selbst kennt, kennt seinen Herrn.«
- In den Upanishaden lesen wir: »Wer sich selbst erkennt, erkennt das ganze Universum.«

Ich schätze mich glücklich, daß Sie mein Buch gelesen haben! Doch wichtiger noch ist, daß Sie sich selbst zu schätzen wissen, daß Sie Ihren

Körper zu schätzen wissen, Ihre Familie, Ihre Arbeit und hoffentlich auch Ihr Land und die ganze Welt!

Es ist mein persönlicher Wunsch, daß Sie auch die Höhere Intelligenz zu schätzen wissen und diese Sie voranträgt!

Die Welt ist voller unerledigter Dinge. Wir müssen das Atomproblem lösen, den Hunger besiegen, die vom Aussterben bedrohten Arten retten …

Entschuldigung, was sagten Sie gerade? Ach so, Sie müssen gleich zu einer wichtigen Besprechung und wollen zuvor noch etwas entspannen, um einen guten Verlauf zu programmieren. Dann will ich Sie nicht aufhalten. Ich verlasse Sie nun und grüße Sie mit meinen herzlichsten Glückwünschen!

»Fünf … Vier … Drei … Zwei … Eins …«